看盘口擒牛股

盘口语言解密：图形、数字、暴涨信号分析

曹明成 谭文◎著

立信会计出版社

图书在版编目（CIP）数据

看盘口擒牛股 / 曹明成, 谭文著. -- 上海：立信会计出版社, 2018.3（2021.1重印）
（擒住大牛）
ISBN 978-7-5429-5657-6

Ⅰ.①看… Ⅱ.①曹…②谭… Ⅲ.①股票投资—基本知识 Ⅳ.①F830.91

中国版本图书馆CIP数据核字（2017）第317009号

策划编辑　蔡伟莉
责任编辑　何颖颖
封面设计　久品轩

看盘口擒牛股
KANPANKOU QINNIUGU

出版发行	立信会计出版社			
地　　址	上海市中山西路2230号	邮政编码	200235	
电　　话	（021）64411389	传　　真	（021）64411325	
网　　址	www.lixinaph.com	电子邮箱	lxaph@sh163.net	
网上书店	www.shlx.net	电　　话	（021）64411071	
经　　销	各地新华书店			
印　　刷	北京柯蓝博泰印务有限公司			
开　　本	787毫米×1092毫米	1/16		
印　　张	14	插　　页	1	
字　　数	204千字			
版　　次	2018年3月第1版			
印　　次	2021年1月第3次			
书　　号	ISBN 978-7-5429-5657-6/F			
定　　价	45.00元			

如有印订差错，请与本社联系调换

序一　我为什么不讲价值投资[①]

《理财一周报》记者/林奇

"对于中国的资本市场，我从来不讲价值投资。所谓的价值，不过是给庄家炒作的理由而已。我选股思路是跟庄，操作理论讲究趋势为先。"

——曹明成

私募大鳄曹明成是私募圈内资深的操盘手，曾在多家咨询公司及投资机构任职，直接参与过多次大资金的操盘。

1999年"5·19"行情中，曹明成因成功狙击网络科技股而一战成名。

在互联网行情中，曹明成亲身领教了亿安科技的庄家李彪、海虹控股的庄家蔡明等人的狠辣操盘手法。

在股海中摸爬滚打十年的老曹，博客名为"十年股灰"，在东方财富网的财经博客中排名第十四位。

从湘财证券的一名普通经纪人做起，再到操盘手、主操盘手、私募基金经理，曹明成经过十多年的实战，总结出"曹氏八线"，并著有《吃定庄家》《擒庄实战技法》《庄家内幕揭秘》《K线实战技术精要》和《庄股经典出货模式》等书。

"11月还有两本书出版，今年可能还有两本书稿，有出版社约稿了，但还没写完。"曹明成如是介绍。

2009年10月26日，曹明成接受《理财一周报》专访，揭露了许多不为人知的坐庄、跟庄内幕。

[①] 2009年11月7日，《东方早报》旗下《理财一周报》对曹明成先生的人物专访，刊登在"资本大亨"版面。原文标题为《私募大鳄曹明成：坐庄岁月里的那些往事》。

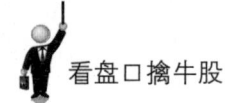

狙击网络股一战成名

《理财一周报》：像许多私募基金经理一样，您也是从经纪人做起的？

曹明成：差不多，早年和李华（第二代操盘手）是一批，最早是在湘财证券，离开湘财证券后，跟老板做操盘手，后来干脆出来单干了。

《理财一周报》：是不是因为操盘手的待遇都不太高？

曹明成：操盘手要看是什么样级别的，资深的主操盘手负责决策，与老板有分成，待遇还可以。

《理财一周报》：当时您做操盘手都经历过哪些比较大的战役？

曹明成：最早是狙击网络科技股的那一年了，狙击网络科技股不是自己坐庄，是跟庄。当时发现有大批私募资金成堆地扎入了网络科技概念类的股票，不少同类题材的股票都在底部放量，大资金入驻明显，就开始关注这个题材。

《理财一周报》：发现此类股票后，您是直接跟进吗？还是后来跟进的？

曹明成：先是试探性跟进。后来网络科技概念股开始成为当时的热点。与以往的概念炒作不同，这次很意外的是：炒作之后，入驻的庄家资金不见撤退，这在以往的概念炒作中是很少见的。当时经过考虑之后，就把所有的资金全线投入该类题材股。

《理财一周报》：您这样追题材股会不会很冒险？

曹明成：这是很大胆的做法，当时受到其他辅助操盘手的非议。因为这样做风险大，概念股炒作成热点后，一般都开始进入高位，这个时候介入，弄不好就成了庄家出货的牺牲品。

《理财一周报》：那为什么您还决定满仓追进，当时是怎么考虑的？

曹明成：当时我是依据庄家的操盘手法判断的。大量的庄家资金入注了该类题材股，而在第一轮炒作之后，还在高位加仓。显而易见，目标不在短期。

《理财一周报》：当时网络科技股您跟的是哪只？

曹明成：做了很多只，蔡明的海虹控股就是其中的一只。

《理财一周报》：这波互联网炒作海虹控股也是龙头，您觉得这波互联网会

不会像当初的互联网一样爆炒起来？

曹明成：这波互联网入驻的庄家资金还远远不够，暂时没有那种可能。但庄家的炒作计划可能会因为行情的变化而变化。就像当年的网络科技股，开始并不是大家都看好的，后来"5·19"井喷，人气被完全带动，大量的私募资金也进入了。因此，就出现了炒作一波后新资金大量入驻的情况，造就了一轮两年的行情。

亲身领教李彪跌停板洗盘法

《理财一周报》：当时最有名的应该是罗成操控下的亿安科技，您跟的是这只吗？

曹明成：网络科技股的行情从1999年5月开始，直到2001年，经历了1年多时间，这轮题材股的炒作，只要与网络科技挂边的都被炒作起来了。其中的龙头亿安科技、海虹控股、四川湖山都被炒作到了非理性的高度。亿安科技是第一个百元股，由罗成坐庄，主要由郑伟和李彪负责操盘。海虹控股是蔡明坐庄。去年李彪去世的时候我知道消息的。

《理财一周报》：李彪总感觉对不起自己的弟弟，您知道具体是为什么吗？

曹明成：他弟弟是李彬，当时坐庄亿安科技的是金易投资公司，郑伟是控制人，法人代表写的是李彬的名字，但李彬是圈外人，后来被牵扯进去了，被搞得很惨。据说李彪没有办法救无辜的弟弟，导致了李彬的破产，并且差点入狱。

《理财一周报》：李彪是什么样的人？

曹明成：现实中的李彪长得比较斯文，光头戴眼镜，但行事泼辣，脾气有些暴躁。郭庆、李彪、蔡明，这些都算是第一代操盘手，他们比我早一代，我那时候是小字辈。李彪操盘非常凶悍，他当时发明了跌停板洗盘法，鬼神莫测。

《理财一周报》：连续跌停，只要是看盘操作的无一幸免，当时亿安科技启动前就是连续3个跌停板。

曹明成：这种手法在当时很难判断。

《理财一周报》：为什么很多早年的庄家都不得善终？

曹明成：早年的操盘手生活都不太好，心理压力大，真正功成名就的极少。一部分人是被查了或逃亡了，另一部分人在后来的4年熊市（2001年至2005年）中又赔进去了。

《理财一周报》：那4年熊市够惨的，2008年也很惨。

曹明成：2008年的大熊市也是套了很多的庄家。

《理财一周报》：当时为什么没有跟进亿安科技？

曹明成：亿安科技不敢跟。开始完全是逼空。强势股就是这样，一开始逼空，散户不跟进，继续逼空，开始震荡，散户眼红了，进去了，再拔高，出货了。亿安科技当年也是被逼上去的，前期的计划肯定没想要炒那么高。股价拉到40元的时候，没有人敢买了，怎么办，接着拉。亿安科技控盘最后达到90%以上。其实玩到那个时候已经算失败了，最后出货比较艰难。

《理财一周报》：有个庄家跟我讲过，说很多筹码是在跌破100元后卖给了抢反弹的人。

曹明成：平均没有那么高。出货的平均价格，我们那时候判断应该在40元左右。60元左右制造假反弹，结果还是很少有人买。市场信心没有了，下跌趋势形成了。最大的抢反弹成交价在27元左右。平均出货价位在40元至50元。

《理财一周报》：庄家要出货一般都要先跌很多吧？

曹明成：一般庄家拉到离谱的位置，出货的价位定在下跌一半的位置，通过做假反弹出货。

信奉自己的操盘理念

《理财一周报》：您信奉价值投资吗？

曹明成：在中国的资本市场，我从来不讲价值投资。所谓的价值，不过是给庄家炒作的理由而已。我选股的思路是跟庄，操作理论讲究趋势为先。

《理财一周报》：看来您是趋势派。

曹明成：我自己有一套操盘理念，即在趋势形成、形势明朗之后才操作。但

这又不等同于右侧交易，我的买入点在次低点或次次低点，卖出位在次高点或次次高点。

《理财一周报》：那您的这些东西是跟谁学的呢，还是自己悟的？

曹明成：自己悟出来的。早年是受一位老股民的启发，一位比较执著的老股民。他完全依据10日线买卖，获利很稳定。

《理财一周报》：线上持股，线下持币？

曹明成：是的。简单地说，可以用这八个字来概括。

《理财一周报》：这方法最厉害，化繁为简了，但很多人不经过多年的实战可能永远不理解。可是只看一个10日线会不会有点片面？

曹明成：我当时研究这个10日线很长时间，也发现很多弊端。首先，如果不判断趋势，依据10日线买卖会在平衡市里不知所措。其次，10日线经常被庄家当作洗盘的工具。实战中操作纪律最重要，比如下降通道就是线下持币，需要放弃所有的诱惑和机会。

《理财一周报》：您现在主要看些什么指标？

曹明成：都是一些我自己的指标。帮我写指标的有一个工作室，我提供我的思路，他们帮我完成。我有个学生叫谭文，他是这方面的高手。现在计算机信息技术太发达了，把传统技术分析与计算机分析相结合，真的是事半功倍。我们原来为了总结一个形态，要自己画图，花大量的时间统计，再分析和总结，现在计算机可以在很短的时间内全部做完。

序二　我认识的"小曹"与"老曹"

李　华[①]

近年来，市场上的股票类书籍渐有泛滥之势，且良莠不齐，多有鱼目混珠之作，真正能指导投资者实战应用的作品可谓少之又少。然最近读曹明成先生主笔的"擒住大牛"系列丛书，感觉甚好。细读之下，书中不乏作者多年实战的经验心得与"不传之密"，实为"用心之作"，相信读者阅后当有所裨益。

我与曹明成先生相识已久。初识其人，还是1997年在湘财证券的营业部。当时因本人虚长几岁，故称他为"小曹"。其时的"小曹"瘦瘦小小，貌不惊人，书生气十足，亦没有什么名气。后常有散户打听"曹明成"，又逐渐发展到不断有大户托我的关系来约"曹先生"吃饭，这才让我刮目相看。再到其1999年的狙击网络科技股一战成名，早年的"小曹"已经成为当时湘楚一带赫赫有名的"老曹"。

几年后，我们也相继开始了单干，都有了自己的事业，与曹明成先生联系渐少。偶闻他的消息也只是在报纸杂志上见到他的跟庄理论文章。这次，接到他的电话让我为丛书写序，颇感意外。在我的印象中，他身体并不太好，甚至可用"体弱多病"四个字来形容，又常沉溺于股票实战之中，写书这种耗时耗力之事，以他一人之力怎能办到？

见面后我才知道，原来他这几年收了一个得意门生——谭文。谈论间他的得意之色溢于言表："已得我九成功力。"

小谭属于新时代的复合型人才，精通计算机编程，自行钻研了传统技术分析与计算机海量数据模拟测试相结合的分析方式，丛书在写作过程中就曾大量使用计算机模拟测试，纠正了许多人力所无法发现的错误，使书中的理论更趋于完美，大有"青出于蓝，更胜于蓝"之势，真是后生可畏！"曹氏八线理论"是曹

[①] 作者原为湘财证券高层管理人员，现为广东某私募基金总裁。

明成与谭文师徒两人多年实战理论研究的结晶,曾被股民朋友冠以"零风险操作理论"的美誉。该理论我个人觉得至少有两点值得推崇:一是最大限度地回避了风险,二是几乎不会错过任何一波有价值的行情。炒股不是纸上谈兵,能在实战中真正做到稳定获利的理论才是好理论。我了解曹明成先生的实力,更了解曹明成先生的为人。他不会忽悠人,他主笔的丛书更不会忽悠人!

鉴于此,我愿为此丛书作序,并向全国的广大股民朋友们推荐。

前　言

每当我走进证券营业部，看到人们盯着电脑屏幕上跳动的股价时，或者每当我走进各大书店，看到摆放整齐、一字排开的股票书籍时，内心深处总会泛起一种既开心又担忧的复杂情感。让我开心的是，日益庞大的股民群体的投资意识被时代唤醒了；而让我担忧的是，由于缺乏足够的心理准备和知识储备，股民表现出来的更多的是盲目，很多人在股市挣扎多年，伤痕累累，依旧无法实现稳定获利。股民的投资过程演绎着人生的悲悲喜喜，起起伏伏。经过几轮的牛熊，我看到更多的是股市悲剧，一些股民或有苦难言，或妻离子散，或倾家荡产，或亡命天涯，这些现实对我自己亦形成了很强的心理冲击。

这是我写书的原因之一，希望能将自己多年的投资心得和个人经验汇集成册，供有缘人参考，尽可能地解决无数股民想通过炒股增加财产性收入，却苦于技术和经验不足的困扰，尽量让投资者能够学到更多的知识，走更少的弯路，避免在股票市场中受到伤害，尽快地打开股票市场的正确之门，更多地体会到交易带来的乐趣。如果此书能帮助股民少走一点弯路，则是本人最大的荣幸。

经过多年的深入了解和研究，我发现很多投资者缺乏基础的盘口知识。凡是涉及交易领域的，无论是买入还是卖出，无论是大盘还是个股，最终还是要落实在盘口上。盘口是基本功，如果基本功不扎实，战术和方法在实际运用当中就会走形，有时候甚至会导致重大的错误。

比如说，开盘为什么会低开？为什么会高开？如何看盘呢？如何读懂盘口的各种信息呢？

又如，股价为何突然异动放量？是建仓，还是抛货？为什么要在这个时间放量？

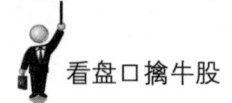

再如，分时图出货有哪几种走势？各代表了什么市场含义？

本书正是基于这样一个思路和出发点，通过对即时盘口语言的分析和理解，快速判断主力的操盘意图，准确分析股价的未来趋势，及时做出正确的操盘策略，从而指导读者正确地分析、解读盘口语言信息的真正含义，用最简单、最直白的表达方式，解读复杂的盘口技术特征。

本书从实战的角度出发，书中没有烦琐的理论文字，更多的是大量的案例分析，用图解的方式娓娓道来，读者无须花费多少心思便能轻松读懂案例中所表达的含义和操盘意图。读完本书后，你会突然发现，股票的行情在你眼里变得明明白白，买卖股票成为一件轻松的事。本书深入浅出，为读者拨开了交易的层层面纱，让读者能快速掌握短线交易的方法，在实战中准确地把握买卖点，从而实现利润最大化。

最后我想说的是，股市永远不缺乏机会，缺乏的是把握机会的能力。希望读者朋友们能将本书所学到的知识运用于实战之中，攫取股市所带来的利润，从此登上财富的直通车。

目　录

第一章　解读盘口信息提升交易功力

　　第一节　什么是盘口 2
　　第二节　盘口信息深度解读 5
　　第三节　五档买卖盘的看盘技巧 13
　　第四节　盘口：从排名榜中能看出什么 29

第二章　解析盘口对敲行为

　　第一节　对敲对倒"傻傻分不清楚" 44
　　第二节　不可不知的对敲手法 45
　　第三节　如何识别对敲 47
　　第四节　对敲种类和形成的原因 55

第三章　读懂盘口语言——量价看盘技巧

　　第一节　从量能中找牛股 58

第二节 把握缩量回调的机会 68

第三节 从持续放量中寻找牛股 76

第四节 低位平台止跌放量是买入信号 82

第五节 识别成交量上的陷阱和骗局 86

第四章 不想公开的盘口秘密

第一节 大单托底的学问和细节 98

第二节 大单压顶的学问和细节 103

第三节 夹板看盘技巧 107

第四节 关注盘口成交细节：大单成交 114

第五节 盘口特殊挂单数字看盘技巧 118

第五章 追踪牛股幕后推手

第一节 看清盘口信息的幕后主宰 128

第二节 主力资金有哪些优势 142

第三节 主力和散户的区别 147

第四节 主力有什么特征 149

第六章 探秘牛股运行规律

第一节 牛股长怎么样 154

第二节 牛股的内在涨升动力 171

第三节 滋生牛股的土壤 182

第七章　如何提高盘口感觉

第一节　什么是盘口感觉 192

第二节　盘口语言和盘感 194

第三节　提高盘感四大诀窍 195

附录：已经出版上市的"擒住大牛"系列书目 205

第一章

解读盘口信息提升交易功力

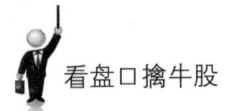

第一节　什么是盘口

盘口是多空双方的战场，也是发现主力的窗口。有时上档卖盘布满了大压单，下档只有小接盘；有时下档排满了大接盘，上档只有小卖单；有时成交量稀少，只有零星几笔交易；有时大单连续不断，这都是盘口的表面现象。读懂了盘口语言，理解了它，你就能及时地跟上主力的步伐，抓住主升浪；你就能在主力发出警告信号时及时下车，免去套牢的厄运。

"盘口"，也可称为"盘面信息""盘口语言""盘口信息"，狭义地讲，是指股价在分时走势图上所显示的交投信息，主要包括分时走势图，买1~5和卖1~5的实时挂单，每一笔实时成交明细窗口、内盘、外盘、均价线、总金额、换手率等。当然，它还包括当日最高最低价、开市和收市价、昨收盘价等。这是每个人在看盘过程中都能直接看到的，但这些简单的数字却包含了很多非常有用的信息。广义地讲，盘口信息还包括个股的交投情况，它们可以通过K线走势图、成交量、技术指标波动情况等反映出来。盘口信息详尽勾勒出了股价每日完整的交投过程，清晰地反映了投资者的买卖意愿。

对于投资者而言，盘口信息语言解读能力的强弱，标志着看盘水平的高低，会影响其操作效果。对盘口信息的正确解读，有利于我们把握好个股的运行节奏，这也是投资盈利和制胜的一个关键。

图1-1是吉艾科技（300309）的盘口示意图，从图中我们可以看到很多盘口信息。

为了能更好地把握股价运行方向，我们必须学会看懂盘中走势，读懂盘口信息语言，并结合各种盘口信息做出综合判断。解读盘口绝不是简单地观察买卖盘情况、成交情况、分时线情况等信息，还要讲究量价结合，并通过个股历史走势的K线图等来综合分析盘口，这样做最大的好处在于既可以实时地把握盘口动

向，又可以在个股前期走势的基础上，验证这种实时盘口信息的准确性，大大增加了我们研究行情的准确性。

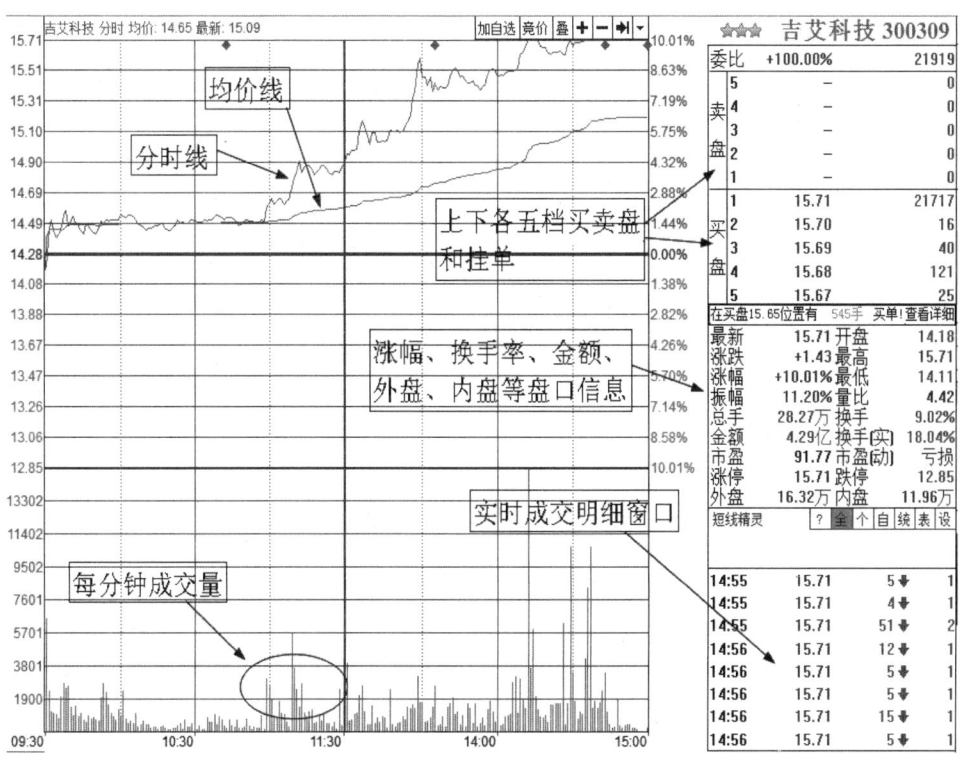

图1-1 吉艾科技（300309）盘口示意图

K线图是投资者打开股票行情软件后最先观察到的图形，是判断个股走势处于强势还是弱势阶段的窗口，而实时的盘口语言则能让投资者把握进场的精确买卖点。在实战中将两者结合运用，才不会顾此失彼。不看K线图，只顾分时盘口信息，会只见树木，不见森林；而只看K线图，不留心盘口的实际变化，将会失去最好的买卖时机。

主力动用大资金炒作股价是为了获得利润，为此而展开的吸筹、洗盘、拉升、出货等所有动作，会在K线图和分时走势图表现出来，通过这些盘口语言，投资者可以了解到主力操盘的思路，从而洞察主力的未来动向。

主力的进出终会在盘面留下蛛丝马迹，只要我们细心观察分析，就可以看出究竟。作盘的方式一般有：做开盘价、做尾盘、开盘拉升、盘中拉升、尾盘拉升、开盘打压、盘中打压、尾盘打压、试盘、洗盘、对敲、大单压顶、大单托底、下托上挂等，所有这些盘口动作都会影响股价的运行，我们的任务就是从盘口语言中捕获信息，并结合K线走势图来分析个股当日和日后的可能走势。

看盘口需要长期的经验积累，需要熟悉主力做盘的各种手法，避免被主力欺骗。看盘口需要一定的功夫，看懂了盘口有助于你买卖股票的决策。由于各种主力的手法不一样，盘口表现不是固定的，需要长时间的观察、不断地分析，在交易实战中总结经验，不断提高。主力在不同时期的手法也不一样，希望大家长期积累经验，在看盘、分析盘的过程中不断学习新的知识，不断完善、提升自己的交易水平。

第二节 盘口信息深度解读

一、如何理解内外盘

相信很多初入股市的读者朋友都听说过内盘和外盘,但初学者并不一定真正了解它们的含义,更不了解它们对股价的运行起到什么样的影响。股票软件一般都设有外盘和内盘,打开个股实时走势图,窗口的右边就会显示个股的外盘和内盘情况。如图1-2和图1-3所示。

外盘:又称为主动性买盘,常用红色的B表示,B代表"BUY"买入。外盘越大,说明主动性买盘越多,是买盘力量强劲、个股上涨可期的预示。

内盘:又称为主动性卖盘,常用绿色的S表示,S代表"SELL"卖出,是人们常说的抛盘。内盘越大,说明主动性的卖盘越多,是卖盘力量强劲、股价下跌动力强的预示。

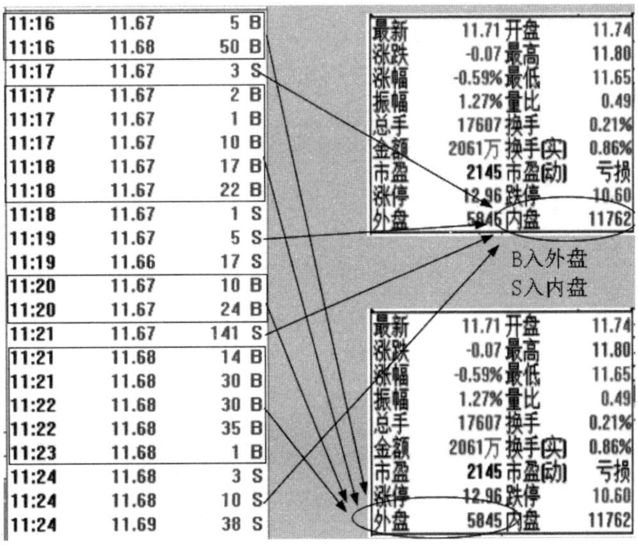

图1-2 个股盘口示意图

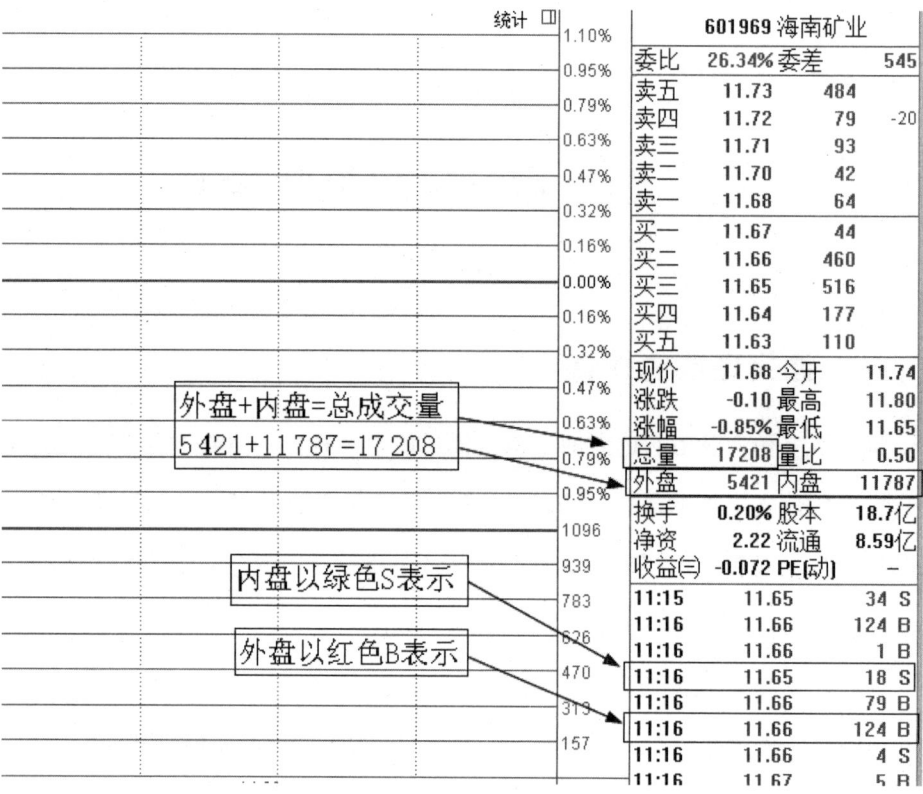

图1-3 海南矿业（601969）盘口示意图

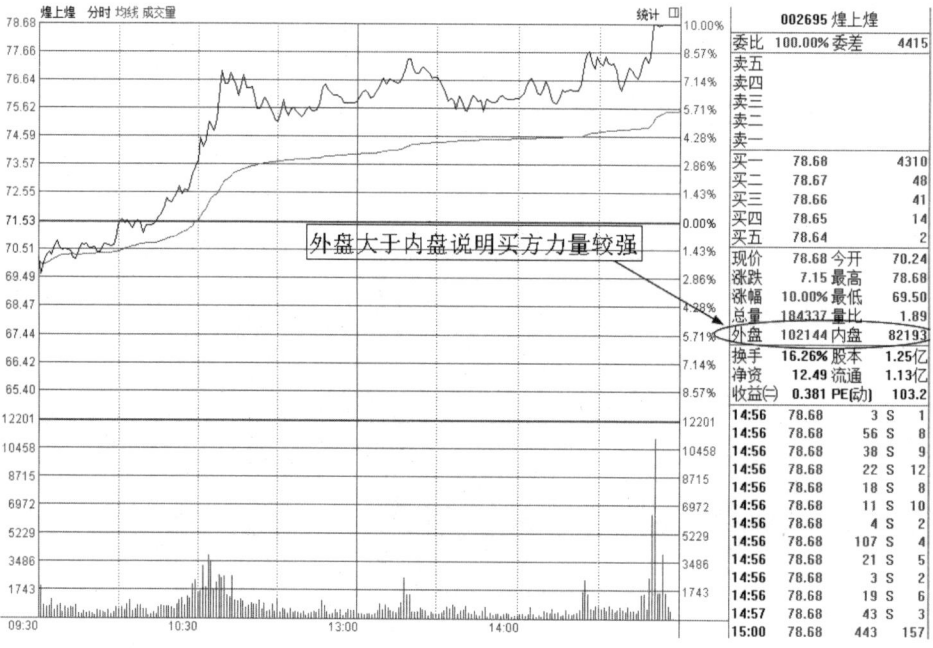

图1-4 煌上煌（002695）分时走势图

外盘和内盘相加即为成交量,内盘、外盘这两个数据大体可以用来判断买卖力量的强弱。当外盘累计数量比内盘累计数量大很多,且股价也在上涨时,表明做多占了上风,很多人在买入股票,行情是真实上涨。当内盘累计数量比外盘累计数量大很多,个股也在下跌时,表示很多人在抛售股票。

外盘反映买方的意愿,内盘反映卖方的意愿,由于内外盘显示的是开盘后至现时主动性买入和主动性卖出各自成交的累计量,所以对我们判断个股目前的强弱有益。

(1)当外盘大于内盘,且股价大幅上涨,看多。

在图1-4中,该股外盘的数量是102 144手,而内盘的数量是82 193手,这代表主动性买盘要明显大于主动性卖盘,通常会导致股价的上涨。

当外盘远大于内盘,且股价出现大幅上涨,说明资金在真金白银地介入,最终必将导致主力的仓位增加。既然主力敢于增加仓位,那后市看涨概率较大,伺机介入,短线盈利应该不菲。其盘口特点表现为:主动性买单前赴后继,股价在大量买单的作用下不断攀升。如果确定为此类盘口,那就应该大胆介入。

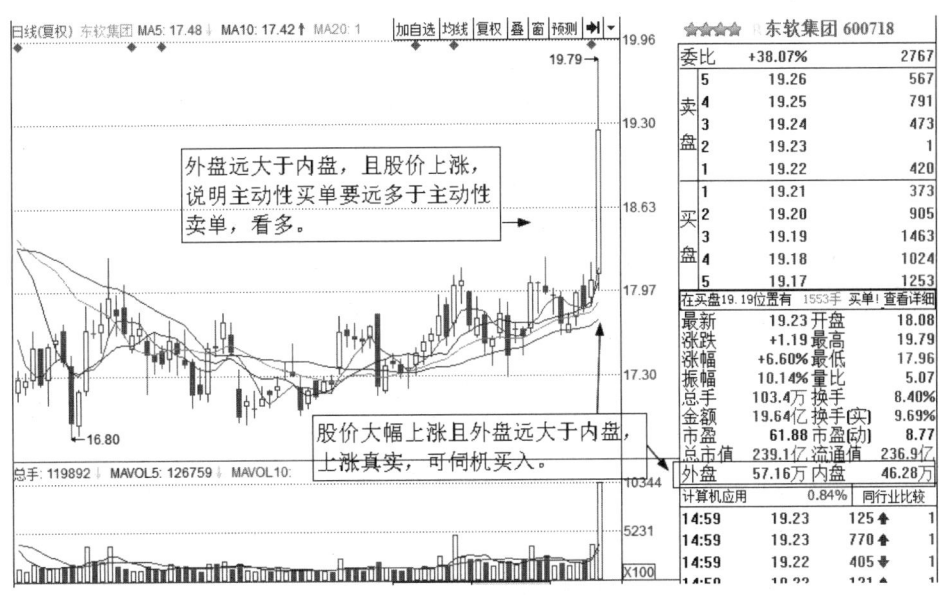

图1-5 东软集团(600718)日K线图

图1-5是东软集团(600718)的走势图,图中箭头处显示该股当天出现大幅上

涨,涨幅达到6.6%。再观察内外盘则可发现外盘要远大于内盘,同时当天放量明显,说明上涨非常真实。另外,股价当天出现了一阳穿多线的特点,短线看涨信号强烈,均线呈多头排列,因此,建议投资者伺机介入。

(2)当内盘远大于外盘,且股价大幅下跌,看跌。

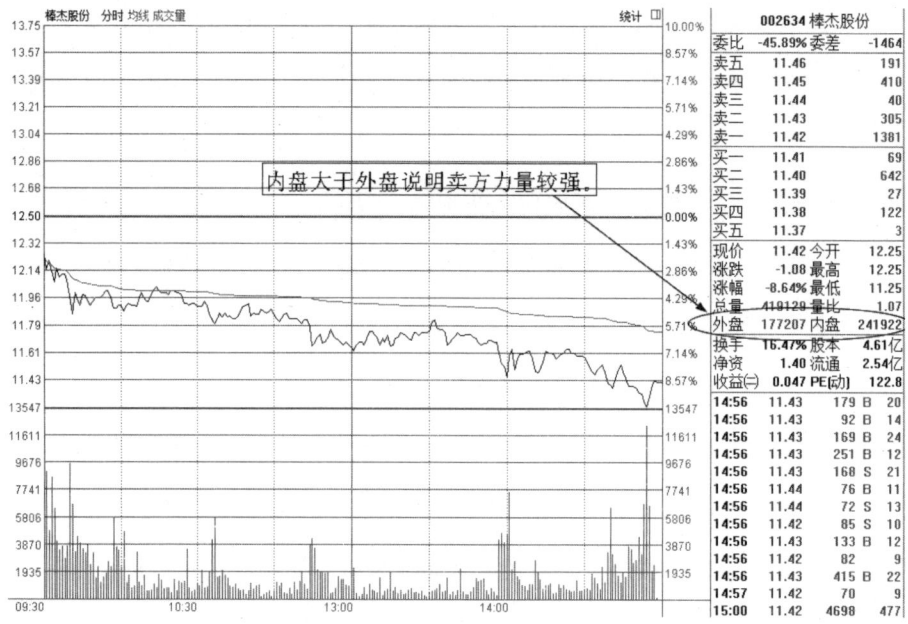

图1-6 棒杰股份(002634)分时走势图

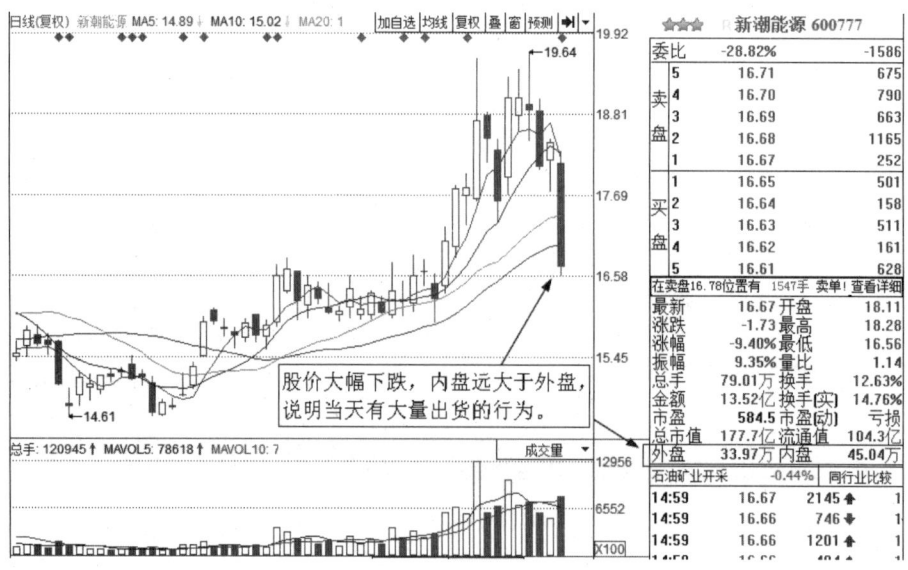

图1-7 新潮能源(600777)日K线图

在图1-6中,该股外盘的数量是177 207手,而内盘的数量是241 922手,这代表主动性卖盘要明显大于主动性买盘,通常会导致股价的下跌。

图1-7是新潮能源(600777)的日K线图,图中箭头处显示该股当天股价出现大幅下跌,跌幅达到9.4%,几乎接近跌停,再观察内外盘则发现内盘要远大于外盘,可基本判定当天主力采取了大量出货的行动,操作上建议离场,短线走势不容乐观。

内盘和外盘的大小对判断股票走势有一定的帮助,但在实际操作上,要同时结合股价所处的位置高低和成交量来进行判断,而且要注意股票技术走势形态等,不能过分注重细节而忽略了大局。内外盘的数量大小并不是在所有时间都有效,即内盘大时股价并不一定下跌,外盘大时股价并不一定上涨。

二、如何通过委比研判买卖强度

委比:当委比值为负时,卖盘比买盘大;而委比值为正时,买盘比卖盘大。委比值从-100%~+100%的变化是卖盘逐渐减弱、买盘逐渐变强的过程。委比值从+100%~-100%的变化是买盘逐渐减弱、卖盘逐渐变强的过程。

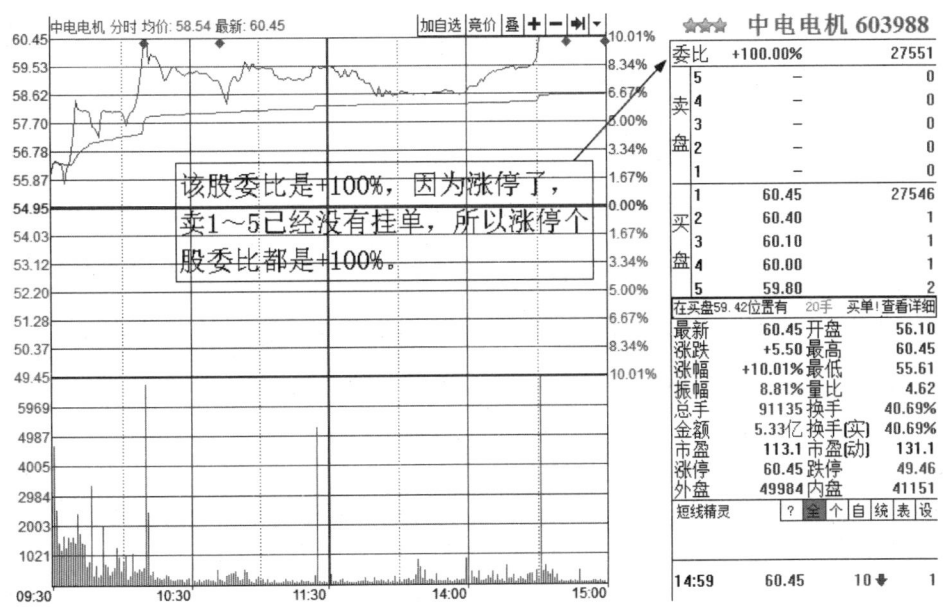

图1-8 中电电机(603988)分时走势图

委比值的变化范围是+100%～-100%，当委比值是+100%时，它表示只有买盘而没有卖盘，说明市场的买盘非常有利，通常涨停的股票委比是+100%，如图1-8所示。

当委比值是-100%时，它表示只有卖盘而没有卖盘，说明市场的抛盘非常大，通常跌停的股票委比是-100%，如图1-9所示。

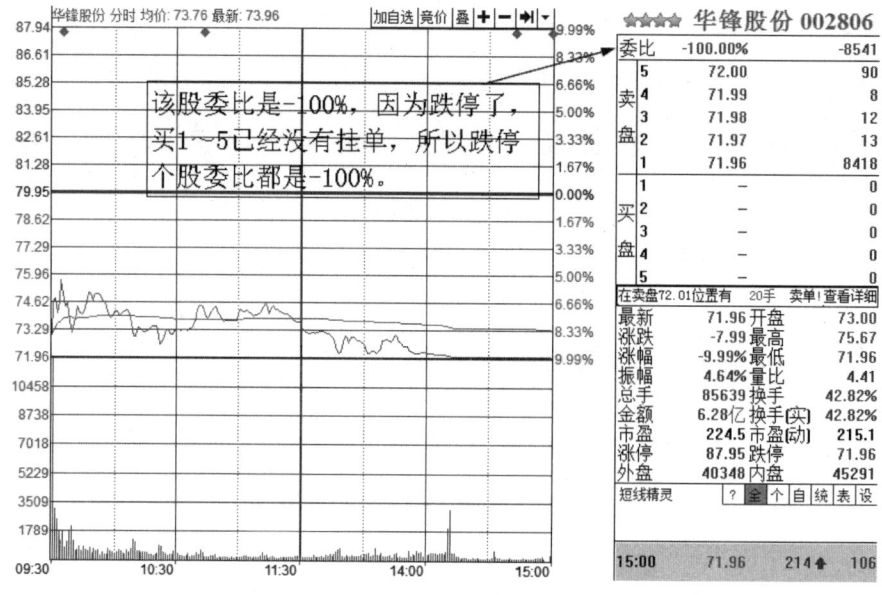

图1-9　华锋股份（002806）分时走势图

通过委比指标，投资者可以及时地了解场内的即时买卖盘强弱情况。委比数值是市场买卖意愿的体现，一定程度上反映了价格的发展方向。但为了确保委比的可靠性，还应结合股价的走势情况进行分析，以得出更为可信的结论。

在研究大盘的走向时，委比是一个重要的盘口信息，它的真实可信度较高，我们可以根据这个数据，判断指数短期内的走向及是否有发生转向的可能。如果大盘的委比数值为正且较高，而此时又处于阶段性的低位，则随后短期强势反弹上涨的概率较大；反之，如果大盘正处于阶段性的高点，且委比数值为负且绝对值较大，即使当前没有出现大的下跌，在当日随后的交易中，也极有可能出现大幅跳水的走势。

三、如何理解量比

量比是衡量相对成交量大小的指标，它是指股市开市后平均每分钟的成交量与过去五个交易日平均每分钟成交量之比。量比越大表明当前成交越活跃，一般的散户行情无论如何也造不出大的量比，因此大量比是主力行为的表现，值得关注。一般来说，量比小于2，则说明成交量处于正常水平，交投呈现出不活跃的迹象；量比在2~5时，可以说股价温和放量；如果量比在5~10之间，就可以称股价大幅放量；当量比大于10，那就说明股票当天放巨量。

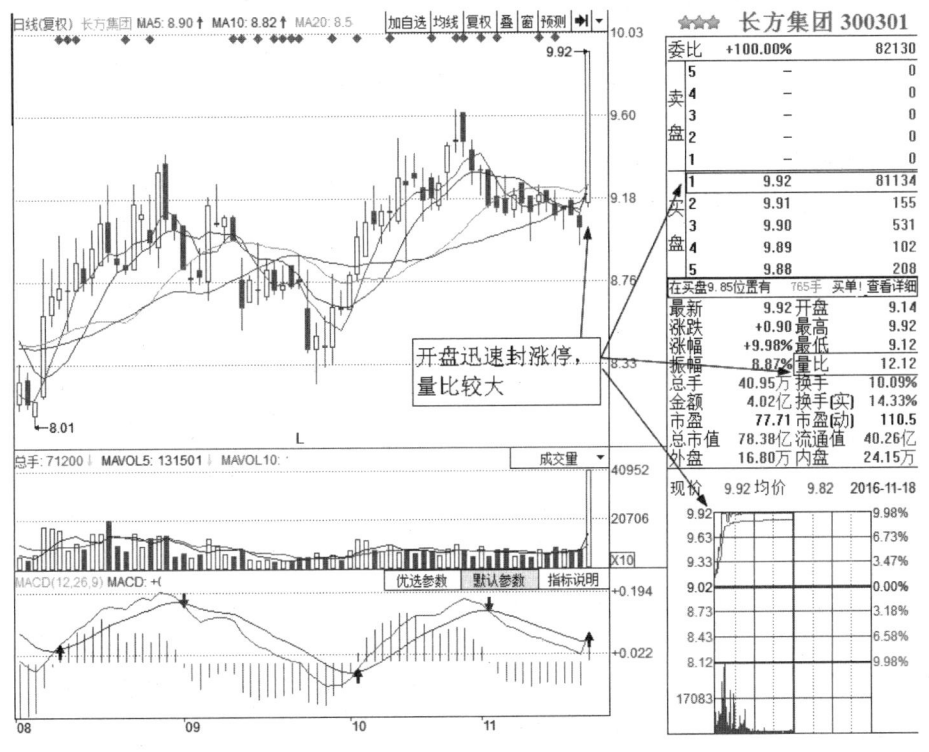

图1-10　长方集团（300301）日K线图

量比是当时成交量与前期的比较，如果保持平稳，那么股价多数情况下也会按照既定的趋势平稳地运行下去，如果成交量突发性地增长，巨大的成交量往往造成股价的大幅振荡。量比能让我们直观地了解当天股票的成交活跃程度，对操作具有指导作用。实际应用中量比通常是用来监控股票异动的，例如量比很大，即我们通常所说的巨量，说明有明显的异动，而异动通常就蕴藏着操作机会，如

图1-10所示。

图1-10是长方集团（300301）的走势图，该股在开盘不久快速封涨停，量比达到12.12，可谓放巨量。开盘后不久快速上涨封涨停，就是个明显的异动，反应快的操作者可以在涨停价位附近跟进一部分仓位，这种超强快速封涨停个股就算当天盈利甚微或者不盈利，第二天也会大幅冲高，投资者便可从容获利。至于怎么选出这样的股票，可通过沪深A股的量比排名发现量比大的股票。机会无时不在，就看你能否把握。

长方集团的走势可谓气势如虹，一气呵成。因为量比巨大，成交异常活跃，具有巨大的上涨动力，所以就算不操作，看着也是赏心悦目的。而图1-11中，华联股份（000882）量比只有0.95，成交异常沉闷，分时图呈现出心电图走势，这样的股票操作机会非常有限，让人看着非常郁闷，一点也不给力。因此，遇到此类股票尽量避免操作，也许赔不了什么钱，但会让你不耐烦，资金的利用率自然也就大大降低了。

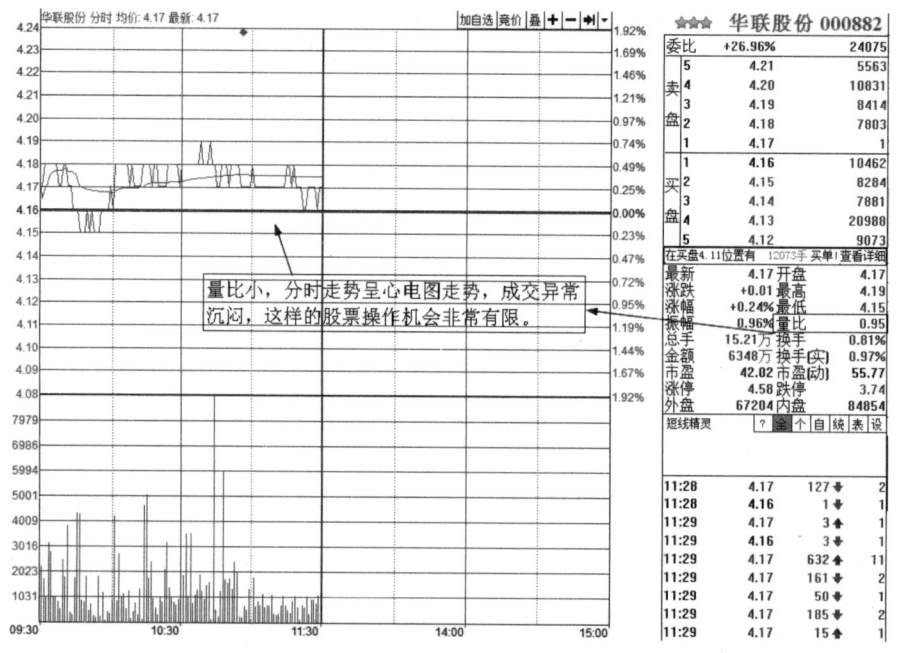

图1-11　华联股份（000882）分时走势图

第三节 五档买卖盘的看盘技巧

股票交易软件一般提供五档买卖盘的交易情况,即买1、买2、买3、买4、买5和卖1、卖2、卖3、卖4、卖5,这里上下各五档的买卖盘挂单信息反映了买卖双方的动态情况,通常也是主力作盘意图的直接体现。如果说主力的总体运作方式可以从日K线的波动过程中看出,那么挂单情况则从细节上反映出了主力资金的当日运作布局。主力资金在当日交投过程中可以通过控制上下五档买卖盘的挂单情况来达到控制股价波动的目的。

对于主力而言,挂单窗口的最大功用就是主力可以借此控制股价波动区域、引导股价运行,可以说,这是主力与散户进行博弈时最为直接的接触。

由于委托盘的可撤性,盘口中的上下五档买卖盘的挂单信息充满了变数,因此,委托盘的买卖单也是虚虚实实,真假难辨,难以准确捉摸。投资者要结合日K线走势、成交量情况等其它技术信息来综合分析,才能得出准确的判断。

一、五档卖盘

五档卖盘是空头主力的前沿阵地,是投资者委托卖出筹码的交易数据动态显示区。五档卖盘中实时出现的卖出委托单量的动态变化,可以清楚地反映当时盘中卖出方的态度。

(1)当五档卖盘的委托单量小于买盘的委托单量时,说明卖出力弱,股价将可能出现上涨。

(2)当五档卖盘的委托单量大于买盘的委托单量时,说明卖出力强,股价将可能出现下跌。

(3)当五档卖盘的委托单量等于买盘的委托单量时,说明买卖力均衡,股价将可能出现僵持。

特别说明，以上三种情况仅适用于常规行情，在临盘实战中须配合其它技术方法。

当股价在盘中节节上涨时，五档卖盘的卖1、卖2、卖3、卖4或卖5位置突然出现一笔大委托单，即是拦截式大卖单。它是五档卖单压盘的一种形式，具备拦截、阻止、恐吓、打压等作用，其目的是给上涨中的股价降温，恐吓中小投资者进一步的跟风买进行为，并暂时性打压股价，如图1-12所示。

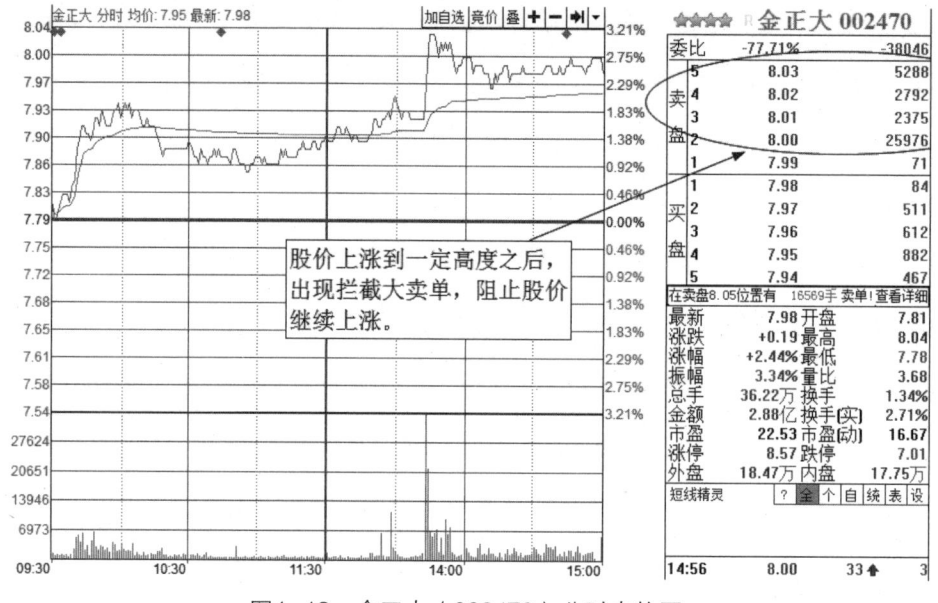

图1-12　金正大（002470）分时走势图

当股价正在上涨，盘中突然出现拦截式大卖单，这对跟风买进的中小投资者来说无异于当头棒喝。拦截式大卖单不会无来由地出现，它的出现均有极强的目的性。

（1）股价在经过一个中级波段的上涨行情之后，在盘中上涨时突然遭遇拦截式大卖单，这说明主力即将展开技术性洗盘，以恐吓投资者将手中筹码抛出，同时套牢一部分场外跟风买进的投资者，让他们产生恐惧心理。

（2）股价在上涨过程中，突然遭遇拦截式大卖单，随后股价展开横盘整理，这说明主力意图阻止场外投资者的跟风买进。

（3）股价在突破重要阻力区之后，在盘中上涨时突然遭遇拦截式大卖单，这说明主力即将展开技术性回抽，以确认突破的有效性，同时恐吓投资者将手中筹码抛出，并阻止场外投资者的跟风买进。

拦截式大卖单多出现在股价上涨过程中，而在股价波段上涨的后期，主力因为出货的需要，很少会在盘中挂出拦截式大卖单。

大卖单压盘是一种积极的卖出姿态和信号，表现在盘口的实时交易中，会产生阻止股价上涨，或促使股价加速下跌的作用，如图1-13所示：

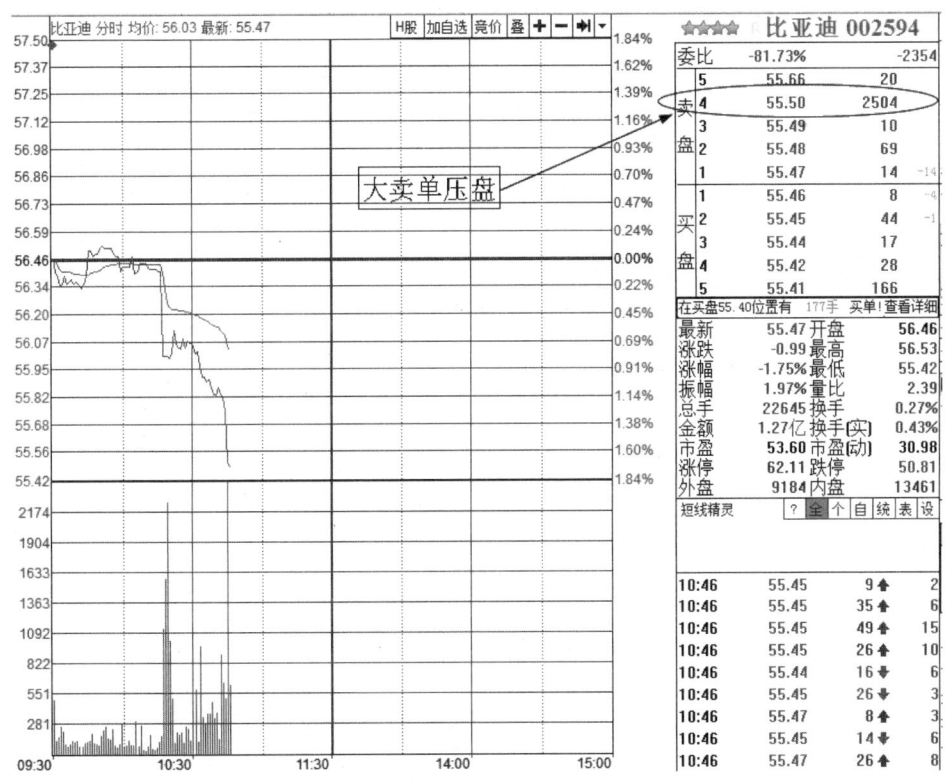

图1-13　比亚迪（002594）分时走势图

二、五档买盘

五档买盘是多头主力的前沿阵地，是投资者委托买进筹码的交易数据动态显示区。五档买盘中实时出现的买入委托单量的动态变化，可以清楚地反映当时盘中买进方的态度。

（1）当五档买盘的委托单量小于卖盘的委托单量时，说明买进力弱，股价将可能出现下跌。

（2）当五档买盘的委托单量大于卖盘的委托单量时，说明买进力强，股价将可能出现上涨。

（3）当五档买盘的委托单量等于卖盘的委托单量时，说明买卖力均衡，股价可能出现僵持。

特别说明：以上三种情况仅适用于常规行情，在临盘实战中须配合其它技术使用。

大买单托盘是一种积极性的买进姿态和信号，表现在盘口的实时交易中，会产生阻止股价下跌，吸引场外投资者跟风买进，或促使股价加速上涨的作用，如图1-14所示：

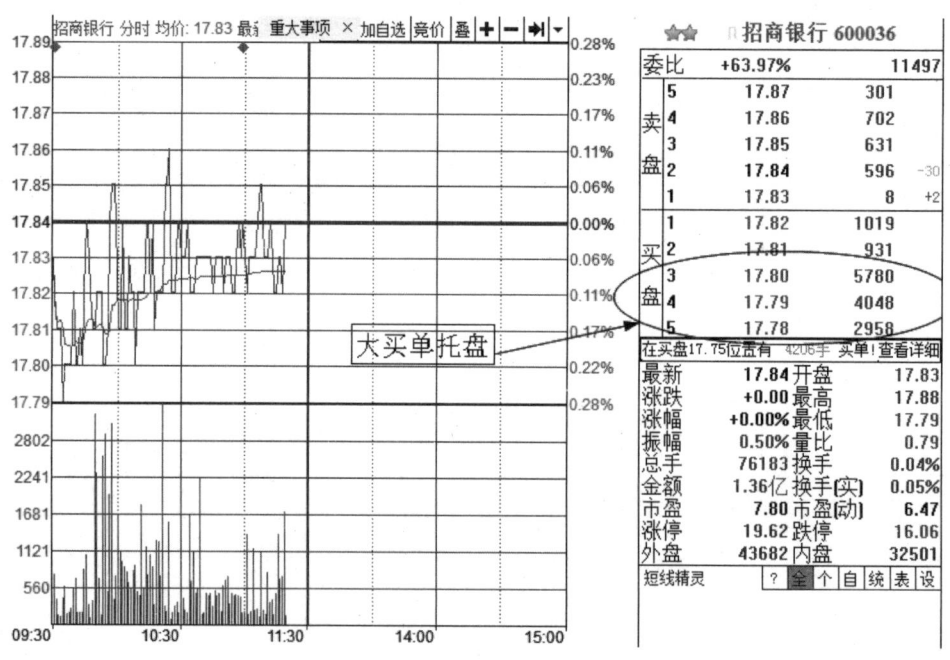

图1-14 招商银行（600036）分时走势图

大买单托盘的主要特点是以"托"为主题，目的是促使股价持续上涨，并进一步威慑盘中抛售的投资者，以促进主力机构操盘计划的顺利实施。在这里要特别说明：股价上涨见顶区和股价下跌突破区的盘口也会出现五档买盘的大单现象，但一定不是"托盘"，而是"诱盘"，临盘须仔细辨别。

大买单托盘对当日股价走势有以下影响：

（1）当股价在上涨初期的突破区时，大买单托盘的出现能够激发更强的买进力量，当天股价红盘报收的概率较大。

（2）当股价在上涨中期的洗盘区时，大买单托盘的出现将缓和盘面的抛售压力，促使股价不致于出现大幅下跌。

当股价在震荡盘跌过程中，盘中突然出现大买单托盘，有助于减缓股价下跌的速度和冲击力，同时可以稳定盘中投资者的持股信心。

大买单托盘不会无故出现，它的出现均有极强的目的性。

（1）当股价在突破重要阻力区之后，在盘中回调的过程中突然遭遇大买单，这说明主力已经完成技术性回调动作，即将展开新一轮拉升。

（2）当股价在经过一轮洗盘整理之后，在盘中下跌至重要支撑位时突然遭遇大买单，这说明主力已经完成洗盘动作，即将展开新一轮拉升。

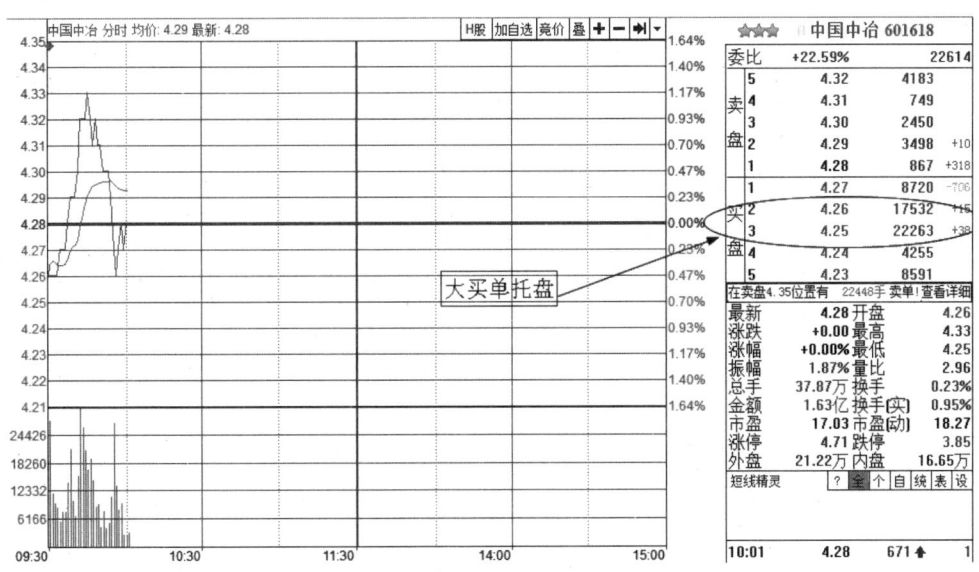

图1-15 中国中冶（601618）分时走势图

当股价在盘中向下跌时，五档买盘的买1、买2、买3、买4或买5位置突然出现一笔大委托单，它具备拦截、阻止、震慑、拉抬等作用，其目的是阻止股价进一步下跌，缓和场内中小投资者进一步的跟风抛售行为，并暂时稳定股价，如上图1-15所示。

三、五档逼多大单

五档逼多大单是指在交易软件盘口右侧的五档买盘委托队列中挂出符合大单和特大单的数量庞大的委托单，它在交易中通常可判断为一种非自然、非常态的委托单。由于交易量规模大，股价受主力操纵的概率也较大，如图1-16所示。

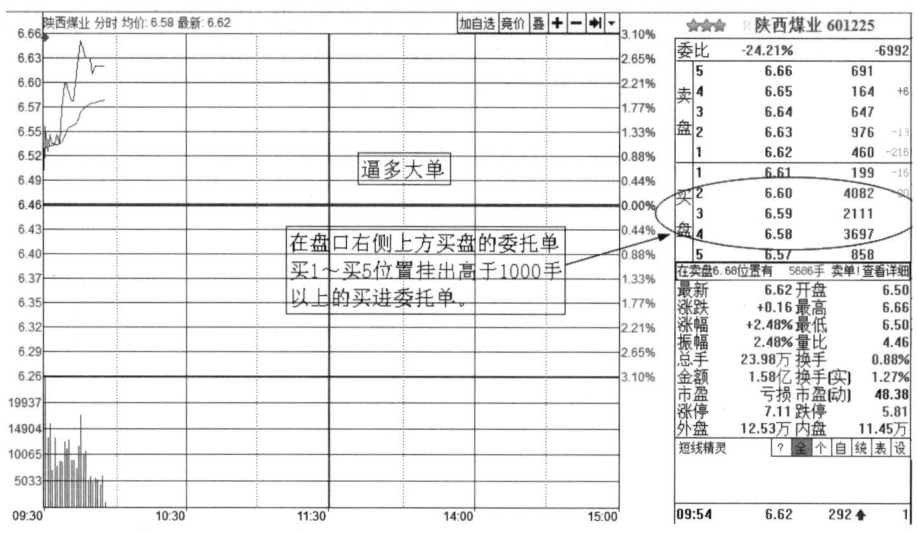

图1-16　陕西煤业（601225）分时走势图

五档逼多大单给人的感觉是主力资金实力雄厚，具有很强的视觉冲击力，这种情况往往是主力有意而为之，其操盘意图有如下几点：

1. 技术手段

五档逼多大单可以用来吸引场外中小投资者，借助他们的力量拉升股价，是主力机构诱使中小投资者以更高价格、更高成本在盘中买进的一种技术性手段，其目的是引发中小投资者的积极跟风买进行为。

2. 借力打力

五档逼多大单出现后，中小投资者积极跟风买进所产生的推动力促使股价按预期的上涨目标更快速地前进。从而，可以达到借力打力、四两拨千斤的作用。

3. 制造气氛

五档逼多大单出现时，由于股价在盘中大幅上涨，做多所产生的盈利效应和热烈的买进气氛极大地吸引了市场的注意力。因而，中小投资者的积极参与容易将现场交易气氛推向高潮，形成良好的市场氛围，为主力后续出货打下了坚实的市场基础。

五档逼多大单是一种积极的委托行为，直接表明了主力的操盘方向和操盘态度。这种积极的挂单委托买进方式有效地推动了股价上涨趋势的延续和发展。但有时它也是一种虚假的委托买进行为，在很大程度上是为了诱使更多的中小投资者跟风买进，达到主力机构的诱多目的，投资者需小心。

四、五档逼空大单

五档逼空大单是指在交易软件盘口右侧的五档卖盘委托队列中挂出大单和特大单的数量庞大的委托单，和五档逼多大单一样，它在交易中也是一种非自然、非常态的委托单。由于交易量规模大，股价受主力操纵的概率也较大。

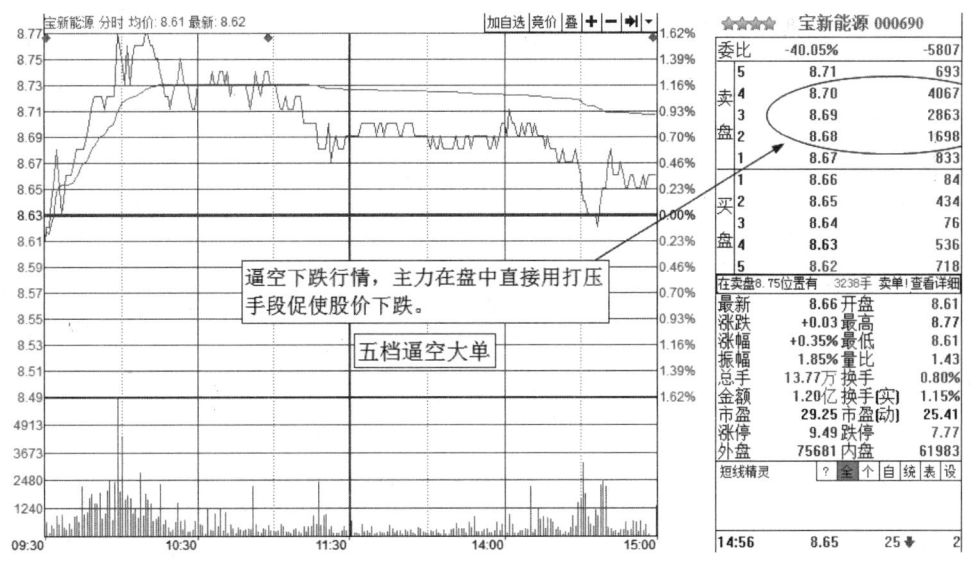

图1-17　宝新能源（000690）分时走势图

逼空大单是主力通过大单卖出而导致股价下跌的操盘行为，在一轮逼空下跌行情中，股价该涨不涨，跌跌不休，如图1-17、图1-18所示。

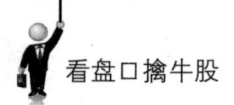

图1-18 华钰矿业（601020）分时走势图

主力机构为了出货，在盘中通过五档逼空大单的卖出，导致股价出现下跌，这是态度十分明确的出货行为。通过五档逼空大单在盘中实施出货，是五档逼空大单的成因之一。

五档逼空大单有时是一种疯狂的委托卖出行为，直接表明了主力机构的操盘方向和操盘态度。这种积极的挂单委托卖出方式，能直接促使股价下跌的加速。

五档逼空大单是主力机构实施快速出货的一种技术性手段。值得注意的是，在股价阶段性上升的中期，也会出现五档逼空大单，但只是为了洗盘的需要，主力不会出现疯狂地向下单极打压股价行为。

五、五档大单对决

五档大单对决是指在交易软件盘口右侧的五档买卖盘委托队列中分别挂出符合大单、特大单标准的买单和卖单。通常情况下，五档买卖盘口同时出现大买单和大卖单，表明盘口交易十分活跃，多方和空方对当前股价的争夺进入白热化的状态，如图1-19所示。

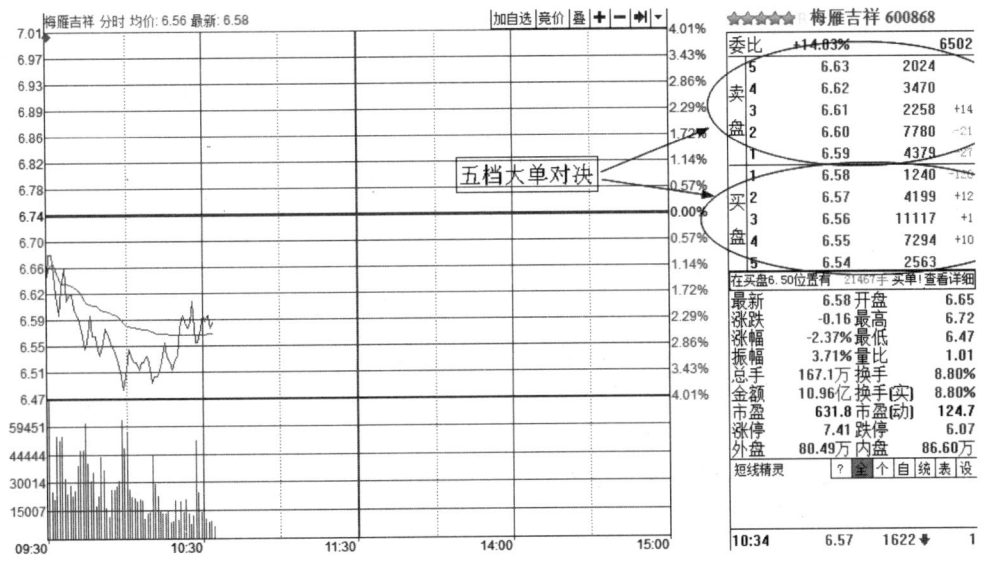

图1-19 梅雁吉祥（600868）分时走势图

五档大单对决是买进方与卖出方在交易过程中发生激战的结果。由于交战双方在盘口挂出符合大单和特大单标准的买单和卖单，因而这种现象是因主力机构与主力机构、主力与大户之间的积极交易而形成的。

大单对决发生的原因，主要有以下三个方面：

（1）卖出一方主力向买进一方主力施压，消耗买进主力的资金力量。

（2）卖出一方大户因担心未来股价下跌，而在盘中大单抛货，买进一方主力则积极接纳。

（3）卖出一方主力向买进一方主力以协议价格对倒出货。

六、涨跌停大封单

1.涨停大封单

在我国证券交易制度中，股价在每天盘中交易时间段内上涨的幅度有一定的限制，A股涨停板幅度为+10%，ST类股票的涨停板幅度为+5%。

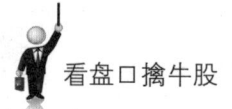

图1-20 涨停大封单分时图

如图1-20所示，五档买盘中的买1位置出现涨停大封单，这种大封单超过10000手以上，买进气势如虹，不可阻挡。盘中涨停大封单完全体现了主力机构的操盘决心和态度，并充分展示了其强大而雄厚的操盘实力。

当股价触及涨停板价格时，五档买盘中的买1位置将成为涨停板最高限制买进价，在此位置所出现的大量委托买进单就是我们所说的涨停大封单。当出现涨停大封单之后，在买1以下位置委托的买单必须等待涨停大封单消失之后才会有机会发生交易，否则，只能等待下一交易日买进。

投资者要密切重视买1委托量。涨停时的买1价格就是涨停价，买1委托量的大小对是否能稳固封住涨停板很重要。委托买入量越大的股票，其后持续上涨的潜力越强，继续涨停的可能性越大。

第一章　解读盘口信息提升交易功力

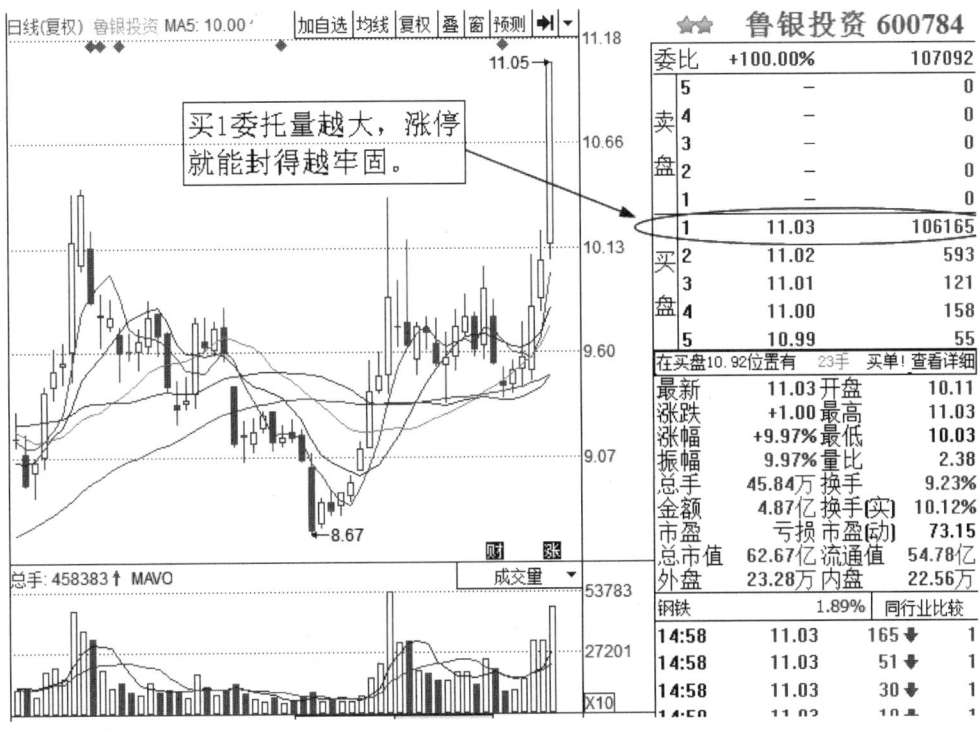

图1-21　鲁银投资（600784）日K线图

从图1-21中我们可以看出，买1委托量越大的股票，涨停板越不可能被打开，越是被牢牢封住，已经买进股票的投资者可以继续持股，但未买进股票的投资者就很难买进股票了。股市变化莫测，复杂多变，买1委托量也是可以撤单的，投资者要随机应变。

在实际交易过程中，有一种涨停板值得我们特别关注，那就是尾盘偷袭涨停。尾盘偷袭涨停是指个股在收盘前，股价突然急速上升至涨停板，上涨走势极快，上涨幅度往往也较大，投资者还没反应过来，股价就已被大幅度拉高涨停。

尾盘偷袭涨停的目的，一般来说是为了减少资金的消耗。这是因为尾盘抛盘较少，能用较少的资金完成大幅度的拉升。但在实战中，尾盘拉高涨停的目的远比这复杂，长期实战研究表明，个股尾盘偷袭涨停的目的有以下几点：

（1）快速脱离成本区。

主力在建仓完毕之后，获得了所需的筹码，需要快速脱离成本区。为了避免众多投资者跟随买进，在尾盘突然涨停，并且在第二天的早盘迅速拉高，使得投资者来不及反应，随后个股迅速涨升。

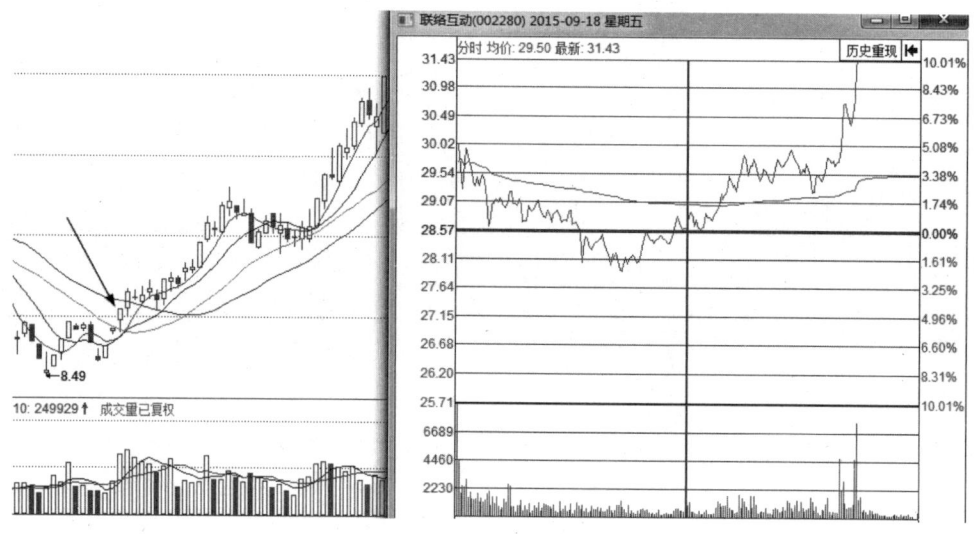

图1-22　联络互动（002280）日K线图和分时走势图

如图1-22分时图所示，下午2:00，该股股价于陷入低迷之后突然拉升，短时间就封上涨停板。很多看好该股的投资者一时反应不及，错失了买入时机，准备第二天追涨。

结果第二天该股快速上涨，曾一度封上涨停板。主力充分利用头一天尾盘和第二天早盘的时间连接，在短短的交易时间内将股价迅速拉高20%，成功摆脱跟风的投资者。此后，该股大涨小回，一路上扬，出现较大涨幅。

（2）主力为保存实力，在抛盘比较少的尾盘拉升涨停，消耗资金少。

尾盘偷袭方式涨停，既可以达到拉高股价的目的又可以节省拉升成本，是一种较好的操盘技巧，经常被主力机构所运用，且屡试不爽。

一般实力较弱的主力，不会选择在盘中拉涨停板，如把股价早早拉起，则需要在盘中护盘接筹，消耗资金太大。特别是大盘在下午突然变盘走坏时，市场抛筹会特别大，要想把股价维持在涨停价位就要大量护盘资金，没有雄厚的资金是扛不住的，之前的拉升涨停会前功尽弃。采用尾盘偷袭方式拉高，可以避免以上问题。

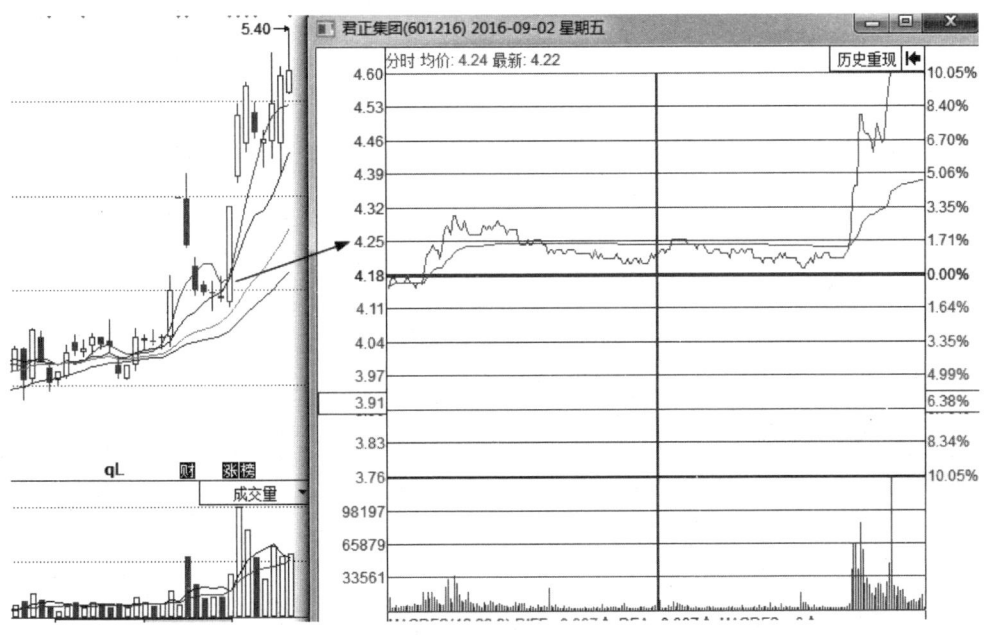

图1-23 君正集团（601216）日K线图和分时走势图

图1-23是君正集团（601216）2016年9月2日的走势图，当日该股在尾盘阶段突然启动，快速地上封涨停板，并且一次就牢牢地封住了涨停。很明显，这是主力资金强势运作的体现，也彰显了主力做多的决心。

当日此股正处于深幅调整后的低位盘整区，该股中短期内均有较为充足的上涨空间，结合当日盘口这种强势的尾盘封涨停形态，我们可以认为这是主力资金将对个股展开拉升的信号。在实盘操作中，可以及时地买股入场，以分享主力资金的拉升成果。

尾盘拉升涨停是一种做盘操作技巧，时常受到主力的青睐。在市场还没有反应过来的时候，主力即可实现快速拉升涨停；而当市场反应过来的时候，当天的交易却已经结束了，主力不必面临拉升涨停之后所产生的大量获利抛压。

（3）出货时的骗线。

出现这类涨停分时形态的个股，多处于高点位置区，主力采取的是运作收盘价，为次日预留出货空间的操盘手法。因而，在实盘操作中，我们应注意其风险。

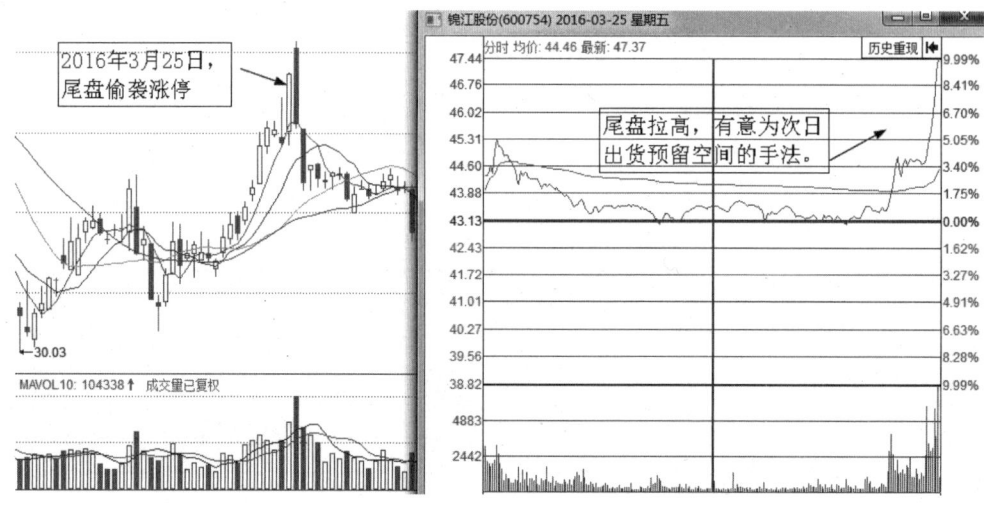

图1-24 锦江股份（600754）日K线图和分时走势图

图1-24是锦江股份（600754）的走势图。2016年3月25日，在全天的运行中，分时线始终运行于均价线下方。

直至尾盘阶段，个股快速上扬，向上突破均价线，在收盘前成功封住了涨停板。

从日K线图来看，当日正处于短期大涨后的高点。主力靠运作收盘价来拉高个股，这或许是主力控盘能力不足的体现，或许准备出货了，投资者需小心。

出货时的骗线，通过尾盘快速拉升修饰K线图，刻意往上拔高，人为的制造日K线图上的大阳线，显示作多信心，第二天出货。

2.跌停大封单

和涨停板类似，在我国证券交易制度中，股价在每天盘中交易时间段内下跌的幅度有一定的限制，A股跌停板幅度为-10%，ST类股票的跌停板幅度为-5%。

如图1-25所示，五档卖盘中的卖1位置出现跌停大封单，这种大封单往往超过5000手甚至10000手，盘中卖出单量巨大，抛压沉重，气势非常恐怖。

图1-26是海德股份（000567）2016年11月4日的走势图，该股低开之后直接展开下跌，盘中跌速较快，五档卖盘中的卖1位置出现超过10000手的跌停大封单，下跌气势不可阻挡。

第一章 解读盘口信息提升交易功力

图1-25 跌停大封单分时图

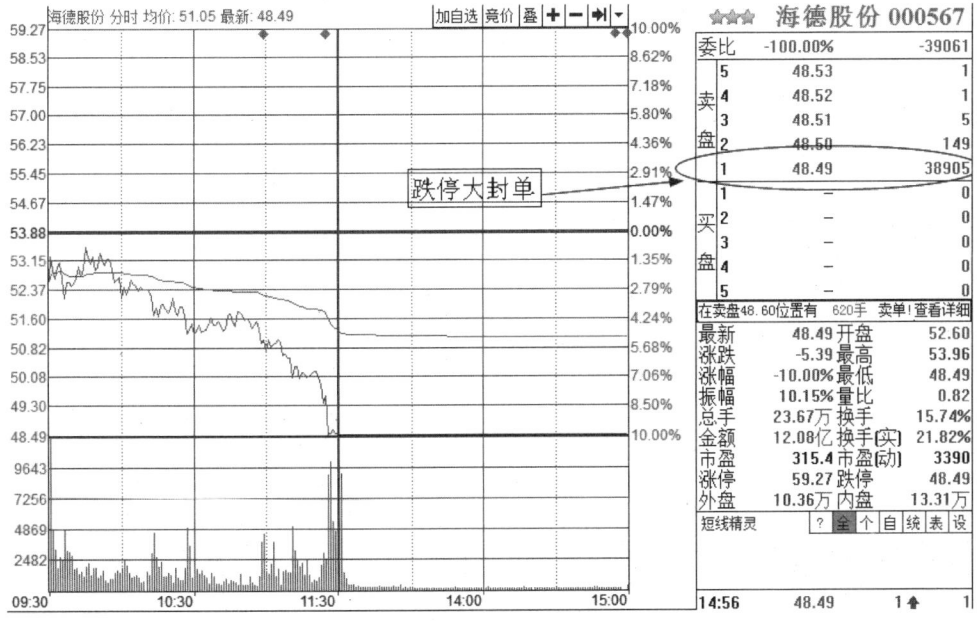

图1-26 海德股份（000567）分时走势图

若无突发意外性利空事件的影响，跌停是主力凶狠砸盘的一种主动性抛售行为，表现在操盘方面有三种意图可供判断：

（1）若股价处在大跌之后的阶段性底部，则可能是主力展开的最后一轮疯狂杀跌行情，这种最后的疯狂，意图是在更低价格区域完成战略性建仓计划。

（2）若股价处在突破30日均线后的上升趋势阶段，短期均线系统金叉向上，则这是主力发起凶狠的阶段性洗盘调整行情，主力意图在盘中清洗不坚定的中小投资者，以减轻股价上涨压力。

（3）若股价处在击穿60日均线的下跌初期阶段，短期均线系统全部死叉向下，则是主力发动最后不计成本的疯狂出货动作。

第四节　盘口：从排名榜中能看出什么

很多投资者在实盘操作时，总会有这样的困扰：开盘以后，如何分析？关注哪些要素才可以找到合适的目标个股下手呢？

通常来说，开盘以后，投资者需要关注以下方面：观察盘中涨幅排名和跌幅排名，判断出市场的强弱，以及确定领涨的热点板块和领跌的板块；观察成交额排名、量比排名，从中确定资金正在操作哪类个股及板块；观察涨速排名，从中确定上涨速度最快的个股及板块，从而及时把握盈利机会。综合这些分析，再结合其他分析方法，就可以轻易地完成获利操作。

另外，通过认真观察和总结沪深两市每天的综合排名可以发现一些比较好的个股机会，比如某只个股连续出现在量比排名榜或者涨幅排名榜上，说明该股属于强势个股，可在盘中进行跟踪观察以伺机跟进，短线盈利机会较大。

几乎每款炒股软件都具有排名榜功能，它对我们平时操作、选股、找买卖点，具有很大的辅助作用。充分应用此功能，是股民和操盘手的必要技能。目前技术分析里涉及利用排名榜指导操作的知识并不多，下面将分别讲解利用各类排名榜来寻找个股机会的实例，希望读者能仔细体会，以便为自己的股市之旅打下坚实的基础。

一、涨幅排名榜

近几年，随着沪深两市的不断扩容，股票总数已接近3000只，在这样一个庞大的股票市场，要选择出具有上涨潜力的牛股，的确不是一件易事。尽管如此，选择牛股也是有方法的，那就是从涨幅榜中去寻找。牛股基本上是从涨幅榜中脱颖而出的，所以，从涨幅榜中寻找牛股，能起到事半功倍的效果。

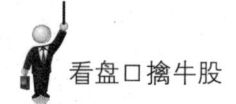

涨幅排名榜指的是按照当日涨幅大小的顺序进行排列的个股。根据涨幅排名榜，可以确定短线上涨幅度最大的个股，及时把握盈利的机会。投资者在键盘上输入数字"60"，就可以打开沪深全体A股的涨幅排名榜，它实时地反映了股市中全体个股的涨跌幅排名情况。我们可以利用它及时地了解到当日哪些个股处于涨幅前列、哪些个股处于跌幅前列。很明显，那些处于涨幅前列的个股也是最有希望冲击涨停板的牛股，是盘中应予以重点关注的个股。

出现在涨幅排名里的个股，强势特征自然表现无遗，预示着股市的市场热点和追涨的潜在目标。另外还可观察其放量特征来综合判断其强势性，如果出现放量大涨则说明个股短线强势明显，很可能存在一定的操作机会。投资者在盘中进行分析的时候，一定要对涨幅排名进行关注，并且还需要在实盘中经常查看涨幅排名的变化。对涨幅排名榜进行分析就可以很直接地找到当天的牛股是谁，从而为寻找目标打下基础。

只要当天某类个股整体出现在涨幅榜前列，这类板块往往蕴含着重大的投资机会，所以关注涨幅排名对于投资者把握机会有着很重要的作用。

	代码	名称	涨幅%	现价	涨跌	涨速%	主力净量	总手	换手%
10	601128	常熟银行	+10.00	11.33	+1.03	+0.00	7.68	36.78万	16.54
11	300546	雄帝科技	+10.00	148.74	+13.52	+0.00	0.00	454	0.340
12	300461	田中精机	+10.00	55.90	+5.08	+0.00	-0.15	769	0.326
13	300555	路通视信	+10.00	47.54	+4.32	+0.00	0.03	109	0.055
14	603160	汇顶科技	+10.00	65.92	+5.99	+0.00	0.00	528	0.117
15	603025	大豪科技	+9.99	36.76	+3.34	+0.00	1.58	22883	4.48
16	603887	城地股份	+9.99	66.37	+6.03	+0.00	0.75	3752	1.53
17	300552	万集科技	+9.99	28.40	+2.58	+0.00	0.00	15	0.006
18	300550	和仁科技	+9.99	38.64	+3.51	+0.00	0.00	46	0.023
19	300551	古鳌科技	+9.99	38.54	+3.50	+0.00	0.00	61	0.033
20	603859	能科股份	+9.99	17.51	+1.59	+0.00	0.00	117	0.041
21	600908	无锡银行	+9.92	13.07	+1.18	+0.54	11.02	53.15万	28.74
22	000923	河北宣工	+9.83	21.01	+1.89	-0.10	-2.42	31.45万	15.88
23	002722	金轮股份	+8.43	68.86	+5.39	-1.08	8.23	14.17万	30.93
24	300462	华铭智能	+8.39	37.22	+2.88	-0.13	2.31	46507	8.44
25	300021	大禹节水	+8.31	20.46	+1.57	+2.05	0.55	32564	1.97
26	601500	通用股份	+8.26	19.30	+1.51	+0.26	-0.82	55.15万	31.50
27	002147	新光圆成	+7.72	15.62	+1.12	+0.32	-0.11	98574	4.40
28	002113	天润数娱	+7.13	16.73	+1.16	-0.89	1.38	66.35万	14.00
29	002807	江阴银行	+6.95	13.54	+0.87	+0.67	1.64	31.45万	14.99

图1-27　沪深A股涨幅排名榜

第一章 解读盘口信息提升交易功力

图1-27是沪深A股2016年10月28日的涨幅排名榜，这一天投资者应当如何判断出盘中的热点板块是什么呢？要回答这个问题，就必须对个股的涨幅进行排名。通过排名可以看到许多银行类个股出现在涨幅榜的前列，这样的排名结果是提示投资者在操作上应当对银行板块进行重点关注。

有了目标板块以后，投资者就可以再使用其它的方法，从中选出真正的牛股进行操作。只有构成板块性质的上涨才是最安全的上涨，因为推动一个板块上涨需要的资金远比推动一只个股需要的资金多。所以，当投资者对涨幅排名进行分析时，一旦发现在涨幅前列同时出现了多个同类的个股，就需要对这个板块高度重视，后期获利的机会往往就蕴含其中。

	代码	名称	涨幅%↓	现价	涨跌	涨速%	主力净量	总手	换手%	金叉个数	利好	利空	所属行业
13	000799	酒鬼酒	+10.00	22.44	+2.04	+0.00	3.06	25.48万	11.36	2	无	无	饮料制造
14	600716	凤凰股份	+10.00	8.69	+0.79	+0.00	0.44	26.94万	3.64	5	无	无	房地产开发
15	300549	优德精密	+10.00	74.70	+6.79	+0.00	0.03	375	0.225	0	无	无	专用设备
16	300548	博创科技	+10.00	43.90	+3.99	+0.00	0.00	132	0.064	0	无	无	通信设备
17	300545	联得装备	+10.00	81.20	+7.38	+0.00	4.02	24863	13.94	0	无	无	专用设备
18	300488	恒锋工具	+10.00	95.96	+8.72	+0.00	0.74	17889	14.30	0	无	无	通用设备
19	300555	路通视信	+9.99	39.29	+3.57	+0.00	0.00	19	0.010	3	无	无	通信服务
20	603160	汇顶科技	+9.99	54.48	+4.95	+0.00	0.00	225	0.050	3	无	无	半导体及元件
21	603777	来伊份	+9.99	43.59	+3.96	+0.00	1.54	23.93万	39.88	0	无	无	零售
22	300550	和仁科技	+9.99	31.94	+2.90	+0.00	0.00	35	0.018	0	无	无	计算机应用
23	300465	高伟达	+9.98	25.23	+2.29	+0.00	0.43	39.04万	15.27	0	无	无	计算机应用
24	600862	中航高科	+9.98	14.11	+1.28	+0.00	1.32	33.20万	5.20	2	有	无	国防军工
25	300206	理邦仪器	+9.96	11.26	+1.02	+0.00	1.66	16.21万	4.76	3	无	无	医疗器械服务
26	600868	梅雁吉祥	+9.95	6.74	+0.61	-0.44	1.01	31.03万	1.63	0	无	无	电力
27	603919	金徽酒	+9.49	36.00	+3.03	-0.42	2.00	96210	13.74	2	无	无	饮料制造
28	600809	山西汾酒	+8.79	24.14	+1.95	+0.46	0.50	22.05万	2.55	0	无	无	饮料制造
29	600559	老白干酒	+7.71	25.72	+1.84	-0.31	0.29	10.50万	3.00	0	无	无	饮料制造
30	600275	武昌鱼	+7.54	18.10	+1.25	-0.55	-0.27	78.06万	15.34	0	无	无	综合
31	000568	泸州老窖	+7.12	35.66	+2.37	-0.42	0.02	16.30万	1.16	0	无	无	饮料制造
32	300018	中元股份	+7.08	15.12	+1.00	+0.00	0.89	22.57万	7.52	0	无	无	电气设备
33	002016	世荣兆业	+6.91	11.43	+0.72	-0.35	0.07	16.41万	2.54	7	无	无	房地产开发
34	300382	斯莱克	+6.84	49.23	+3.15	-0.04	0.82	20064	5.06	6	无	无	专用设备
35	600779	水井坊	+6.83	18.15	+1.16	+0.55	0.30	11.62万	2.38	6	无	无	饮料制造
36	002538	司尔特	+6.73	12.37	+0.78	+0.98	0.53	111.0万	15.87	0	无	无	化学制品
37	600199	金种子酒	+6.18	10.48	+0.61	-0.66	-0.26	37.37万	6.72	1	无	无	饮料制造

图1-28 沪深A股涨幅排名榜

图1-28是沪深A股2016年10月26日的涨幅排名榜，我们可以清楚地观察到，这一天酒类个股形成了板块性的上涨走势，多只酒类个股纷纷进入了涨幅榜的前列。投资者可根据排名榜的这一信息，在操作上对酒类板块进行重点关注。一只个股形成高涨幅属于偶然，单一的个股机会是比较难把握的，但是，如果某个板块中的大多数个股都在同一时间内形成较大的涨幅，多只同类股票都进入涨幅榜

的前列，那么该板块构成的上涨动能是比较安全可靠的，因为推动一个板块的上涨远比推动一只个股需要更多的资金，这个板块在短期内形成较强的走势信号就非常明确。投资者可根据涨幅榜提供的这一信息，从该类板块中选择个股进行操作。

从后期的走势中也可以看到，许多酒类个股纷纷展开了上涨行情，并且连续数个交易日内有很多酒类个股出现在当天的涨幅排名前列。通过对涨幅排名进行分析，投资者就能以最直接的方式找到当前以及后期最有大幅上涨潜力的板块。

个股能进入涨幅榜的主要原因有以下几点：

1.资金原因

由于受到市场主流资金的关注，或者由于大量游资的积极介入，股价短线迅速上升，因而进入涨幅前列。

2.内部原因

公司自身的基本面情况得到改善，如：扭亏为盈，业绩大幅增长，或者上市公司实施优厚的利润分配方案、企业转型等重大题材。

3.外部原因

外在的利好消息影响，推动了相关个股的走强。这主要是各种有利于上市公司的市场传闻、消息。

4.联动原因

受到市场热点的波及，有些公司虽然没有上述的各种涨升条件，但是由于恰好属于市场热点板块，往往也有较好的涨幅。例如："5.19"行情中网络科技股行情异常火爆，有家仅仅是修车的企业，因公司名称中有"科技"两个字，股价也立刻疯涨起来。

还有一些比较特殊的原因，也会使个股名列涨幅榜，如：主力出货阶段，为了吸引投资者的注意，有时故意通过尾盘拉高，使该股登上涨幅榜。而且，通常情况下，一旦个股进入涨停板以后，往往会得到股评的热情推荐，有利于主力的乘机出逃。在主力的众多出货手法中，就有一种凭借涨停板的出货方法。

在涨幅榜上寻找目标股，有以下一些技巧：

1.判断进入涨幅榜的个股迅速上涨的原因

对于刺激股价迅速扬升的各种传闻、消息、题材等原因，要具体情况具体对待。对于受到朦胧利好消息刺激的个股，在消息没有兑现前，可以积极介入参与，一旦消息兑现，则需要根据消息的具体内容另行分析。大多数情况下，受消息影响而上涨的个股，由于缺乏必要的主力资金建仓的过程，通常持续性不强，缺乏必要的可操作性和必要的获利空间。而且，主力资金在出货阶段中，常常会引用利好消息来吸引投资者的买盘，从而达到顺利出货的目的。因此，对于单纯受消息影响而进入涨幅榜的个股，投资者介入时要谨慎选择。

2.判断进入涨幅榜的个股是否属于当前热点

判断进入涨幅榜的个股是否属于当前热点的方法有两种。一种方法是看该股是否属于市场中已经热门的板块，例如：近期市场中热门的当属智能电网、新能源、物联网板块等。如果该股属于热门板块中的一员，则该股的上涨符合市场热点的潮流，投资者可积极关注。这种方法比较明显，而且容易操作。另一种方法是看涨幅榜上，有没有与该股同属于一个板块的个股。有时候，市场中会崛起新的热点，和以前的热点截然不同。这时，投资者需要观察涨幅榜中与该股同属于一个板块的个股有多少，如果在涨幅前30名中，有8只左右是同一板块的个股，就表示该股属于市场中新崛起的热点，投资者可以重点关注。至于同一板块具体需要多少只名列涨幅榜的个股，才能算是新崛起的热门板块，这是很难量化的，还需要根据其板块容量来定。有的板块容量较大，就应该根据实际的情况适当提高标准；有的板块容量较小，如玻璃板块、西藏板块等，很难达到八家同时上涨幅榜，这时，投资者就不能生搬硬套了，要灵活分析。

3.判断涨幅榜上个股量能的介入情况

涨幅榜上的个股在未来时期是否能继续保持强势，在很大程度上与之前的量能介入状况有紧密的联系。热点板块的量能积聚过程非常重要，其行情的可持续性要在增量资金充分介入的情况下才可以得到保证。

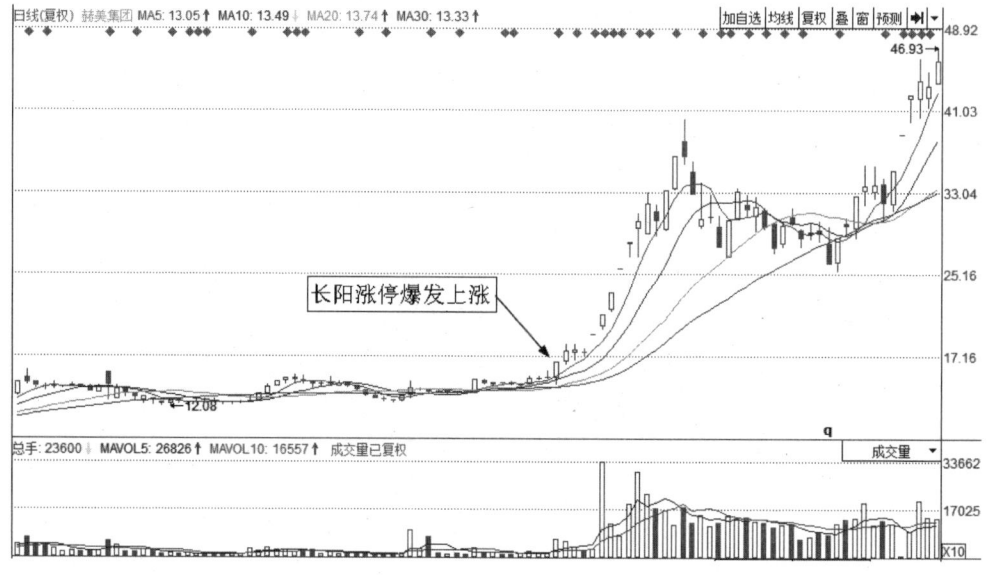

图1-29 赫美集团（002356）日K线图

图1-29是赫美集团（002356）的走势图，图中箭头处，该股一开盘就突然从涨幅榜中脱颖而出，并一路震荡盘升，直至涨停。通过分析发现，该股是在盘整半年多后，突然放量向上的，而且在漫长的盘整过程中都有量能的堆积。该股其后的走势非常凌厉，在大盘震荡调整中连拉涨停板。一般来说，如果在上涨前没有量能的配合，股价不可能走得很高。

二、跌幅排名榜

通过以上对涨幅排名榜的分析，投资者可以准确地判断出当前行情中的领涨股，涨幅排名榜分析的目的是实现盈利，大多数参与股市的人，也都喜欢盯着涨幅排名榜看，眼看哪个股票涨幅大，便会产生追入的冲动，这是人难以克服的本性。不仅散户投资者这样，就连大多数分析人士也是这样。但是，在交易过程中，投资者不能仅针对上涨排名榜进行研究，还必须对下跌排名榜进行分析。

为了回避下跌的风险，投资者可以对当天盘中个股的跌幅进行排名，通过排名榜可以很轻易地判断出当前盘中下跌的板块有哪些，并在操作的时候，坚决回避这类走弱的个股，这样一来风险就可以大大排除了。

第一章 解读盘口信息提升交易功力

	代码	名称	涨幅%	现价	涨跌	涨速	主力净量	总手	换手%	量比	总金额	所属行业	现手
1	601020	华钰矿业	-9.68	47.30	-5.07	+0.00	-36.23	31.00万	59.61	2.84	15.10亿	有色冶炼加工	8
2	600547	山东黄金	-5.62	43.49	-2.57	+0.25	-0.92	59.70万	4.19	1.46	25.85亿	有色冶炼加工	180
3	600988	赤峰黄金	-5.51	18.52	-1.07	+0.60	-1.11	37.81万	6.19	1.43	6.99亿	有色冶炼加工	62
4	002155	湖南黄金	-5.29	13.44	-0.75	+0.22	-1.17	65.54万	6.58	1.52	8.77亿	有色冶炼加工	32
5	600489	中金黄金	-4.98	13.95	-0.72	+0.36	-1.14	158.8万	4.60	1.48	22.03亿	有色冶炼加工	277
6	601069	西部黄金	-4.72	26.66	-1.32	-0.23	-0.99	22.19万	11.69	1.38	5.89亿	有色冶炼加工	15
7	002237	恒邦股份	-4.61	13.25	-0.64	+0.08	-0.71	43.84万	5.37	1.76	5.78亿	有色冶炼加工	171
8	600766	园城黄金	-4.36	16.86	-0.79	+0.12	0.43	12.51万	5.59	1.54	2.11亿	房地产开发	20
9	000409	山东地矿	-4.29	16.51	-0.74	-0.18	-0.87	26.54万	7.42	1.04	4.38亿	综合	80
10	002716	金贵银业	-4.21	27.57	-1.20	+0.04	-5.21	67.78万	23.37	1.21	18.50亿	有色冶炼加工	30
11	002731	萃华珠宝	-3.99	31.75	-1.32	+0.00	-4.57	82913	15.52	2.04	2.64亿	家用轻工	4
12	601899	紫金矿业	-3.62	3.46	-0.13	-0.06	-0.23	383.5万	2.43	1.86	13.31亿	有色冶炼加工	366
13	600891	秋林集团	-3.51	11.28	-0.41	+0.09	-0.82	21.16万	6.53	1.56	2.37亿	零售	10
14	002574	明牌珠宝	-3.38	15.74	-0.53	+0.19	-0.25	27.04万	5.12	1.33	4.20亿	家用轻工	2
15	600857	宁波中百	-3.33	19.77	-0.68	+0.00	-0.45	18.08万	8.06	1.99	3.57亿	贸易	8
16	002160	常铝股份	-3.19	10.00	-0.33	-0.30	-2.03	35.43万	8.14	6.07	3.55亿	有色冶炼加工	50
17	600612	老凤祥	-3.03	42.20	-1.32	-0.05	-0.12	31764	1.00	1.92	1.34亿	家用轻工	4
18	600531	豫光金铅	-2.96	9.84	-0.30	+0.10	-0.40	46.64万	5.27	1.32	4.58亿	有色冶炼加工	49

图1-30　沪深A股跌幅排名榜

图1-30是沪深A股2016年11月10日的跌幅排名榜，当天上证指数收出了一根阳线，但是在这一天却依然有很多个股出现了下跌的走势。面对这种指数上涨个股下跌的走势，投资者应当如何制定操作计划呢？

从当天的跌幅排名榜可以很轻易地看出盘中下跌的个股中，山东黄金、赤峰黄金、湖南黄金、中金黄金、西部黄金等均位于跌幅前列，这些个股具有什么样的共性呢？这些个股都属于黄金板块，是市场打压的板块，当天的风险都是由黄金类个股引发的，这种走势说明近期黄金类个股是不能去操作的，因为主流资金正在对它们进行抛售。

一旦某一个板块中的许多个股均出现在跌幅榜前列，投资者就要意识到这类个股是绝对不能去操作的，只有市场主流资金积极地进行出货才会导致板块性下跌走势的出现。

跌幅排名榜对投资者回避行情走弱的个股有重要参考意义，从跌幅排名中我们可以发现当天领跌的个股或板块，这样既可以避免选错股，也可以决定是否需要卖出持仓的股票，从而回避风险。

投资者往往对涨跌幅排行榜上涨跌幅靠前的个股更为关注，希望从此了解资金在流进哪些行业和板块，看哪些个股资金在流出，这些个股是否具有板块和行业的联系；在了解到市场热点和主力资金的走向后确定介入的个股，明确操作策略，为赢利做充分准备。

三、成交额排名榜

许多投资者在交易时，总把握不住当前市场中的热点所在，其主要原因就是没有准确地判断出市场中的资金流向了何方，正在积极地操作哪一类个股。想要做好股票，必须知道资金的流动方向，只有不断操作资金介入的个股以及板块，才可以获得较高的收益。

在交易的过程中，投资者需要经常性地对个股的成交额进行排名，从而确定哪类个股的成交额大，成交额越大意味着资金介入的数量越多。只有在资金介入买盘数量远远大于卖盘数量的情况下，股价才有可能展开强劲的上涨行情，所以对个股的成交额进行排名分析是非常重要的。

如果某股出现在当天的成交额排名榜上，说明该股当天成交活跃，如果成交额排名榜上出现几个相同行业或概念的个股，则基本可说明该板块当天整体活跃度较高，短线可能存在着一定的操作机会。

涨幅排名	代码	名称	涨幅%	现价	涨跌	涨速%	总手	换手%	总金额↓	市盈(动)
1	601668	中国建筑	+2.66	7.72	+0.20	+0.13	456.2万	1.52	34.35亿	7.19
2	002695	煌上煌	+5.61	26.73	+1.42	+0.00	97.21万	21.44	25.88亿	140.2
3	600887	伊利股份	+0.98	17.46	+0.17	+0.23	109.2万	1.81	19.14亿	16.49
4	601099	太平洋	-0.97	5.13	-0.05	-0.20	371.3万	5.73	18.97亿	119.5
5	000413	东旭光电	-1.45	14.29	-0.21	-0.07	129.2万	5.36	18.63亿	64.65
6	002797	第一创业	-1.61	39.09	-0.64	-0.15	46.14万	21.07	17.99亿	185.5
7	000002	万 科A	+1.12	25.01	-0.23	+0.00	71.15万	0.733	17.79亿	25.80
8	002782	可立克	-1.44	33.60	-0.49	+0.00	50.70万	47.60	17.68亿	170.4
9	000626	远大控股	+1.96	35.87	+0.69	+0.00	46.91万	11.59	17.15亿	34.15
10	600149	廊坊发展	+1.17	28.11	-0.84	+0.21	59.64万	15.69	17.07亿	亏损
11	000651	格力电器	+2.13	23.03	+0.48	+0.00	73.90万	1.24	16.99亿	10.82
12	300287	飞利信	+1.50	15.53	+0.23	+0.00	107.4万	14.95	16.78亿	79.27
13	601390	中国中铁	+1.04	8.71	-0.30	+0.46	191.0万	1.04	16.67亿	18.21
14	002703	浙江世宝	-2.83	45.29	-1.32	+0.00	33.83万	34.81	16.05亿	211.0
15	601611	中国核建	+1.92	17.07	-0.52	-0.35	92.46万	17.61	15.94亿	82.39
16	601186	中国铁建	+2.11	10.63	-0.36	+0.00	146.0万	1.27	15.52亿	12.40
17	600868	梅雁吉祥	+10.05	6.13	+0.56	+0.00	247.1万	13.02	14.76亿	147.9
18	300506	名家汇	-5.37	48.68	-2.76	-0.02	29.53万	39.38	14.69亿	304.5
19	002476	宝莫股份	+3.18	11.36	-0.35	-0.35	129.6万	21.55	14.65亿	274.7
20	601669	中国电建	+1.82	7.21	-0.11	+0.14	196.7万	2.05	14.09亿	14.35

图1-31 沪深A股成交额排名榜

图1-31是沪深A股2016年10月25日的成交额排名榜。这一天，房地产类个股的成交额位于前列，这说明在近期有大量的资金在积极地操作这类个股，而从当

时以及后期的走势来看，正是由于资金积极地入场操作，才促使房地产类个股产生了上涨的走势。

图中房地产类个股的成交金额位于排名前列，受到了资金的高度重视，通过排名可以看到，中国建筑、万科A、廊坊发展、中国中铁、中国核建、中国铁建、中国电建的成交额都位于前列。成交额的排名情况告诉了投资者，有资金开始对房地产板块进行买入操作，投资者必须引起重视。而在后期的走势中，房地产板块也正是由于资金的积极介入产生了一波短线的快速上涨行情。

有资金的介入才会导致上涨行情的确立，所以投资者如果经常性地对成交额进行排名分析，便可以判断出资金的操作意图，紧紧地盯住资金大规模介入的个股与板块，做到及时把握住盈利的机会。

在实际应用过程中要排除一些非正常因素再做判断，比如新股上市成交额通常都较大，可排除在外，另外一些超大盘个股出现活跃现象就很容易上成交额排名榜，毕竟其流通市值相当大，也需要排除在外。排除这些影响因素后，则可进行较为客观的判断。

四、量比排名榜

既然成交额排名与量比排名都是反映量能大小的指标，为什么还要再对量比排名进行分析呢？因为成交额大小并不能有效地提示成交量与前几天相比放大的比率，而量比能反应成交量与前几天相比放大的比率，所以投资者在进行交易的时候，除了要对成交额进行排名分析以外，还要对量比进行同步分析。

量比可以有效地帮助投资者研判量能放大的状况，在对量比进行排名分析的时候，投资者同时结合对股价的涨幅的分析，便可以轻松地识别盘中的赚钱机会。

1.个股上涨且出现在量比排名榜，机会蕴含在其中

简单来说，如果股价的量比指标数值很高，但是当天的股价却出现了下跌的走势，那就表示有资金借助活跃的成交量进行出货，投资者应当对这类个股进行回避。但是，如果量比指标比较大并且股价出现了强劲的上涨走势，投资者就需

要对这种放量上涨的个股进行关注，因为赚钱的机会通常就蕴含在其中。

通常来说，只有在成交量不断放大的情况下，股价才会具有持续性上涨的能力，所以，投资者在选股时，可以先查看一下量比指标，选出近期有效放量的个股进行关注，量比指标的数值越大意味着资金介入的数量越多，特别是当其中一个板块的个股均形成了高量比数值时，投资者更是需要对这个板块进行高度的重视。

许多时候，投资者可以从量比中寻找和发现一些建仓或刚启动的个股或者板块。按照本人多年的实战经验，某个板块沉浸一段时间，一旦整体启动，便伴随着成交量急剧放大，极可能是有新资金进入，投资者不妨适当及时跟进，参与做一把。至于是短线还是中线，要结合当时的大盘的形势，根据其走势与量能变化来判断。

序号	代码	名称	涨幅%	现价	涨跌	涨速%	总手	换手%	总金额	市盈(动)	量比↓
1	300545	联得装备	+10.00	73.82	+6.71	+0.00	32460	18.21	2.40亿	173.7	27.62
2	601999	出版传媒	+4.13	12.87	+0.51	+0.47	65.64万	11.91	8.48亿	63.55	9.40
3	002653	海思科	+5.60	18.10	+0.96	+0.00	95064	2.10	1.68亿	47.06	7.08
4	000008	神州高铁	+2.81	10.96	+0.30	+0.09	98.55万	6.59	10.99亿	360.3	7.02
5	601969	海南矿业	+6.82	12.38	+0.79	-0.32	13.76万	1.60	1.66亿	亏损	6.81
6	600650	锦江投资	+7.13	26.73	+1.78	-0.08	21.11万	5.41	5.58亿	57.67	6.74
7	002702	海欣食品	+10.02	19.88	+1.81	+0.00	40.04万	24.42	7.75亿	310.6	6.42
8	300095	华伍股份	+9.97	13.68	+1.24	+0.00	16.22万	6.94	2.17亿	108.0	5.88
9	600673	东阳光科	+6.88	6.68	+0.43	-0.15	86.76万	3.53	5.76亿	231.4	5.85
10	600321	国栋建设	+1.54	6.58	+0.10	+0.15	201.1万	17.03	13.28亿	亏损	5.20
11	300191	潜能恒信	+6.26	43.11	+2.54	+0.02	27.19万	13.13	11.76亿	1129	5.20
12	603738	泰晶科技	+3.45	82.99	+2.77	+0.00	99742	59.80	8.38亿	111.7	5.05
13	000338	潍柴动力	+6.00	9.89	+0.56	+0.00	80.17万	3.71	7.77亿	18.80	5.02
14	002729	好利来	+7.87	84.29	+6.15	+0.00	20717	11.72	1.68亿	280.0	4.97
15	000748	长城信息	+3.38	21.44	+0.70	+0.00	48.17万	6.01	10.41亿	146.8	4.92
16	002125	湘潭电化	+7.29	23.10	+1.57	+0.00	19.69万	14.15	4.51亿	452.4	4.87
17	000655	金岭矿业	+10.00	9.35	+0.85	+0.00	52.43万	8.81	4.71亿	亏损	4.73
18	600630	龙头股份	+4.67	16.58	+0.74	+0.00	25.38万	5.97	4.15亿	75.08	4.72
19	000825	太钢不锈	+3.44	4.21	+0.14	+0.24	210.6万	3.70	8.82亿	21.35	4.71
20	601898	中煤能源	+7.00	7.03	+0.46	+0.14	163.8万	1.79	11.27亿	75.61	4.59

图1-32 沪深A股量比排名榜

投资者在进行分析的时候，除了要对量比高的个股进行分析以外，还需要对形成低量比的个股进行分析。形成高量比的个股通常是资金介入非常活跃的股票，这些股票通常在短线上都会有较好的表现。但是，低量比同样也可以为投资者带来重要的参考价值。

经验丰富的股民都知道，市场中总会有一些高控盘个股，这类个股因为主力已经买了市场中大多数的流通股，成交量往往会较小，虽然量能很小但是股价却依然会持续性地上涨。想要找到这类主力高控盘的个股，投资者就必须对低量比的个股进行分析，如果发现一只个股形成低量比，但是股价连续保持着上升的趋势，投资者就可以将这类个股作为目标股，择机入场进行操作。

量比可以帮助投资者找到两种不同上涨类型的个股。习惯操作成交量活跃的投资者，可以经常性地关注高量比的个股；而喜欢操作中长线高控盘个股的投资者则可以对低量比的个股进行跟踪。这样一来就可以轻松地找到市场中可以带来盈利机会的个股。

2.个股出现在量比排名榜上，但股价下跌，需小心

个股如果能出现在当天的量比排名里，说明该股当天严重放量，通常出现的都是放量大涨甚至涨停的个股，但如果股价表现不好甚至下跌，那基本可以判定该股是出货，操作上建议离场或回避。

在只能做多赚钱的国内股市，虽然说遇到此类个股没有什么介入机会，但在避免遭遇这类出货个股方面，关注该类个股还是有一定意义的。

五、涨速排名榜

涨速排名榜是指在短时间内涨得快的股票排名，其主要作用就是能让投资者及时盘中捕捉快速拉升的股票，以便做出相应的操作反应。这对那些喜欢追涨的投资者具有极大的用处。不过，应用的时候，要结合成交量看，当出现大单接连放出，卖盘的委托单被快速吃掉，股价急速上涨，涨速排名榜才可靠有效。

投资者在实盘中分析的时候，要经常对涨速排名进行分析，这是因为短线个股的涨跌非常迅速，并且谁也无法提前预知短线个股的起涨时间，为了及时地把握盈利的机会，投资者就需要经常查看涨速排名。

通常来说，各类软件的涨速排名以五分钟涨速排名为主，个别软件还可以支持一分钟、三分钟、十分钟和十五分钟的涨幅排名，无论涨速排名的分析周期是多少，使用方法都是完全一致的。对涨速排名进行分析时，投资者要注重板块

上涨的整体性，如果仅是一只个股形成了上涨的走势，就没有什么太多操作的价值。但是，如果某一个板块中的个股在同一时间都出现在五分钟涨速榜前列时，投资者就需要对这个板块中的个股进行重点关注并择机买入。

在涨速排名中，有一些个股上涨以后便很快出现了回落的走势，但是还有一些个股却形成了真正的上升行情，同样上涨的个股为什么结果却是如此不同呢？这是因为那些冲高回落的股票多是个股形成上涨，没有板块性的上涨走势。能够形成真正上涨走势的个股，通常伴有板块性的上涨。

	代码	名称		涨幅%	现价	涨速%↓	市盈(动)	总手	换手%	总金额	流通市值	量比
1	002140	东华科技		+3.81	15.80	+2.53 ↑	64.34	46190	1.05	7057万	69.40亿	3.07
2	600887	伊利股份	↑	+5.10	18.35	+1.38	17.33	93.17万	1.54	16.54亿	1107亿	2.39
3	603077	和邦生物		+0.56	5.38	+1.32	87.99	20.73万	0.651	1.11亿	171.4亿	1.64
4	002679	福建金森		-2.66	36.89	+1.29	亏损	33822	2.44	1.24亿	51.16亿	0.45
5	603090	宏盛股份		+4.85	63.80	+1.27	165.0	67907	27.16	4.14亿	15.95亿	1.42
6	002136	安纳达		+2.47	16.58	+1.10	140.4	47984	2.25	7827万	35.38亿	1.66
7	600429	三元股份	↑	+0.72	8.35	+1.09	54.79	26901	0.304	2215万	73.90亿	1.41
8	000592	平潭发展		+0.38	7.86	+1.03	381.1	17.12万	1.02	1.33亿	131.8亿	1.44
9	002770	科迪乳业	↑	+0.50	12.01	+1.01	71.46	31537	1.16	3764万	32.60亿	0.67
10	300513	恒泰实达		+1.86	98.80	+0.97	413.3	10050	5.27	9763万	18.83亿	1.46
11	600856	中天能源		-2.54	12.65	+0.96	30.59	93857	1.22	1.19亿	97.54亿	1.30
12	002209	达意隆		+4.34	23.80	+0.85	亏损	32440	2.04	7554万	37.83亿	2.43
13	300109	新开源		+1.19	55.40	+0.84	110.8	49446	5.86	2.75亿	46.78亿	3.43
14	600051	宁波联合		+6.26	12.05	+0.84	28.80	15.98万	5.23	1.88亿	36.85亿	5.08
15	600597	光明乳业	↑	+1.15	14.13	+0.79	36.12	43338	0.354	6065万	173.0亿	1.79

图1-33　沪深A股涨速排名榜

图1-33是沪深A股2016年10月21日的涨速排名图。从图中可以看到，伊利股份、科迪乳业、光明乳业和三元股份纷纷上榜，这说明乳业板块在盘中属于热点板块，投资者应当重点关注。如果没有资金积极地做多该板块，怎么可能会有多家乳业个股在同一时间登上五分钟涨速排名榜？

乳业板块不仅在当天形成了较好的板块性上涨走势，在后期行情中同样形成了较为出色的上涨走势，只要投资者经常性地对盘中个股的涨速进行排名，必然可以提前发现热点个股板块性上涨的信号。

六、跌速排名榜

跌速排名榜和涨速排名榜相反，是指在短时间内跌得最快的股票排名，它的主要作用就是逮住一些恐慌盘不计成本杀出而出现的低点买点,以及发现一些被主力刻意打压的股票。一般来说,单位时间内跌速越大越好。2016年6月26日,华伍股份(300095)快速下跌,特别是下午开盘后出现恐怖吓人的跳水,几分钟内出现三四个点的跌幅,股价从20.01元跌到11.58元,如下图1-34所示:

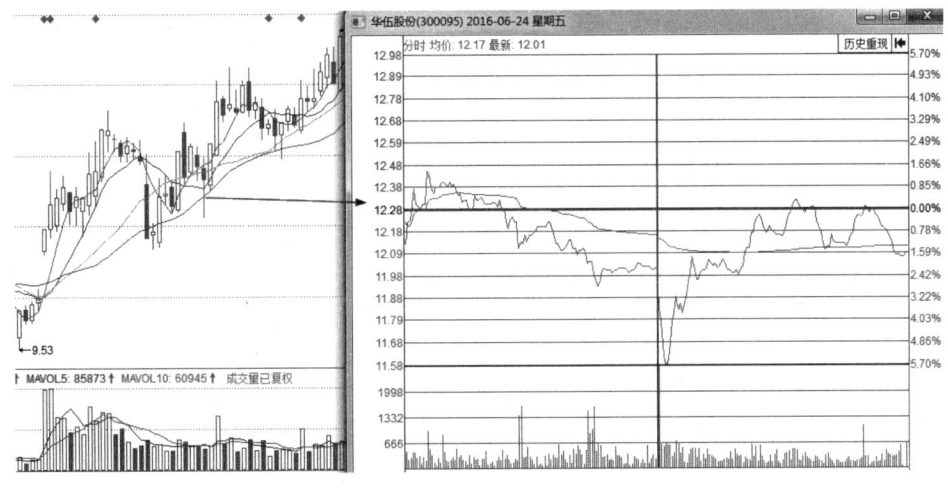

图1-34　华伍股份(300095)日K线图和分时走势图

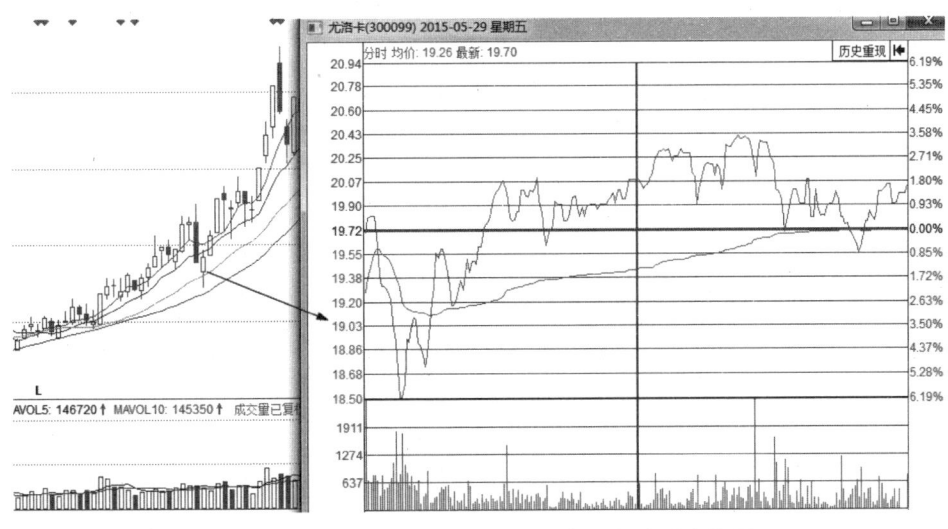

图1-35　尤洛卡(300099)日K线图和分时走势图

此外,有时候还可以捡点便宜货(包括主力送的红包),做个短线赚点差价。例如图1-35所示,尤洛卡(300099)开盘后,突然惊现大单,把股价从19.72元打到最低18.50元,然后迅速恢复到19.72元以上。

也就是说，当时投资者利用跌速排名，看到了该股，完全可以买到这么低廉的筹码。就算次日早盘马上卖出，也能轻松赚取10个点以上的差价。

当然话也说回来，由于这种恐慌性抛盘或者说送红包行为，通常在几十分钟甚至几分钟内一闪而逝，所以要抢到这些廉价的筹码，需要高超的操盘技巧、果断的勇气和极其敏捷的身手。思维反应的快慢、委托单输入的顺畅与否、网络的快慢直接决定成功与否。所以，这种好处不是经常能捉住，特别是那些在盘中主力送红包的个股，更是难上加难。

第二章

解析盘口对敲行为

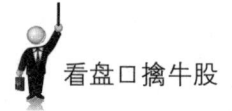

第一节　对敲对倒"傻傻分不清楚"

你知道成交量也能"造假",也带有极强的欺骗性吗?在股市当中,虚假成交量主要是对敲、对倒两种情况。它们是两个概念。长期以来,即便是业内人士对这两个概念也很容易混淆。

对敲:指的是主力在自己管理的多个帐户之间进行买卖,不断地买进或卖出,人为地将股价抬高或压低,以便从中获利。自己买自己卖,手里的筹码数量基本不变,但个股的成交量却会有所上升,活跃度增加,这是主力惯用的一种手法。

对倒:指的是不同主力通过不同账户交易来操纵股价的行为。

对敲较好理解,可以简单地认为一个主力自己在运作股价。对倒是多个主力之间联合起来操纵股价。一般来说,通过和其他主力联合起来操纵股价,一是能更好地规避、分担风险;二是可以增加资金的使用效率。还有一种情况是一个主力坐庄到一半时不想做了,通过协商让另一主力来接盘,这个时候就通过盘面的对倒,把筹码倒给对方从而达到换庄的目的。通过私下协议,虽在股市中成交,但暗地里,卖出方再给买方10%的折扣。

对敲与对倒有一个最大的共同点:虚假成交,目的是制造假象,让投资者入局或上当,从而得利。自拉自唱的主力做盘,大部分是采用对敲,就是自己挂卖出的价格和数量,自己再使用资金买进,维持股价的波动上涨。下面我们主要介绍对敲手法。

第二节 不可不知的对敲手法

对敲是真实的交易,但却不是市场真实买卖意愿的体现,对敲是主力左手卖出、右手买进的一种手法,其主要目的是制造一种放量上涨的假象,以营造出一种良好的上涨形态与氛围。

由于对敲会暴露主力的行踪,而在建仓阶段,主力多是希望悄悄地多买进一些廉价筹码,因而对敲一般出现在拉升及出货阶段。

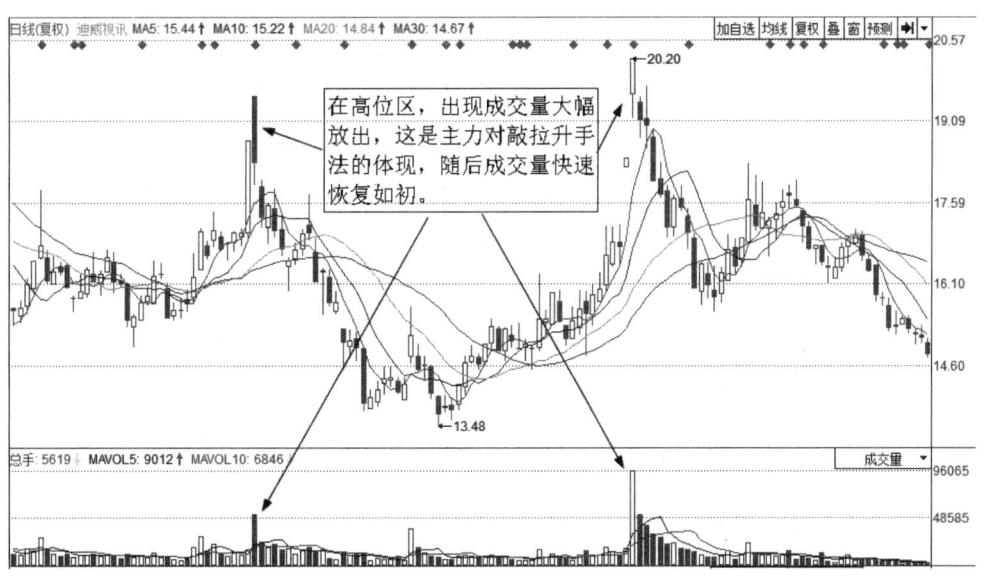

图2-1 迪威视讯(300167)日K线图

图2-1是迪威视讯(300167)的走势图,该股在高位突然出现大幅放量形态,其实,这并非是个股突破上行的信号,因为如果主力控盘能力强,那么其突破上行不需要这么大的量能,这正是主力采取对敲拉升手法的体现。当主力停止对敲后,我们可以看到成交量又快速地恢复如初。

对敲是主力在股市操盘中常用的一种控盘手法,主要目的是迷惑散户投资者，使之对后市走势失去正确的判断，以达到乱中取胜的目的。当主力需要将跟风者看盘的思路搞乱，通常就会使用对敲手法。

对敲主要是为了制造无中生有的成交量以及利用成交量制造主力想要的股票价位。一般来说，主力的对敲目的如下：

1. 在低位建仓时，压制股价

在建仓时积极对敲，是为了压制股票价格在低价位收集到更多的筹码。在个股的K线图上，股票处于较低的价位时，股价以小阴小阳的形态持续上扬，这说明有较大的买家在积极吸纳。之后，出现成交量较大的并且较长的阴线回调，这往往是由于主力大手笔对敲打压股价而形成的。

2. 在拉升时，大幅度拉抬股价

主力利用较大的单量大量对敲，制造该股票被市场看好的假象，提升散户投资者的期望值，减少日后该股在高位盘整时的抛盘压力。这个时期散户投资者往往有买不到的感觉，需要报高价位才能成交。

3. 震仓洗盘

采用大幅度对敲震仓的手法，使一些不够坚定的散户投资者出局。在盘中震荡时，从盘口看高点和低点的成交量放大，这是主力为了控制股价涨跌幅度，而用相当大的对敲手笔控制股票价格造成的。

当经过高位的对敲震仓之后，某只股票的利好消息会及时以多种多样的方式传播，股评分析也都长线看好。股价再次以巨量上攻，吸引投资者眼球，让人觉得行情即将发生，从而介入，其实这已经是主力开始出货的时候了。

主力出货之后，股票价格下跌，许多跟风买进的中小散户已经套牢，成交量明显萎缩。主力会找机会用较大的手笔连续对敲拉抬股价，这时主力不会像以前那样卖力了，较大的买卖盘总是突然出现又突然消失，因为主力此时对敲拉抬的目的只是适当拉高股价，以便能够把手中最后的筹码也卖个好价钱。

第三节　如何识别对敲

对敲主要目的是使跟风盘思路被操控，使其形成主力资金需要的看盘结论，从而引导跟风盘按照主力的既定意图进行跟进或卖出股票。对敲不仅是主力拉升股价阶段中最重要的手段之一，并且在建仓、洗盘、试盘和出货等阶段中也经常用到，只是因其目的不同而导致具体应用有所不同而已。

那么，拉升阶段的对敲是怎么样的呢？在拉升股价的阶段，主力主要利用较大手笔的对敲手法来大幅度拉抬股价，让市场发现成交量急剧放大，从而吸引跟风盘，制造出该股票正被资金普遍看好和疯狂追捧的迹象，充分提升场外散户的期望值，让人们认为行情一触即发，从而买入股票，减少日后该股在高位盘整时的抛盘压力，尤其是要让广大散户有一种想买却又买不到，只能采取追涨的方式才能顺利成交的感觉。

下面我们以实例来识别对敲：

（1）日K线上的识别。

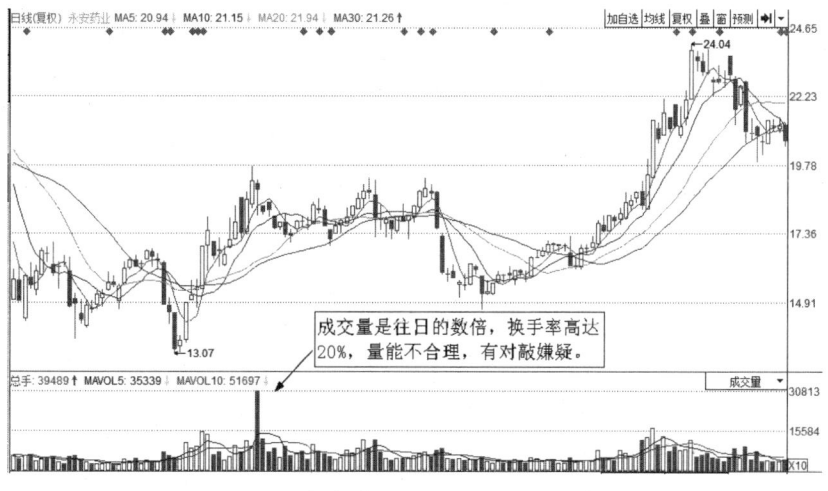

图2-2　永安药业（002365）日K线图

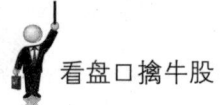

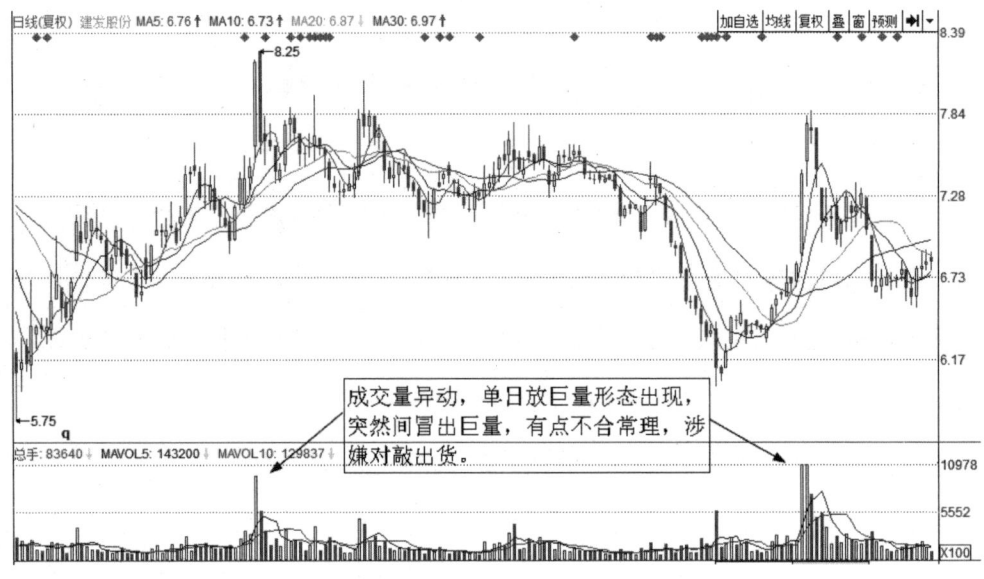

图2-3　建发股份（600153）日K线图

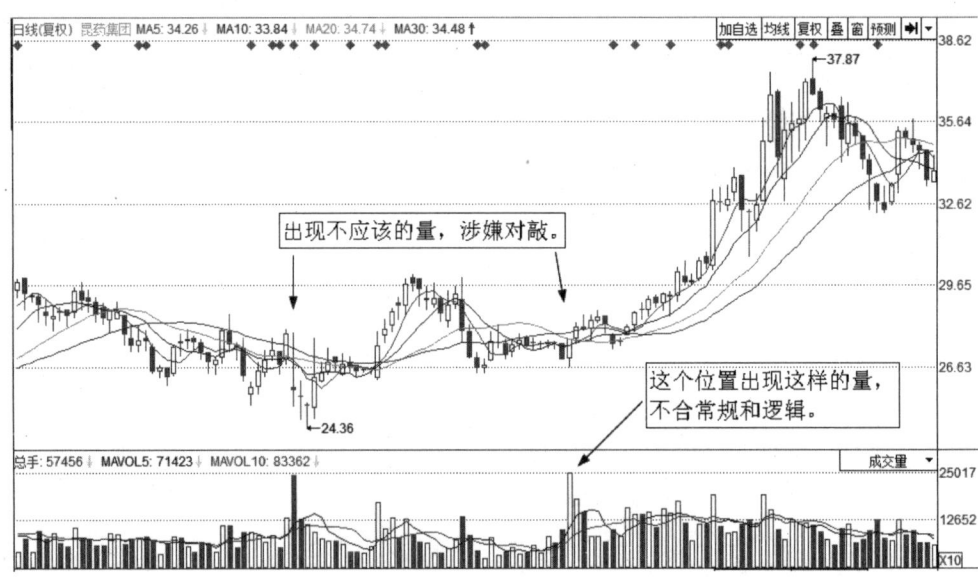

图2-4　昆药集团（600422）日K线图

第二章 解析盘口对敲行为

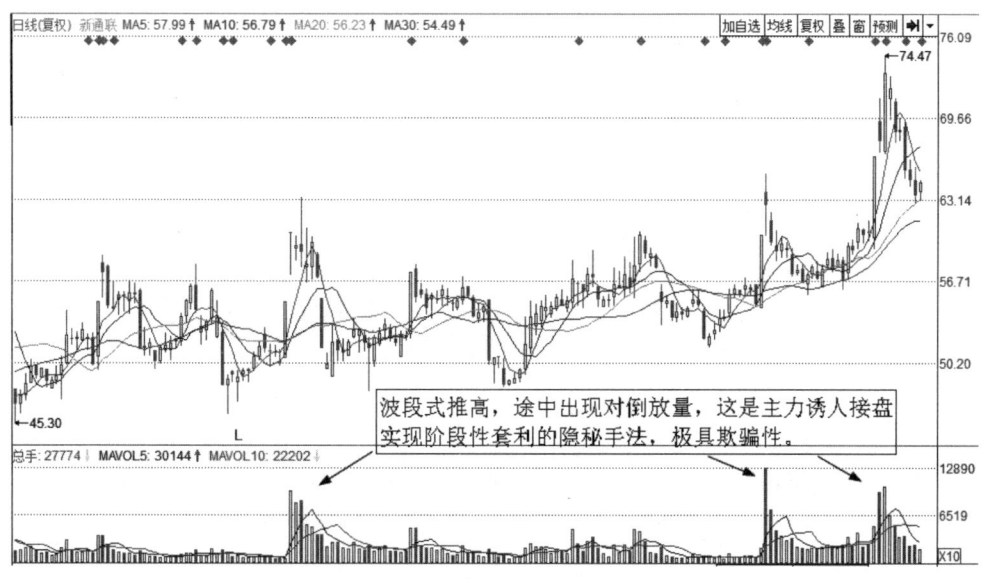

图2-5 新通联（603022）日K线图

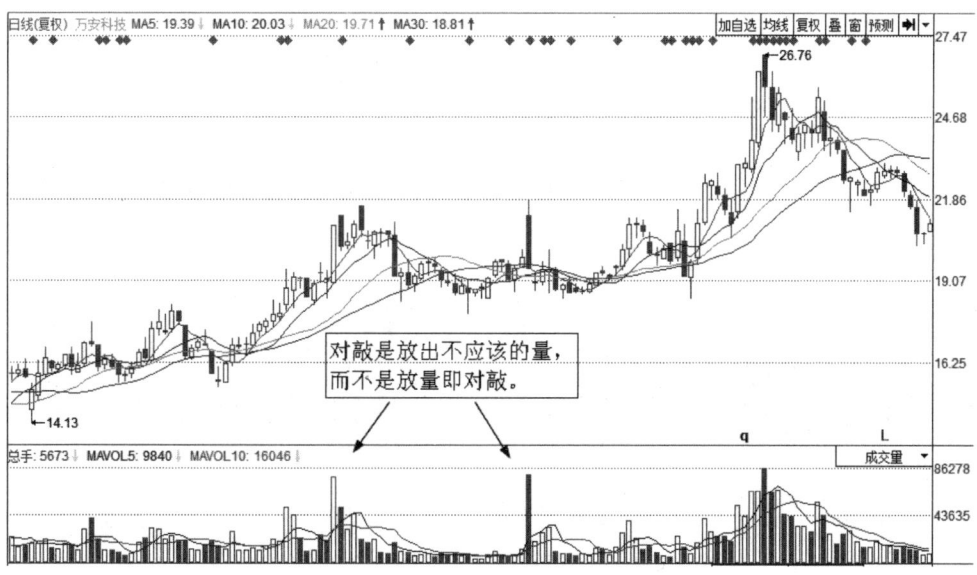

图2-6 万安科技（002590）日K线图

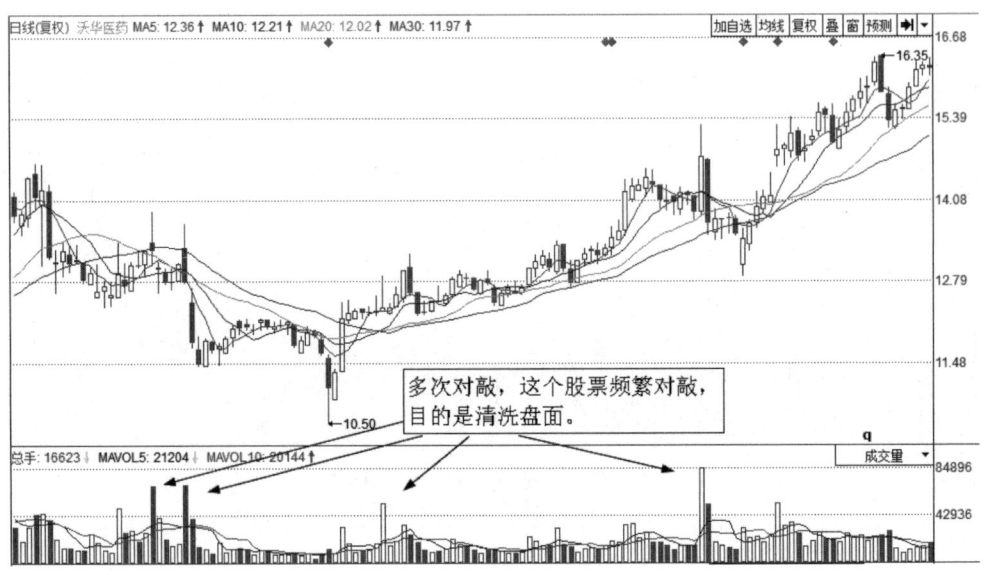

图2-7 沃华医药（002107）日K线图

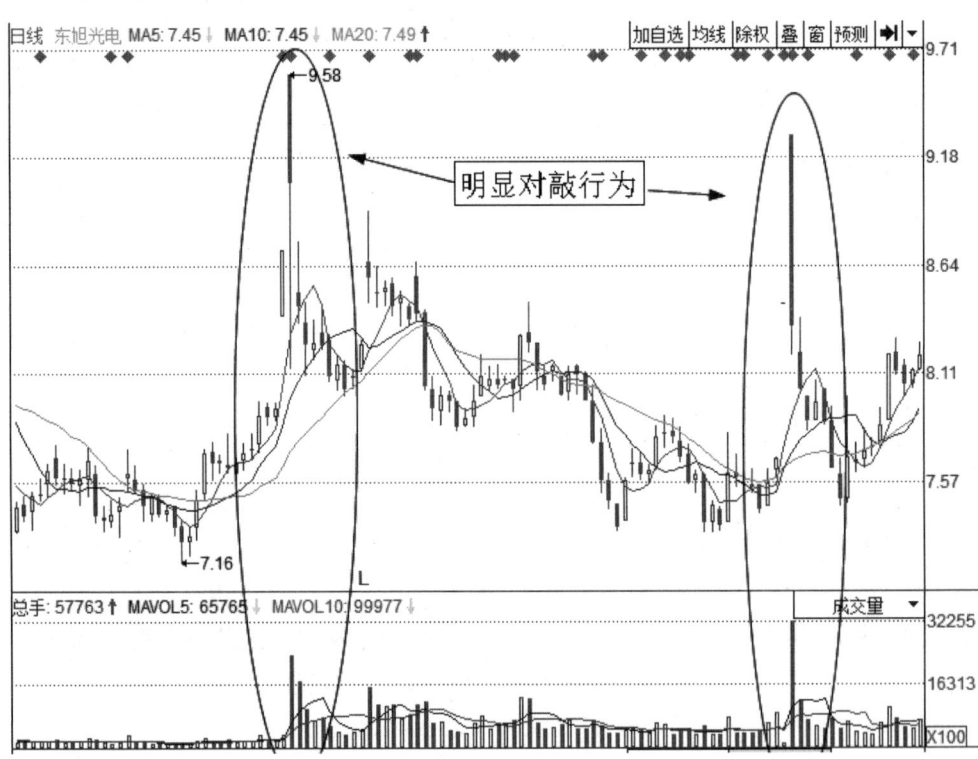

图2-8 东旭光电（000413）日K线图

（2）分时图上的识别。

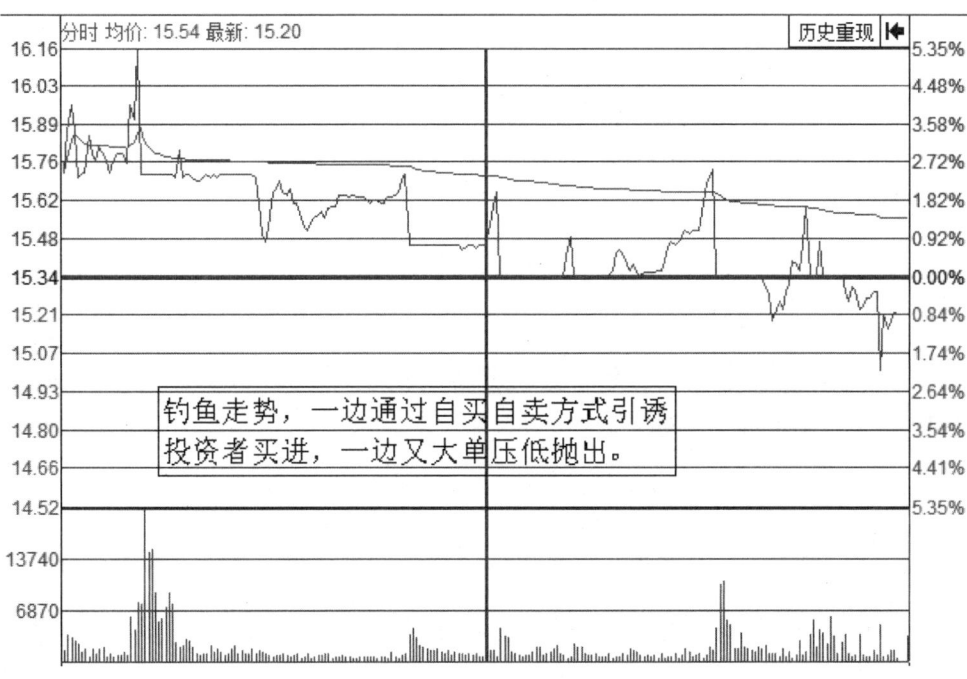

图2-9　个股钓鱼走势图

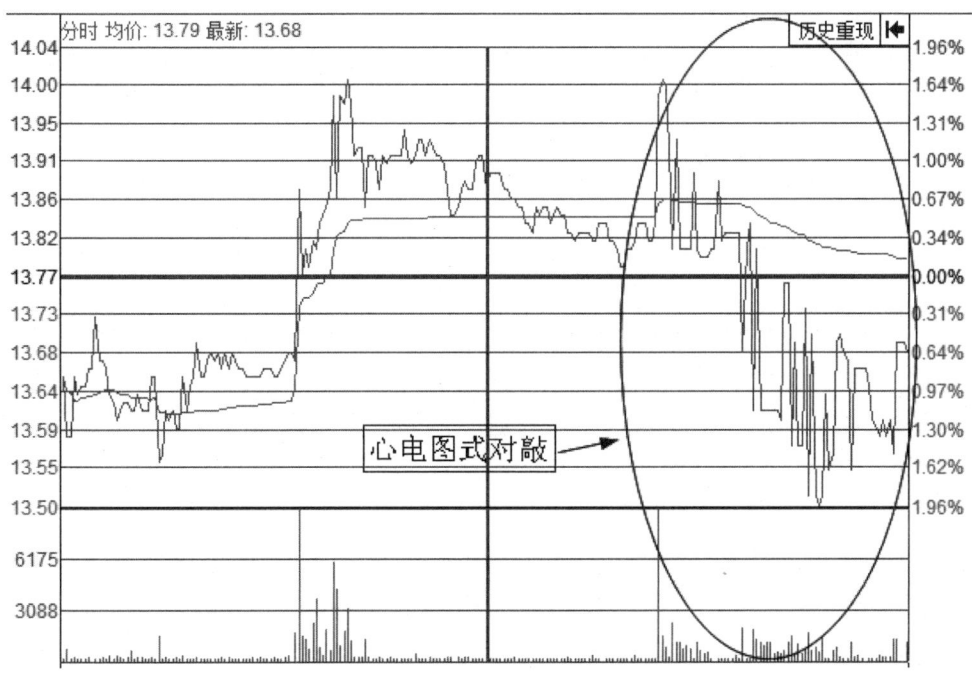

图2-10　个股心电图对敲走势图

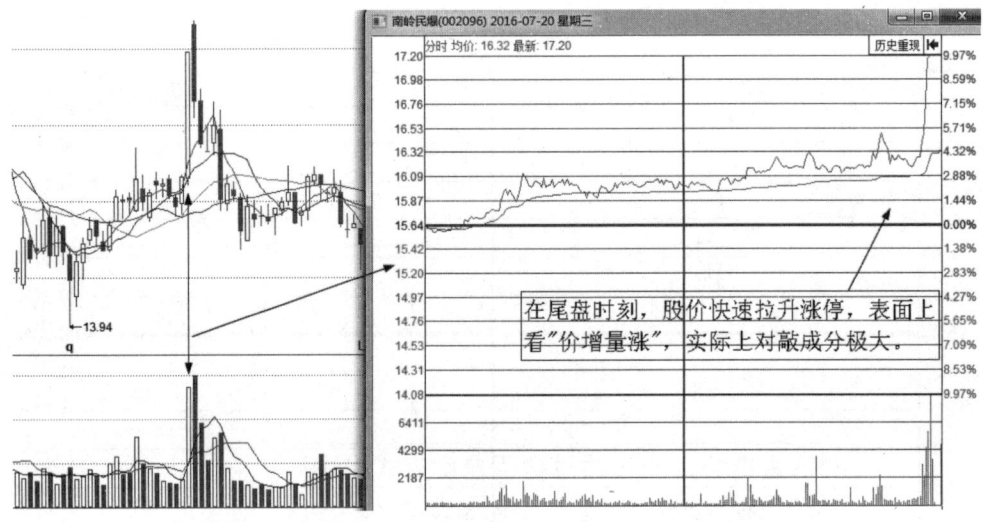

图2-11 南岭民爆（002096）日K线图和分时走势图

如图2-11所示，怎样理解尾盘出现的密集对敲放量？该股全天大部分时间的走势都很沉闷。尾盘阶段主力密集对敲放量，快速推高股价，造成价增量涨假象。尾市每分钟的成交量放大很多倍，对敲的虚假成分较多，主力在尾盘利用对敲拉高的手法进行诱多，吸引投资者跟风买进。

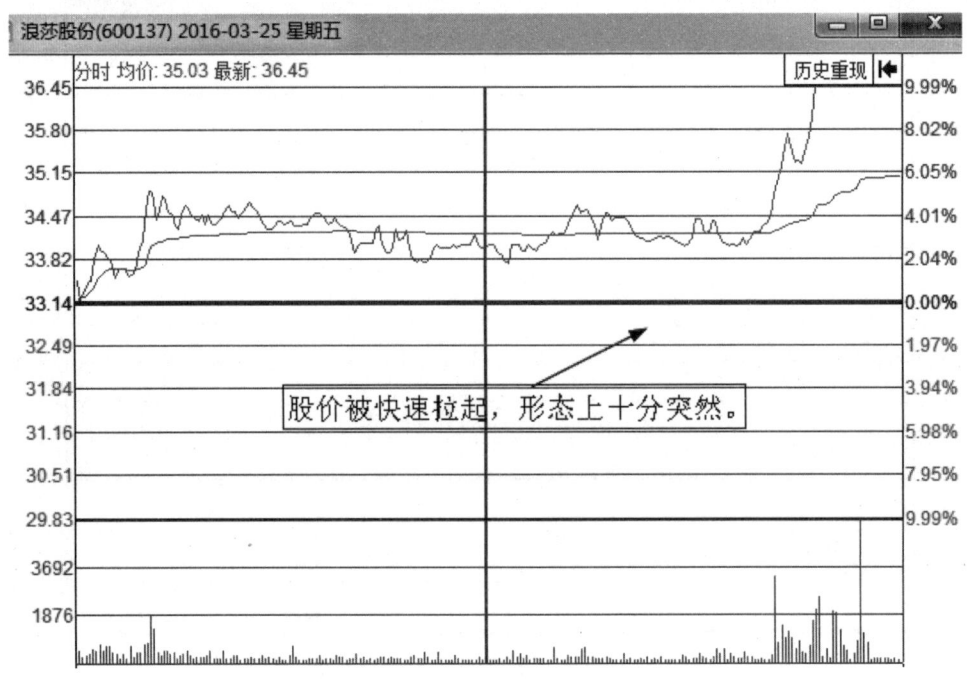

图2-12 浪莎股份（600137）分时走势图

图2-12是浪莎股份（600137）分时图，当日该股在尾盘的上冲形态显得十分突然，被直接拉起，场外的投资者还没反应过来，股价就已被大幅度拉高涨停，呈现出火箭冲天的走势形态。快速拉升上封涨停板时，成交量更是急剧放大，这是主力用大买单、大卖单对敲式拉升所致。

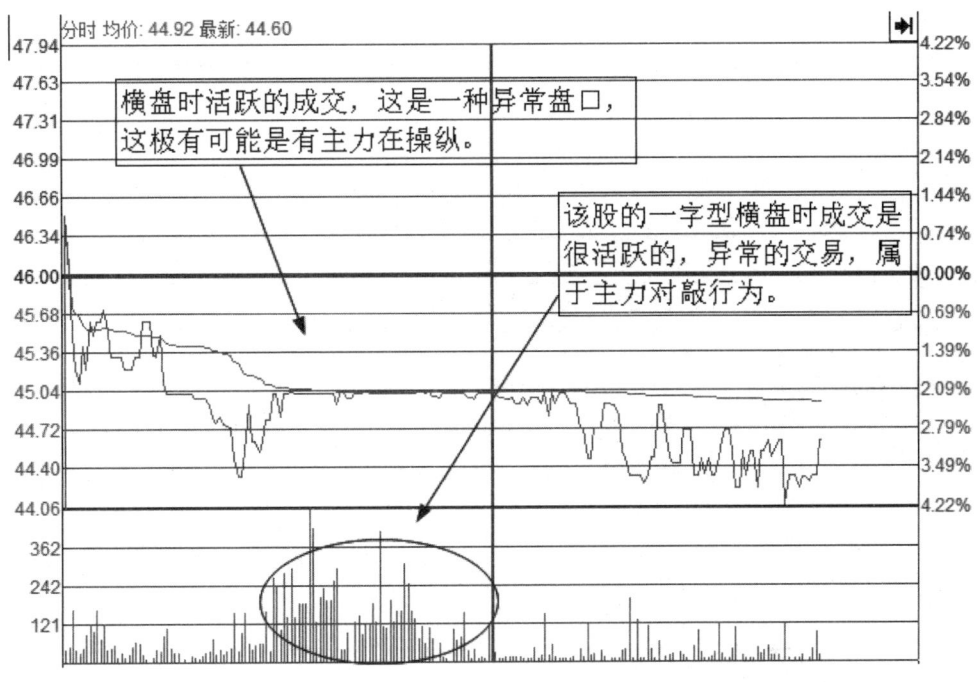

图2-13　个股一字横盘对敲走势图

如图2-13所示，该股在一字型横盘的时间里，成交量却出现了活跃的放大，这里面就有疑问了，一般形成一字型横盘走势，是因为成交不活跃或者此段时间内没有成交，该股明显不是因为没有成交量而这样走的。

如图2-14所示，股价呈现一字，或者阶段内波动非常小，近乎持平。常理上，此阶段成交量应该稳定且量不大，但如果此时频繁放量成交，那么涉嫌对敲。

如图2-15所示，主力凭借手中已经拥有的大量筹码和现金，进行多账户的自我买卖，股价迅速上升，而主力实际筹码并没有增加，造成价升量增的虚假现象，以此诱导投资者买入股票。而当股价上涨到一定水平时，主力则大量卖出手中的筹码，从而获取利润，而广大散户朋友则会被套牢。

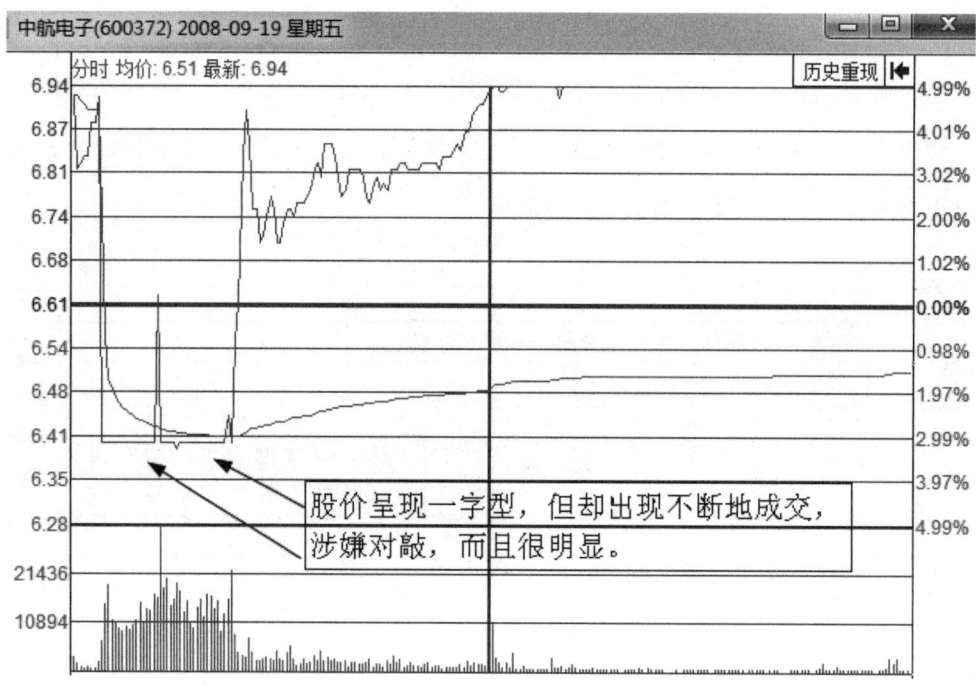

图2-14 个股一字横盘对敲走势图

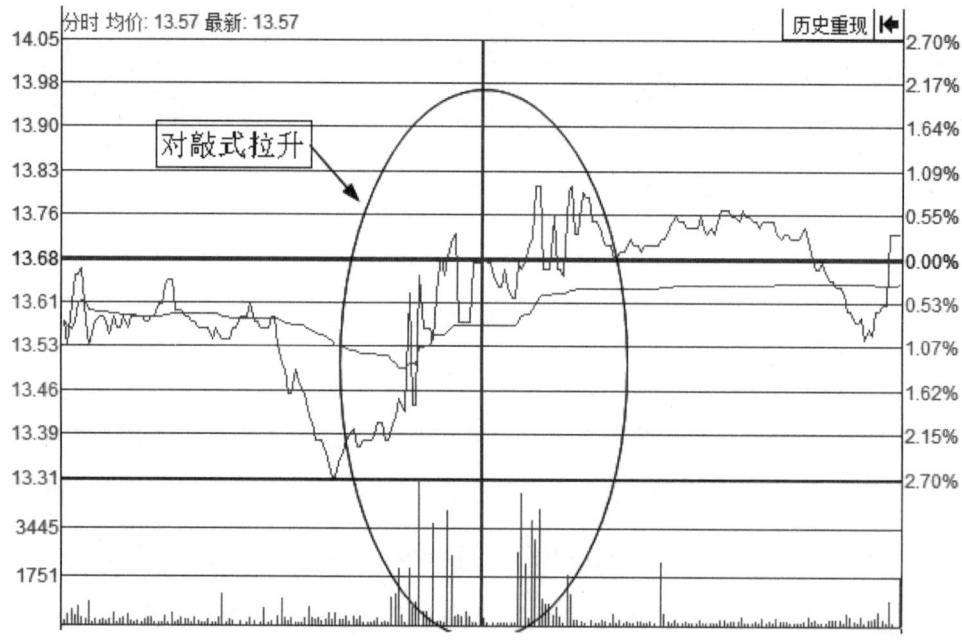

图2-15 个股对敲式拉升走势图

第四节　对敲种类和形成的原因

对敲的种类：

（1）整日盘中呈弱势震荡走势，买卖盘各级挂单都较小，尾盘时连续大手成交拉升，这是主力在控制收市价格，为明天做盘的典型对敲行为。

（2）上一交易日成交并不活跃的股票，当天以大笔的成交放量高开，此为主力为了控制开盘价格进行的对敲行为。

（3）股价突破放量上攻，一路攀升，拉出一条陡峭直线，这明显有人为控制的痕迹，有时是主力对敲推高股价。

（4）实时盘中成交量一直不活跃，突然出现大手笔成交，但随后成交量又回到原先不活跃的状态，这种突破性的孤零零的大手成交量是主力的对敲行为。

（5）股票刚启动上攻行情不久，涨幅不大，当天以大笔的成交量放量低开，且跌幅较大，此可能为主力的对敲洗盘行为。

主力在盘中交易时将自己控制的其中一批帐户筹码抛出去，利用自己控制的另一批账户把筹码接回，如此交易，主力手中的筹码总量并没有变化，但是成交量就做出来了，这就是对敲交易制造成交量的简单原理。

主力不惜工本，频繁地在盘中对敲筹码，制造出形态明显的成交量或成交量堆，其原因是：

（1）维持个股的人气或者说制造个股活跃的交易假象。

（2）对敲可以帮助主力实现激活盘口人气、拉升、洗盘、出货等目的，促进筹码流动，为主力最后出货做好铺垫。

（3）传统理论存在一系列片面甚至错误认识，为制造对敲提供了机会。比如传统理论认为价增量涨才是真实的，其实这句话是非常不严谨，也经不住深层次的推敲，虽然不能说是错的。

（4）学习传统理论的人很多，这为制造对敲提供了基础。

（5）拉高后可以顺利派发。主力做如此巨量的对敲交易，使投资者误认为是拉升，诱使持币者上当，最终目的就是为了吸引大量跟风盘参与交易，好在股价拉高后减仓顺利出货。

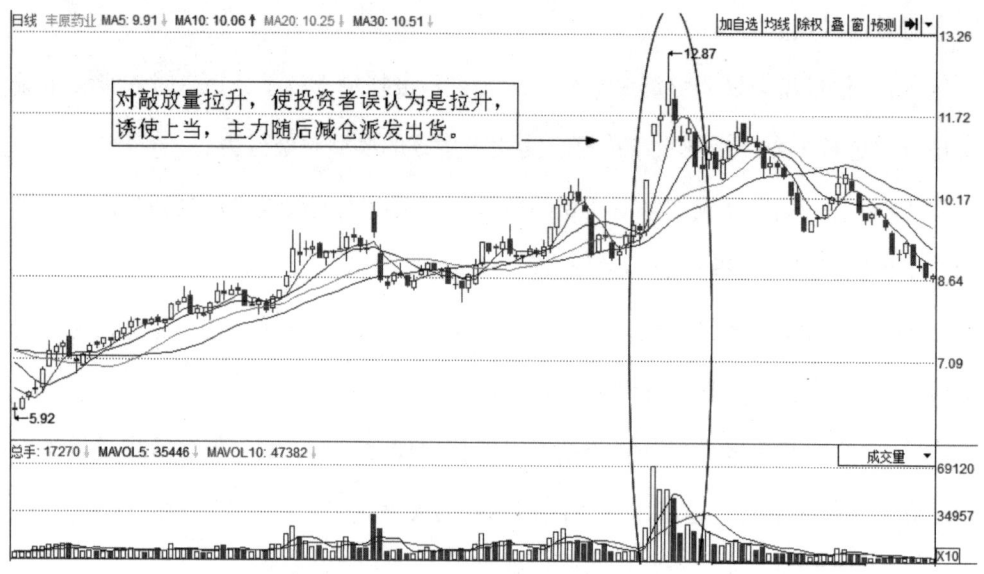

图2-16　丰原药业（000153）日K线图

如图2-16所示，该股的上涨幅度已经很大，在高位放出巨量甚至是天量拉升，投资者就要注意减仓或者清仓了，因为此时的放量极有可能是主力对敲出货造成的。

第三章

读懂盘口语言——量价看盘技巧

第一节 从量能中找牛股

成交量是股市的元气与动力，成交量的变动直接表现股市交易是否活跃，人气是否旺盛，而且体现了市场运作过程中供给与需求的动态实况。没有成交量的发生，市场价格就不可能变动。投资者可通过分析成交量的增加或萎缩，判断市场运行趋势，以此指导实战交易。

成交量水平代表了股价运动背后多空双方竞争的激烈程度，它能帮助图表分析者很好地预估多空双方的实力。持续活跃的成交量带来的是持续活跃的资金流，没有一定的成交量保障，股票市场便如一潭死水，很难拍打出激动人心的浪花。

成交量作为买卖双方供需情况的一种表现，体现了参予者的多寡。人气高涨，买卖才能踊跃，成交量自然放大；相反，人气低迷时，成交量必定萎缩。它能反映出市场的交投情况，也是用以提前预示股价走向的重要数据。

一、量增价涨

量增价涨，是指在成交量逐渐放大的同时，股价也随之上涨，意味着股价的上涨得到了资金的支持，属于健康的量价关系。这种现象多数发生在上涨初期，也有少数发生在上涨中期。放量上涨表示市场中的投资者普遍看好后市，成交开始活跃起来，多头力量不断推高股价。

除了在日线级别运用量增价涨之外，投资者还可以在分时图、小时图、周线图、月线图上分析量价关系以观察市场，其特征和操作方法与日线图一致。

量增价涨属于持股信号，投资者一旦发现该信号，可以耐心持股待涨，如果身处场外，也可以择机入场做多。当然，在实战交易过程中，投资者还是要结合股价所处的位置进行具体的分析。

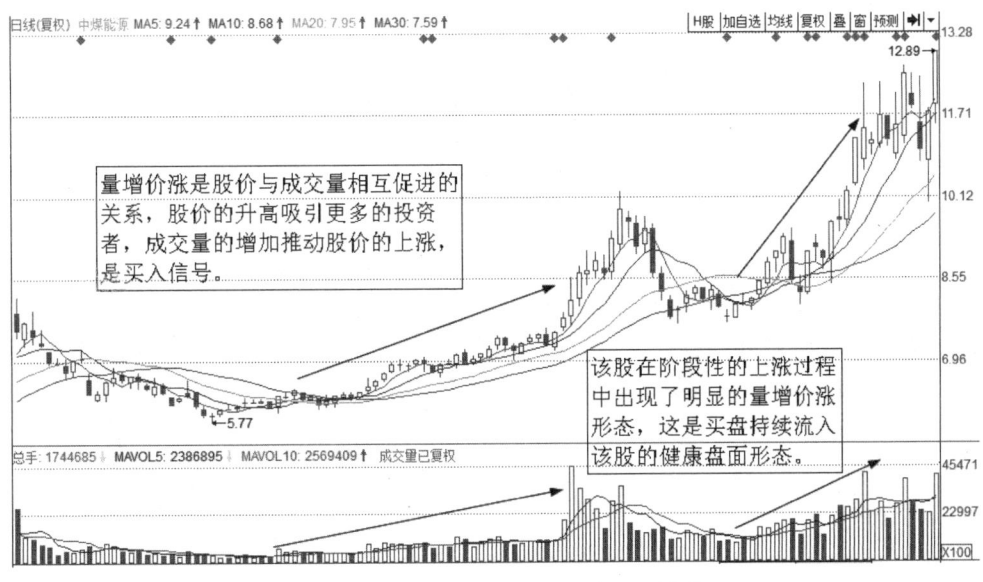

图3-1　中煤能源（601898）日K线图

图3-1是中煤能源（601898）的走势图，该股不断创出新高，成交量也出现了不断放大的形态。持续放大的成交量反映了该股的上涨是在充足的买盘推动下实现的，这种走势就是我们常说的量增价涨。

如果量增价涨出现在股价上升途中，意味着多方不断突破阻力位的抛压，不断消化市场的空头力量，使股价得以继续上涨，这样的量价关系往往是继续上涨的健康表现，后市看涨。

如图3-2所示，经过一段时间的振荡整理之后，该股进入一波多个交易日的上涨行情中。在此期间，伴随着股价的上扬，成交量也随之放大，显示筹码换手活跃，场外资金在积极入场做多。在这种量价配合健康的背景下，投资者应该耐心持股待涨。

量增价涨是买盘入场力度大、个股上涨动力充足的标志。如果个股此时的价格走势呈稳步上行状，则其在不断上升过程中所出现的量增价涨形态就是升势仍将延续下去而且依旧十分牢靠的信号，实盘中，我们仍可以耐心地持股待涨，不宜过早获利出局。

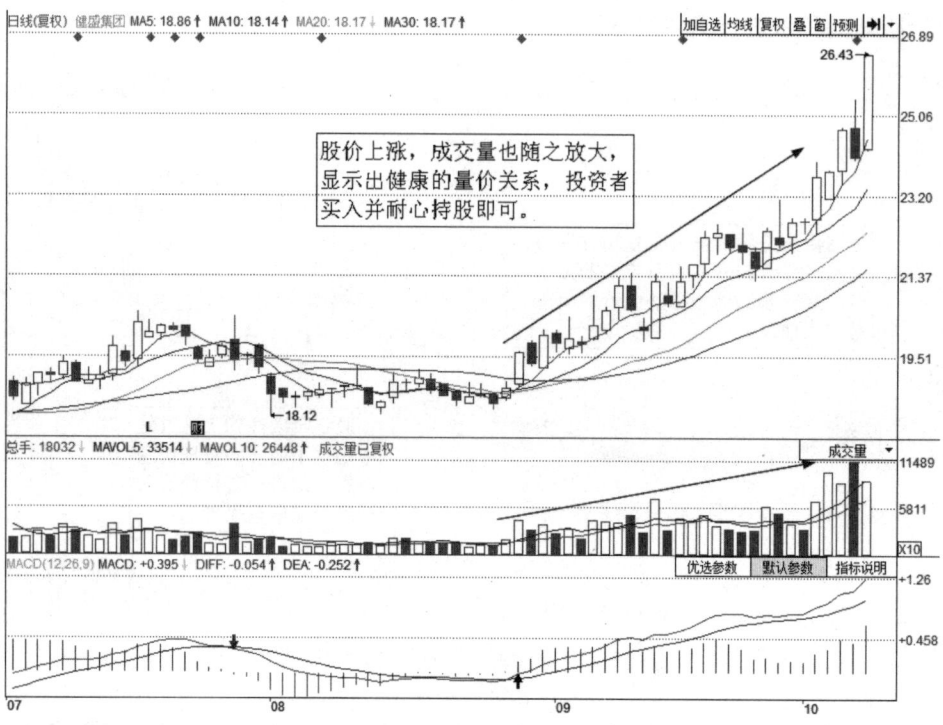

图3-2 健盛集团（603558）日K线图

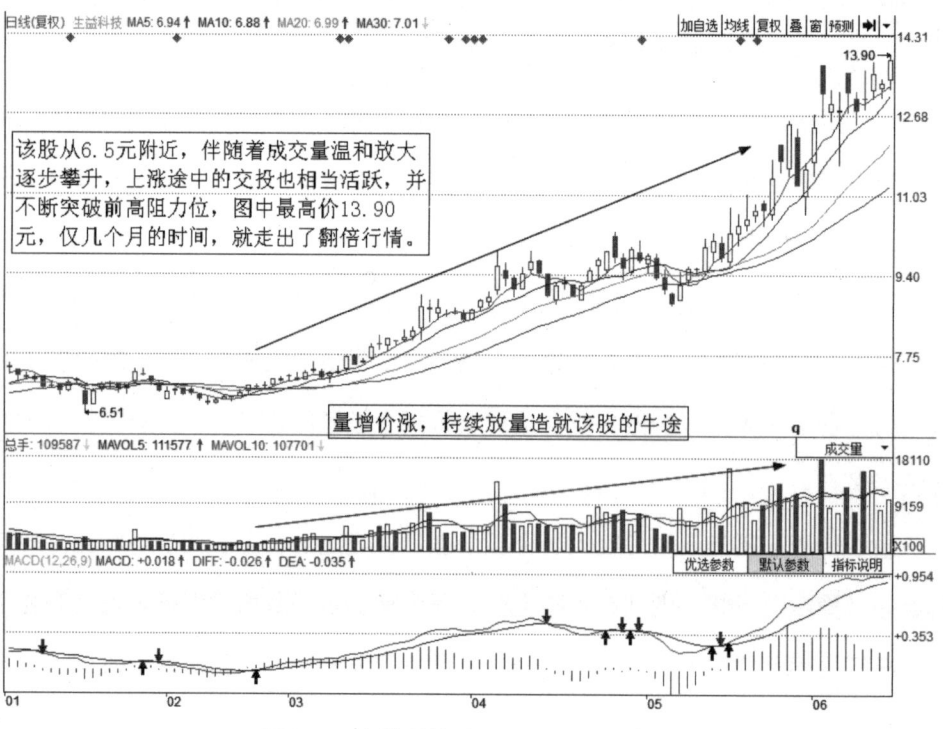

图3-3 生益科技（600183）日K线图

图3-3是生益科技（600183）的走势图，如图标注所示，在此股不断上行的过程中，可以看到成交量也同步不断放大，这就是量增价涨形态，它说明个股上涨动力充足，是升势稳健、可靠的标志。实盘中，我们应顺势而为，耐心地持股待涨，不宜过早获利卖出。

成交量是推动股价上涨的动力与源泉，也就是说，人们的购买热情增加了，投入的资金增加了，股票的价格才会被拉动，不断扬升。股票市场是资金推动的市场，成交量的变化反映着资金进出股市的情况。

二、量缩价涨

量缩价涨是指在成交量逐渐萎缩的同时，股价却在继续向上冲击，说明随着股价的上扬，入场追涨的资金在逐渐减少。这种量价背离的关系，意味着该股的前景看淡。

量缩价涨大多出现在上涨阶段的末期，此时的买盘资金趋于匮乏，说明在高位入市的资金量已经开始减少，市场做多情绪明显不够，股价之所以能再创新高，是因为卖盘并没有大量涌出。

这种上涨无疑是极不牢靠的，一旦随后有风吹草动的利空消息，则此时的买盘是无法抵挡抛压的。

一般来说，这种量价关系在高位区是上升趋势将结束的标志，我们应注意规避风险。

除了在日线级别运用量缩价涨之外，投资者还可以在分时图、小时图、周线图、月线图上运用量缩价涨现象研判市场，其特征和操作方法与日线图一致。

量缩价涨属于上涨乏力信号，投资者一旦发现该信号，应该提高警惕，以应对随时可能到来的顶部。如果身处场外，最好继续持币观望，虎口拔牙并不是谁都做得到的事情。当然，在实战交易过程中，投资者还是要结合股价所处的位置进行具体的分析。

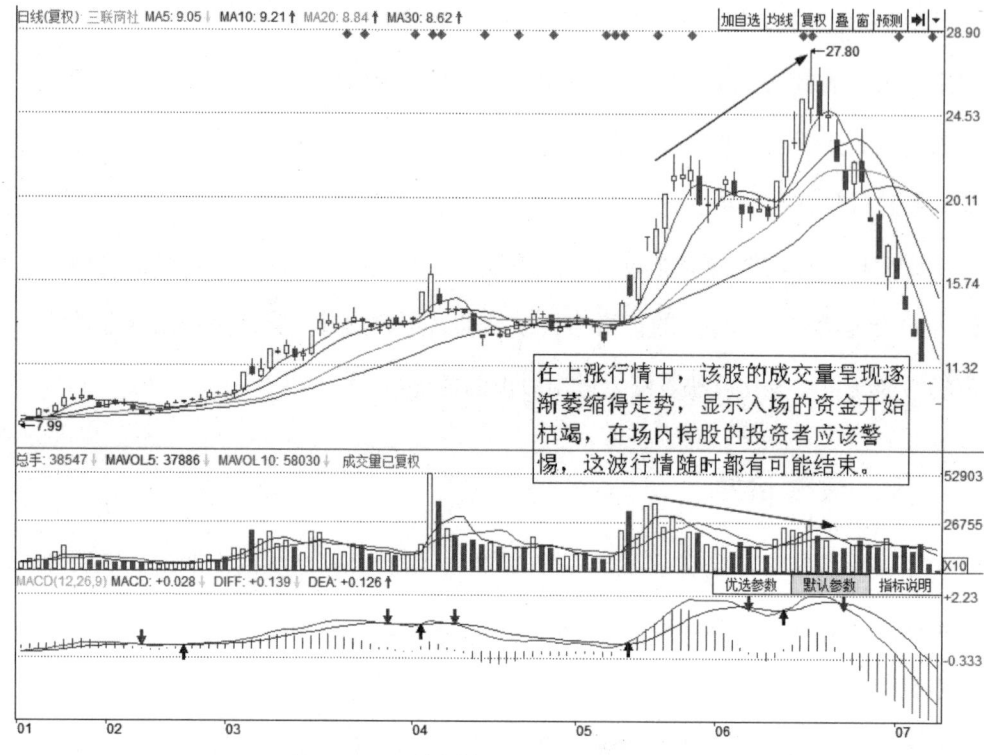

图3-4 三联商社（600898）日K线图

图3-4是三联商社（600898）的走势图，在上涨行情中，该股的成交量在逐渐萎缩，显示入场追涨的资金在减少。换言之，场外投资者对该股的上涨预期开始减弱，不肯再拿手中的真金白银去换股票，在没有前赴后继的资金入场的背景下，个股的涨势很难持久，场内的投资者要警惕随时可能到来的顶部。

三联商社在创出27.80元的最高点之后，进入一波下跌行情中。如果投资者没有及时在高位出逃，账面利润将大幅度缩水，甚至变成亏损。因此，在实战交易中，投资者应该形成果断的交易风格，只要发现交易信号坚决按信号行动，切忌拖泥带水。

图3-5是格力地产（600185）的走势图，如图中标注所示，该股在一波上涨走势中，股价虽然不断上行，但成交量不断减少，这就是量缩价涨形态。它是个股上涨动力减弱的标志，也预示着个股随后难以有效地在局部高点企稳。实盘中，我们应在随后的高点及时卖出，以规避回调下跌的风险。

第三章 读懂盘口语言——量价看盘技巧

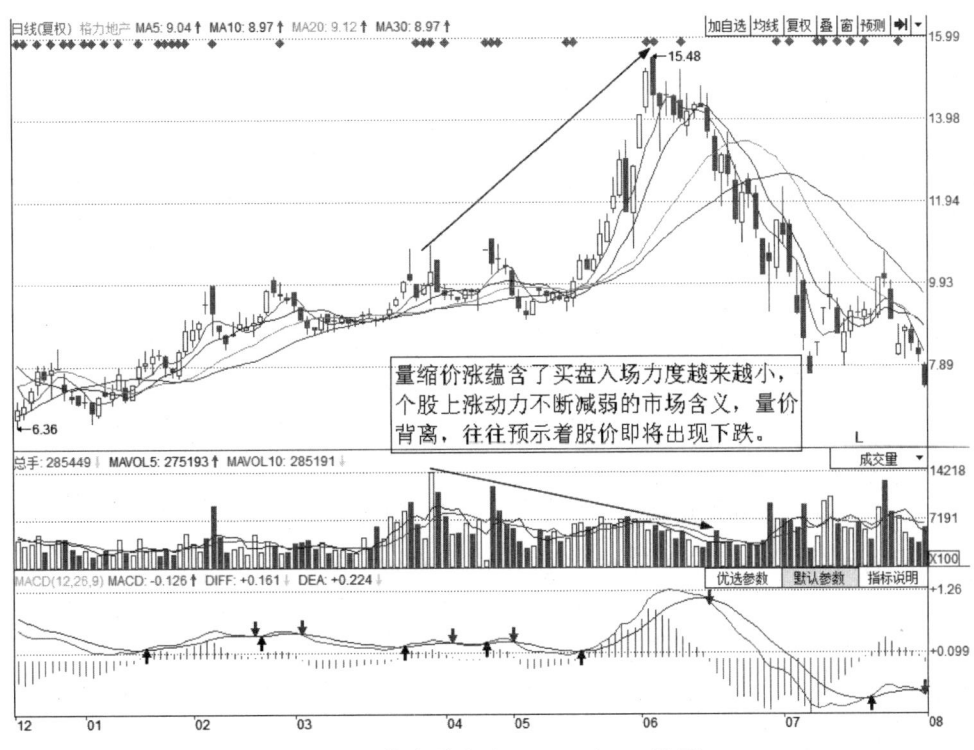

图3-5 格力地产（600185）日K线图

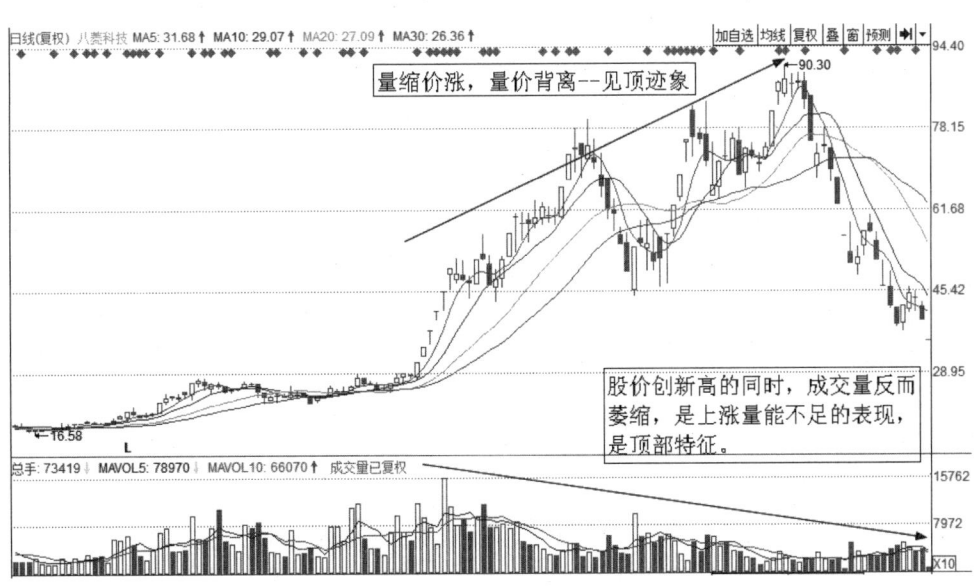

图3-6 八菱科技（002592）日K线图

如图3-6所示，量缩价涨经常出现在顶部，是指股价经过一段时间上涨之后，创出新高，成交量反而萎缩的量价关系，它可作为识别顶部的有效图形特征之

一。量缩价涨是一种不合理的量价关系，也就是平常所说的"量价背离"。它表明随着股价的上升，入市的资金量已经开始减少，市场做多情绪不够，预示着股价即将回落，投资者需小心谨慎。

三、量增价跌

量增价跌是指在成交量放大的同时，股价却在逐渐走低，说明随着股价的下跌，场内投资者看空预期逐渐加强，开始纷纷抛售股票，以求换取现金，显示的是量价背离的关系。

除了在日线级别运用量增价跌之外，投资者还可以在分时图、小时图、周线图、月线图上运用量增价跌现象研判市场，其特征和操作方法与日线图一致。

量增价跌属于持币信号，投资者一旦发现该信号，可以耐心持币观望。如果身处场内，最好先卖股离场。当然，在实战交易过程中，投资者还是要结合股价所处的位置进行具体的分析。

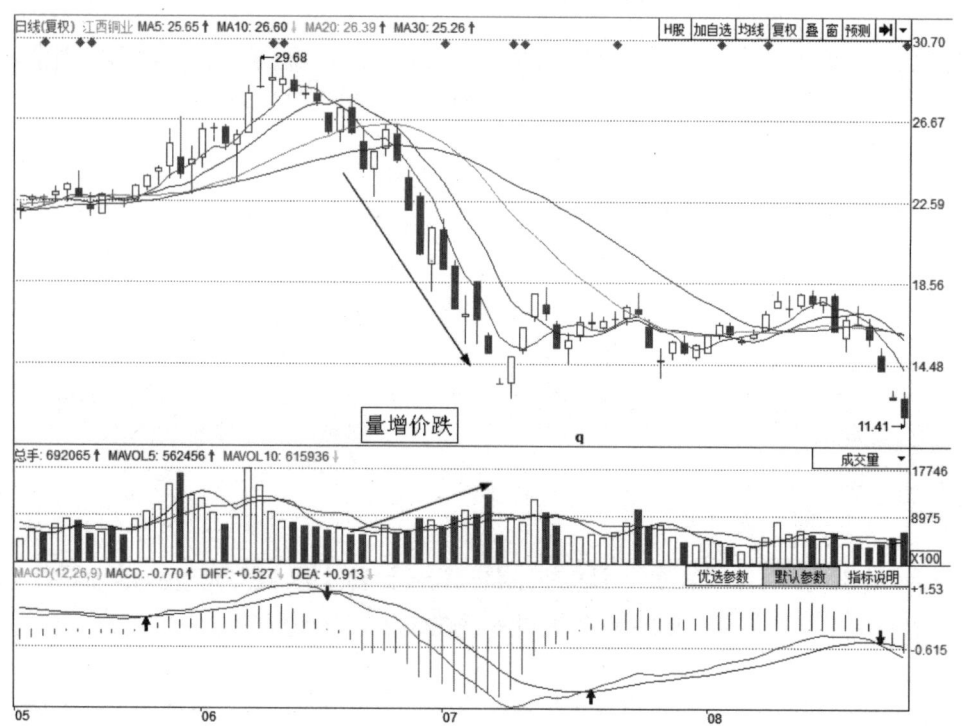

图3-7　江西铜业（600362）日K线图

如图3-7所示，该股在创出29.68元的高点之后，转入到一波下跌走势中。在这波下跌行情中，伴随着股价的下滑，成交量在放大，这意味着场内资金在积极逃离。因此，场外的投资者应该坚定持币观望。如果当时身处其中，快速清仓离场是最好的选择。

四、量缩价跌

量缩价跌是指在成交量逐渐萎缩的同时，股价也随之下跌，说明随着股价走弱，市场信心受到重大打击，投资者入市的意愿低迷，显示了合理的量价关系。

除了在日线级别运用量缩价跌之外，投资者还可以在分时图、小时图、周线图、月线图上运用量缩价跌现象研判市场，其特征和操作方法与日线图一致。

量缩价跌同样属于持币信号，投资者一旦发现该信号，应该耐心持币观望；如果身处场内，最好先行离场。当然，在实战交易过程中，投资者还是要结合股价所处的位置进行具体的分析。

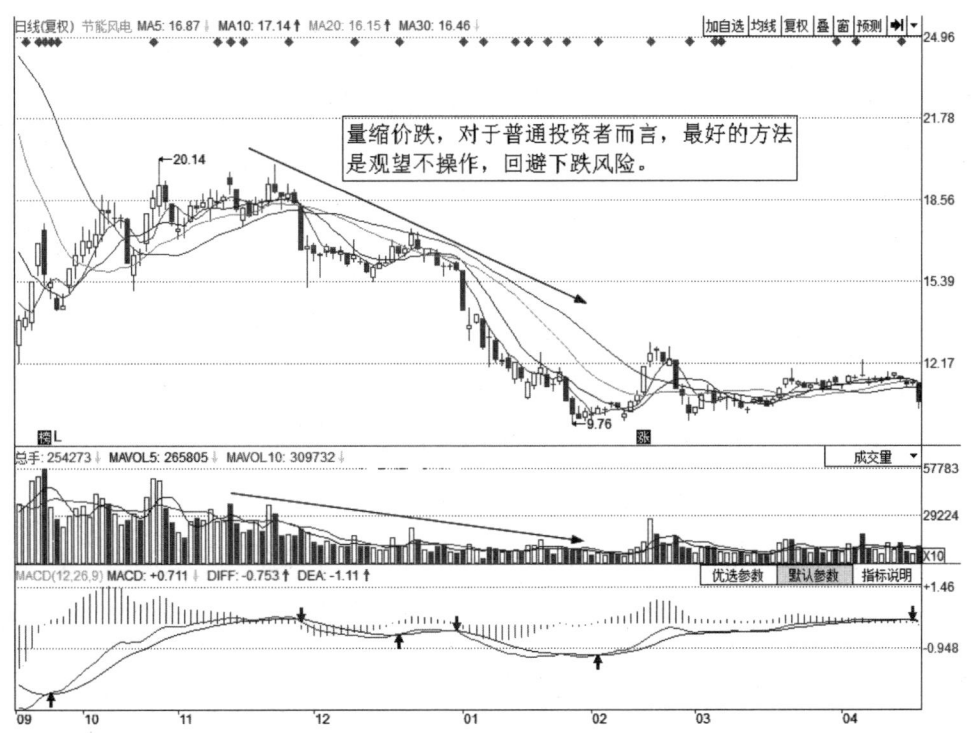

图3-8　节能风电（601016）日K线图

如图3-8所示，在一波快速下跌的行情中，该股的成交量在逐渐萎缩，意味着场内交投清淡，后市将延续此前的跌势，直至杀跌力量被充分化解或者做多力量重新入场。对于普通投资者而言，既然此时个股依然处于下跌通道中，那就坚定地持币观望即可。

量缩价跌有时就是常说的阴跌，这种阴跌会持续到市场的空头能量被完全释放为止。跌到一定程度，股票开始震荡筑底，先知先觉的资金会慢慢建仓。在低位市场，交投清淡，换手率低，所以筑底会花费很长一段时间，经过充分的换手之后，市场会进入下一轮的上涨循环。

个股在下跌途中出现缩量是十分常见的形态，它反映了市场大多投资者处于观望状态，进入的买盘数量少，只要少量的抛盘就可以促使股价重心下移。因此，我们可以把下跌途中的缩量看作是下跌趋势仍将继续的信号。而且下跌途中的缩量也说明了没有主力资金介入建仓。如果没有主力资金大力建仓，个股是很难走出反转形态的。

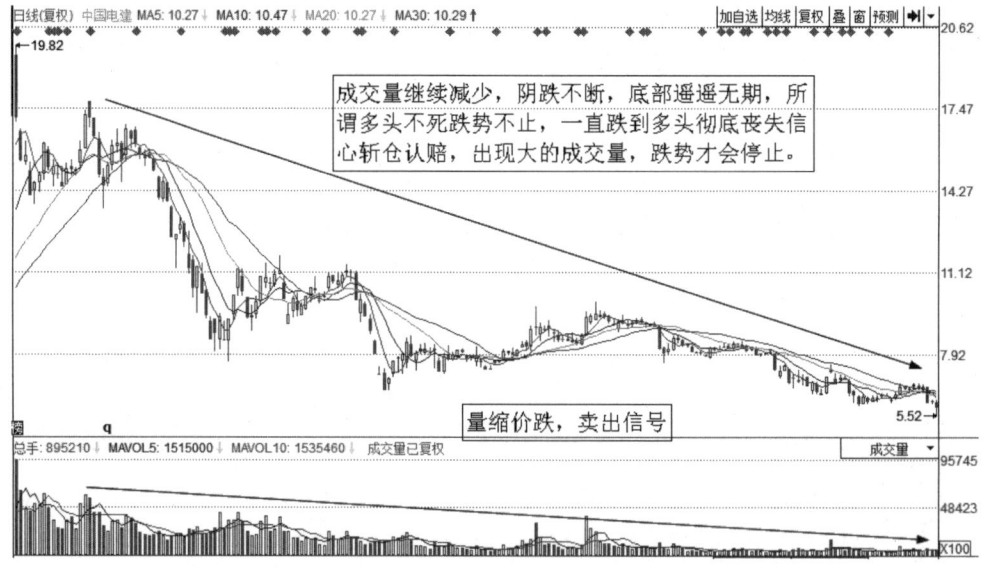

图3-9 中国电建（601669）日K线图

图3-9是中国电建（601669）的走势图，该股在下跌途中呈现出明显的量缩形态，这是主力资金迟迟不入场的表现，同时也说明了该股的下跌趋势会在这种缩

量的形态下继续下去。当个股步入下跌趋势后，缩量下跌这一形态是趋势持续运行的信号。投资者如果在量缩价跌的初期或者中期卖出股票，就会少亏损很多。

好多散户专门找低点去买这只股票，以为下跌多了就会涨，总认为到底了，想抓到低位，来个抄底。当K线都在均线之下，被套是个大概率事件，因为低点底下还有更低点，会不断创新低。买进此类股票风险远远大于收益，不能轻易做这种类型的股票。这类股票容易出现小反弹，大下跌，做一次割一次肉，买一次套一次，暂时还不到操作的时候。等股价放量走强后，有上涨形态再做不迟。

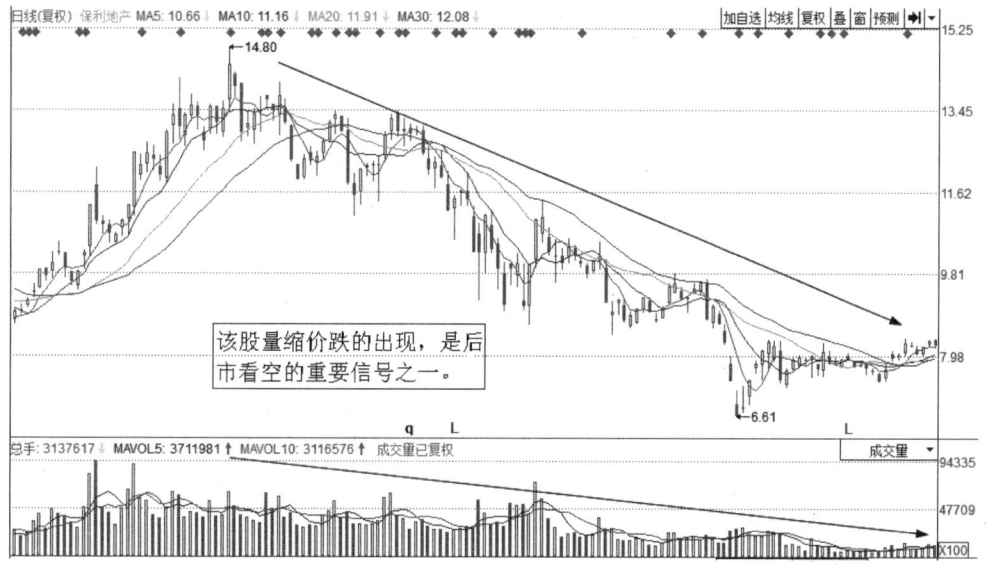

图3-10　保利地产（600048）日K线图

如图3-10所示，该股在最高价14.80元回落后，就始终延续着量缩价跌的趋势，在这样一种量缩价跌的趋势中，该股想要走出一波像样的拉升行情是不可能的事，成交量只要持续萎缩下去，该股就没有见底回升的可能，投资者参与这种股票的买卖，要非常小心。该股的股价整体走势明显是向下的，空头排列的股价即使有短暂停稳或反弹，也被长期向下趋势线所压制。处于向下趋势的股票最好不做，自以为股价到底了，盲目想要抄底反弹都是一厢情愿的。若非短线高手，想赚这种钱是枉费心机的，即使抢到个稍有力度的反弹，如不及时止盈，便会被瞬间向下卖盘砸得落花流水。

第二节 把握缩量回调的机会

一般来说,个股有一定升幅后,主力就会清洗短线浮筹和获利盘,以垫高市场的平均持股成本,减少再次上涨时的抛盘压力。由于主力是看好后市的,进行的是有计划的回落整理,因此,下跌时成交量无法连续放大。盘面浮筹越来越少,表明筹码大部分已经稳定,这时候,再次拉升股价的条件就具备了。如果成交量再次放大,并推动股价再次启动上涨,此时就是极好的介入时机。

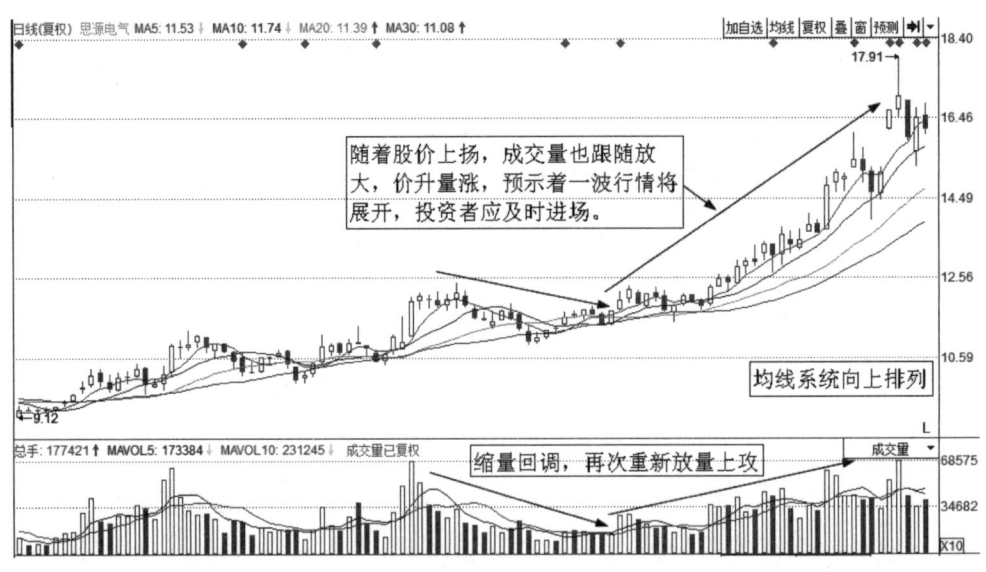

图3-11 思源电气(002028)日K线图

图3-11是思源电气(002028)的走势图,该股在上升中途洗筹,成交量萎缩,随着股价重新上攻,成交量也迅速放大,投资者可以根据量能变化及时介入。

个股运行中,有一个地方是需要缩量的,它就是洗盘部分。主力洗盘是为了洗掉上涨过程中所产生的部分不稳定的获利盘及短线浮筹,随着洗盘的深入,获利盘及短线浮筹自然会逃离,洗盘的目的便达到。

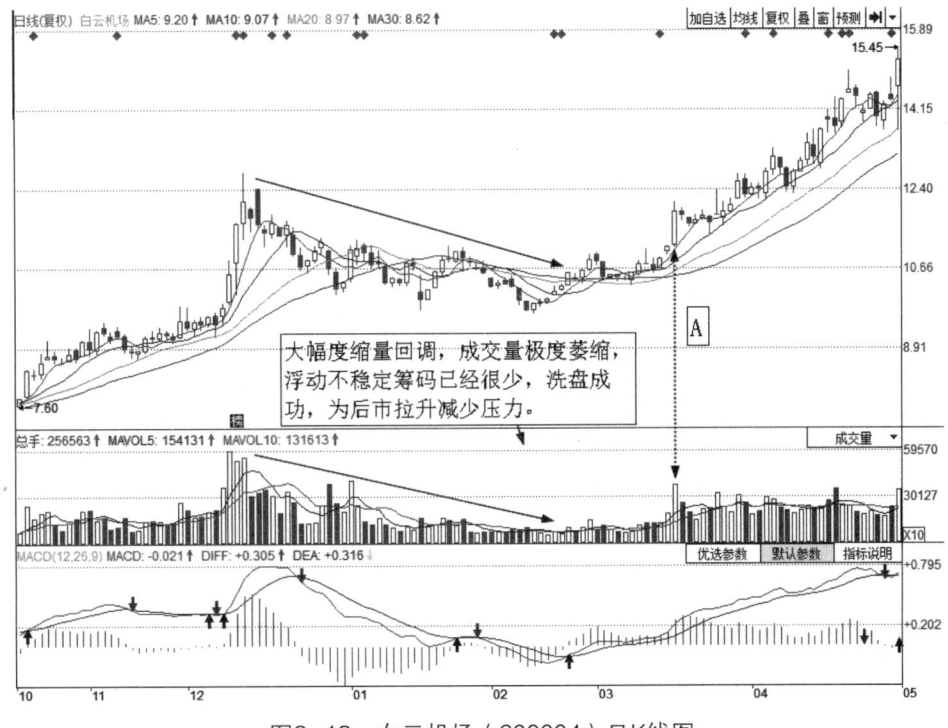

图3-12 白云机场（600004）日K线图

如图3-12所示，在一波快速拉升之后，该股进入到长时间的回调行情中。伴随着股价的逐渐回调，该股的成交量快速萎缩，形成量缩价跌走势。通常而言，在回调行情中发现量缩价跌，后市继续上涨的可能性较高。图中A箭头处，该股出现一根大阳线，伴随着明显的放量，回调行情结束，又一波涨势开始了。

如图3-13所示，莫高股份（600543）的股价突破压力线后，并没有延续升势，反而回调整理。大家可清楚地看到回调的低点就在支撑线上，没有完全破位，支撑有效且中长期均线向上，投资者可抓住机会吸纳。另外，该股在回调的过程中，成交量是明显萎缩的，这说明筹码稳定，后市无忧，吸纳的安全性较大，这个缩量回调的动作就给了投资者极佳的买入机会。

图3-14是平高电气（600312）的走势图，该股在经历多次波段上涨之后，出现缩量回落的走势。有的股票在上涨过程中，会反复出现这种波段放量上涨后，缩量回调的走势，其原因之一是主力在洗盘，把没耐心的浮动筹码清理出去。如在实战过程中遇到这种情况，每次缩量回落，均是买入的时机。

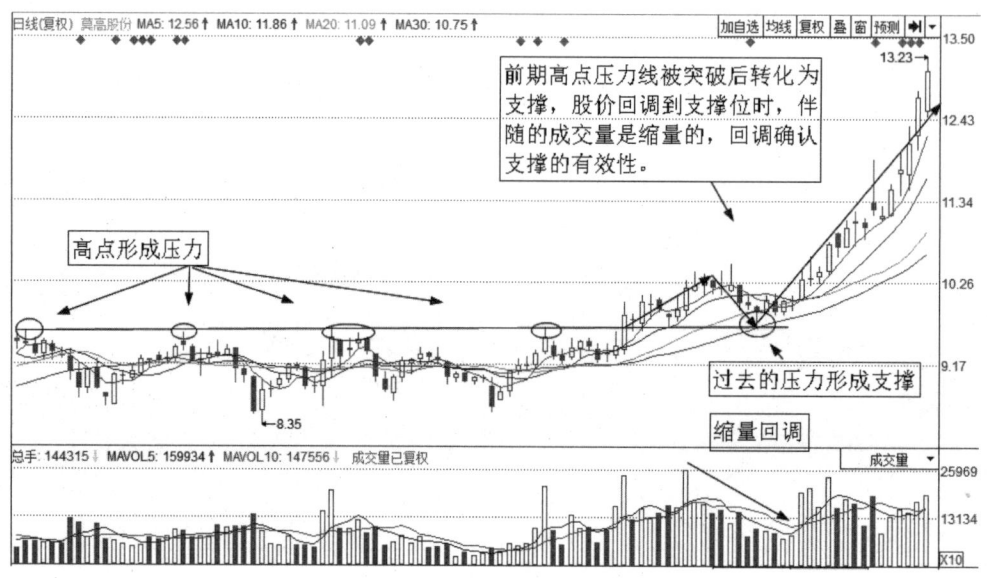

图3-13 莫高股份（600543）日K线图

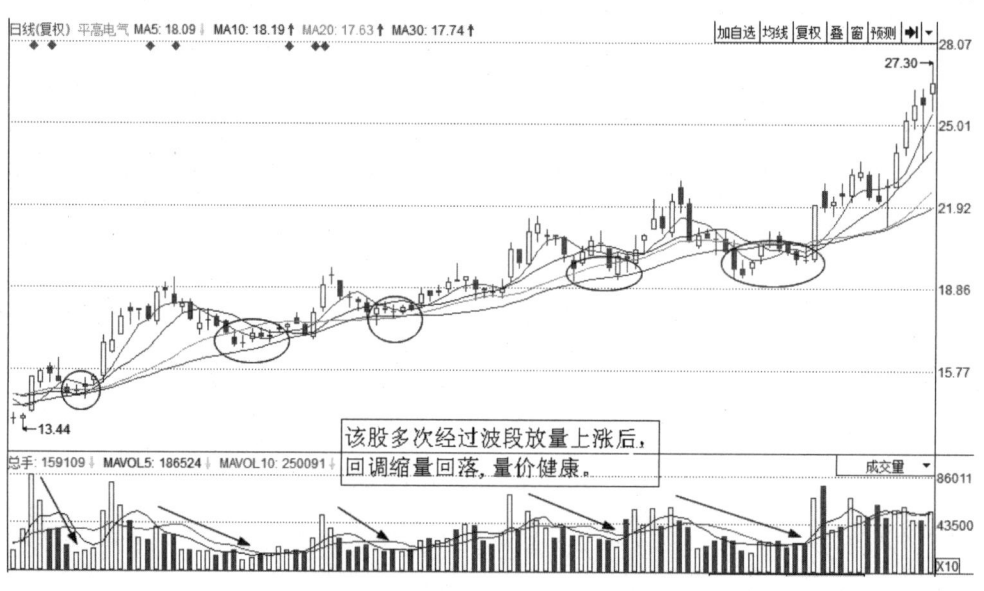

图3-14 平高电气（600312）日K线图

如图3-15所示，永贵电器（300351）在大幅度上涨的过程中，出现了连续的阳线，这说明，股价处于强烈的上涨攻势。经过放量上涨后，股价受到了上方的压力，开始缩量回调。此时的回调是缩量的，所以投资者可以趁机进场，把握这个机会，后市会有上涨行情。

第三章 读懂盘口语言——量价看盘技巧

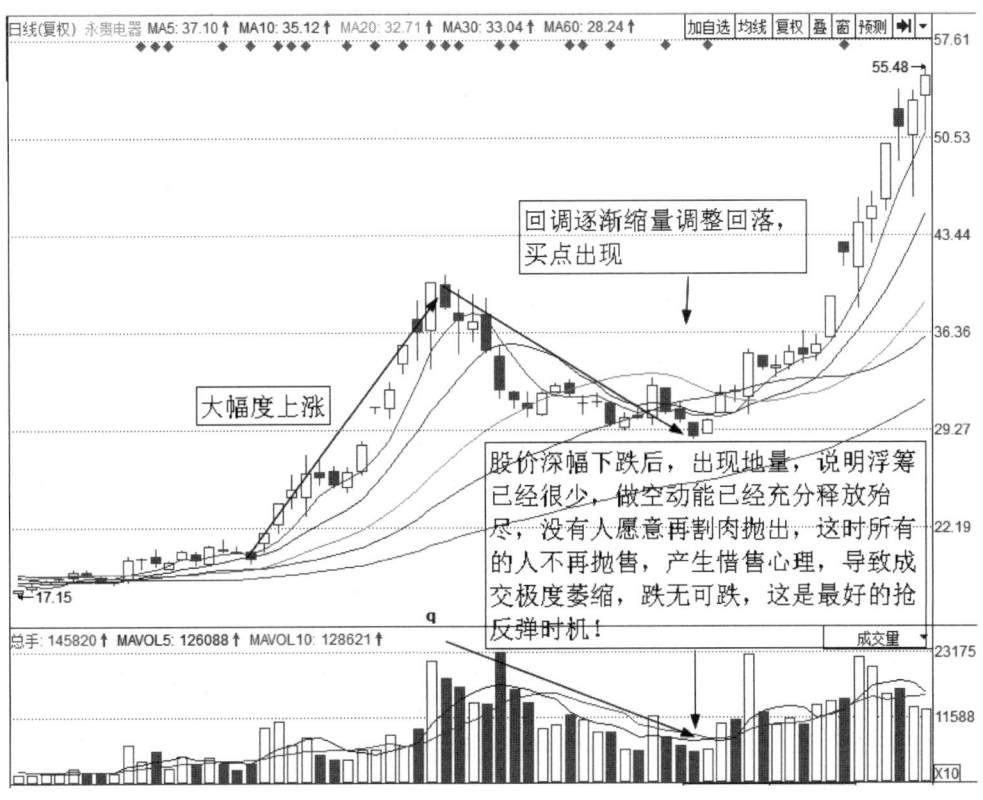

图3-15 永贵电器（300351）日K线图

图3-16是宜安科技（300328）的日K线走势图，当股价经过一波涨幅，获利盘涌出，股价继续上升受阻，需先经过一段调整才能继续上升，此时成交量逐步萎缩到一个较低的位置，股价也下跌至一个相对低点，这时应是明确的买入时机。

当成交量重新开始放大，后市将展开又一浪升势。

图3-17是国海证券（000750）的走势图，该股突破冲高之后，股价展开调整，在回调到前期的高点时，获得有效的支撑，这是较好的买点，随后股价继续上涨。

回调缩量买入，是一种较好的方法，回调时量能迅速萎缩，且在支撑线上，后市看涨。

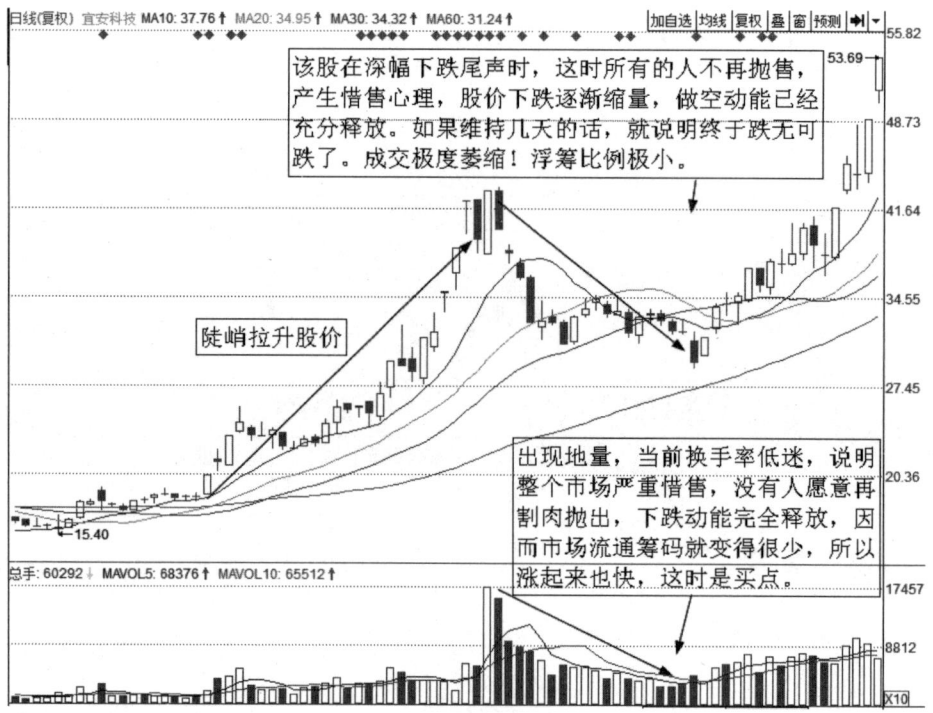

图3-16 宜安科技（300328）日K线图

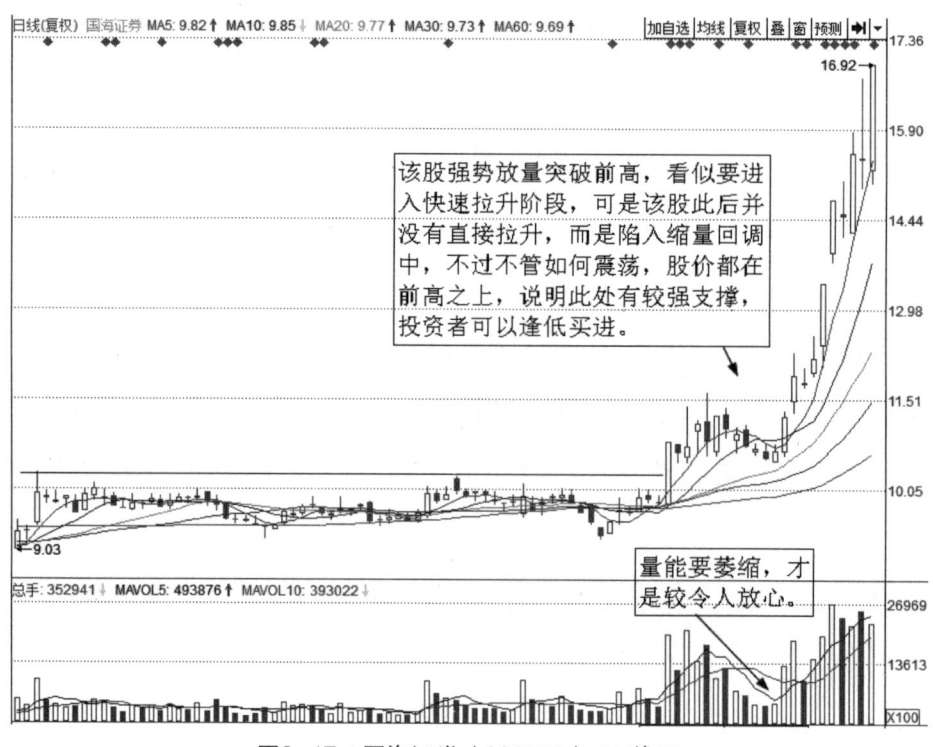

图3-17 国海证券（000750）日K线图

第三章 读懂盘口语言——量价看盘技巧

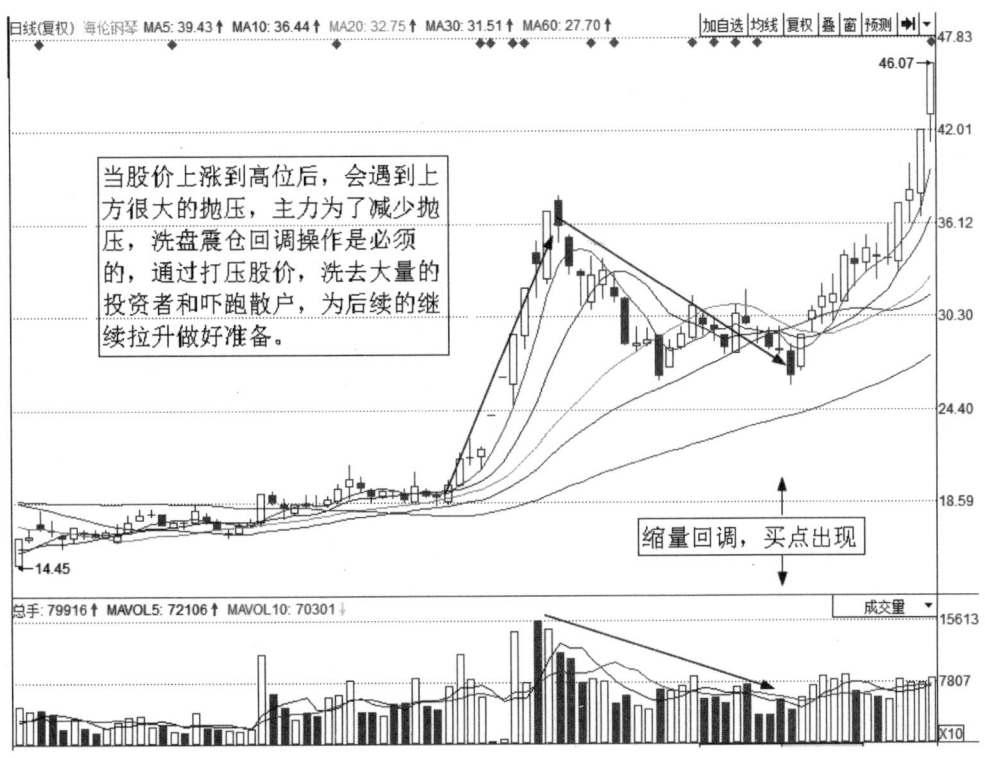

图3-18 辅仁药业（600781）日K线图

图3-18是辅仁药业（600781）的走势图，该股在拉升的过程中要回调，这是因为在拉升过程中积累了不少的获利盘。

主力需要清洗浮筹，回调震荡洗盘也就在所难免。回调是为后市拉升做准备，回调越充分，后市的拉升越强劲。进入缩量回调状态的个股，我们应特别关注，一旦获得支撑就可以积极跟进。

图3-19是海伦钢琴（300329）的日K线走势图，从图中可以看出，主力洗盘震仓时的回调低点，对于投资者来说也是一个很好的买入点。

在股价快速上涨后，回调伴随着成交量显著萎缩时，投资者应伺机介入。这一般是主力洗盘的表现，要不了多久，主力就会再度拉升股价。

通常来说，在股价第一次快速上涨后的调整中，在成交量明显萎缩时买入非常可靠。利用此方法时应注意：在上升趋势中，股价上涨必须有成交量配合，回调时成交量明显缩小，这样后市才会继续健康上涨。

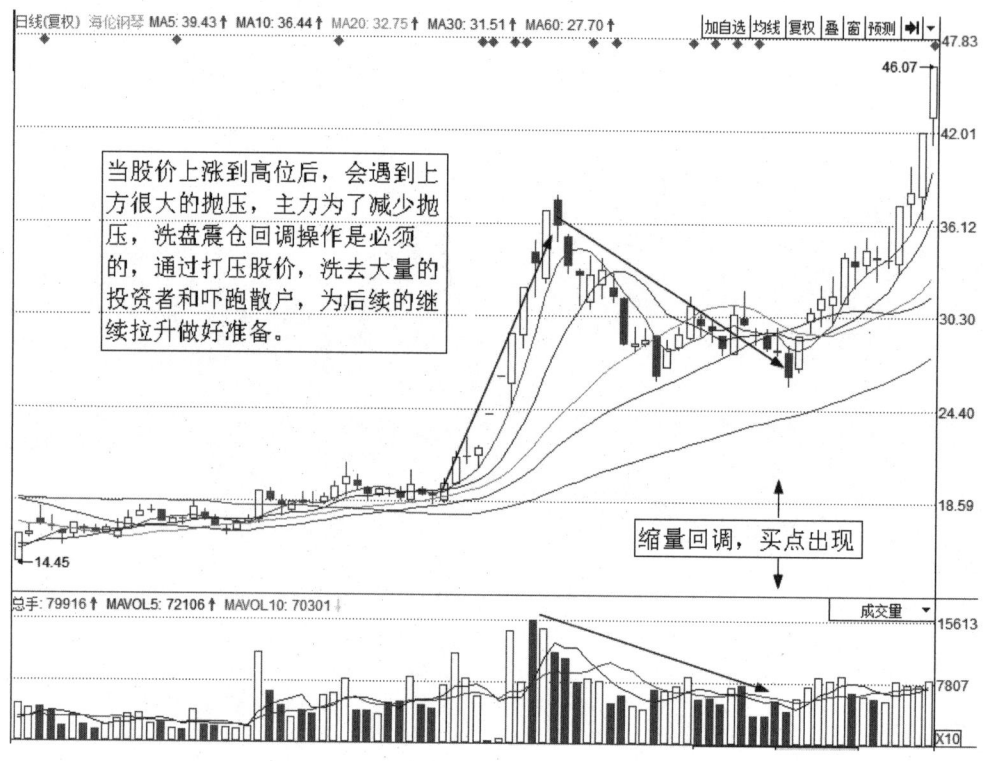

图3-19　海伦钢琴（300329）日K线图

个股为什么要回调？原因其实不难理解。在低位回调是主力建仓的标志，通过反复震荡，主力隐蔽吸筹，达到建仓目的。在拉升的过程中，也经常回调，这是因为在拉升过程中积累了不少的获利盘。

需要清洗浮筹，回调也就在所难免。回调是为了后市拉升，回调越充分，后市的拉升越强劲。进入回调状态的个股，我们应特别关注，一旦启动就可以积极跟进。

股价在拉升到一定程度后展开回调整理，清洗跟风盘，导致跟风盘对股价回落整理后的走势方向、持续时间无法判断，于是有获利的先落袋为安，抛出股票，没有获利的也因失去了耐心而抛出筹码。这正中了主力的目的，要跟风盘在拉升途中下车。

第三章 读懂盘口语言——量价看盘技巧

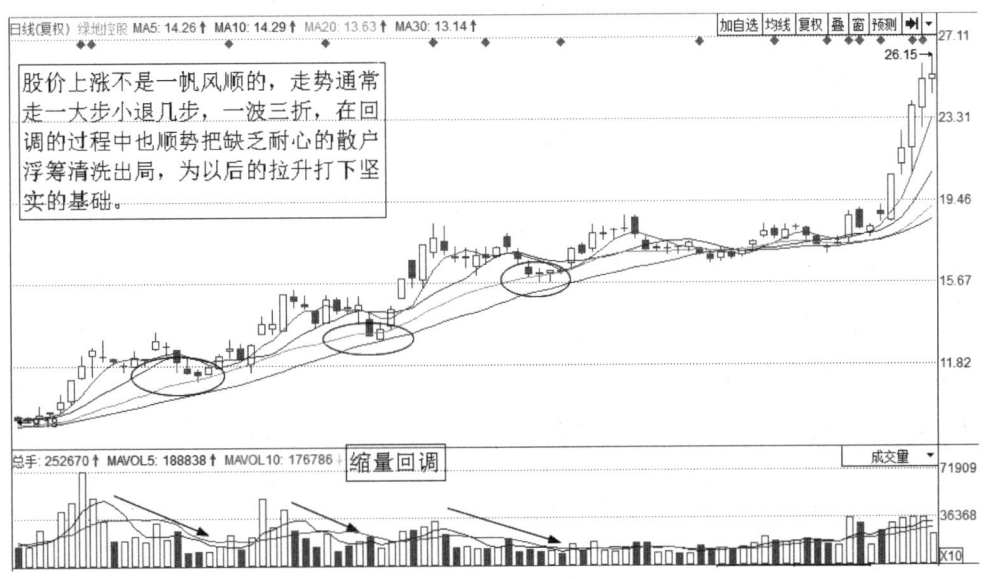

图3-20 绿地控股（600606）日K线图

在股价拉升到一定涨幅后又回调打压股价，主力在此期间反复地调节筹码的比例和股价的高低幅度，使散户不停地买进和卖出，最终产生怀疑和失去耐心，不敢轻易跟进。这体现在走势形态上就是股价的低点不断升高，高点也不断抬高，呈现震荡上扬的趋势。主力通过这种方式，清理掉意志不坚定和没耐性的散户，达到目的。

第三节　从持续放量中寻找牛股

成交量持续放大，包括两种形式：一种是持续温和放大，一种是持续巨量放大。

两者在程度上有所不同，所反映主力的操盘力度也不同，也导致了股价上升的速度不同。

持续温和放大，表明操盘力度在缓慢增加，股价上升速度也较慢；持续巨量放大，表明操盘力度较强，操盘决心较大，股价上升速度也较快，同时上升持续的时间也较短。

一、成交量持续温和放大

我们从字面上就可以看出，温和放量就是指成交量的放大是温和的，不是急速的。

温和放量出现在个股深幅下跌后的止跌震荡区或上涨初期时最具实战意义。它主要向我们传递了买盘的持续介入而非卖盘的持续流出的信息。它说明当前个股中的主导力量已由空方开始转变为多方，是我们可进行布局和买入的信号。

图3-21是东安动力（600178）的走势图，该股的股价重心不断上移，同期的成交量也不断放大。

可以说，正是量能的不断放大才使得个股上涨动力充足，以抵挡越来越沉重的获利抛压。

在价格走势不断上行时，不断放大的量能表明上涨动力充足，是上涨势头将延续的信号。

第三章 读懂盘口语言——量价看盘技巧

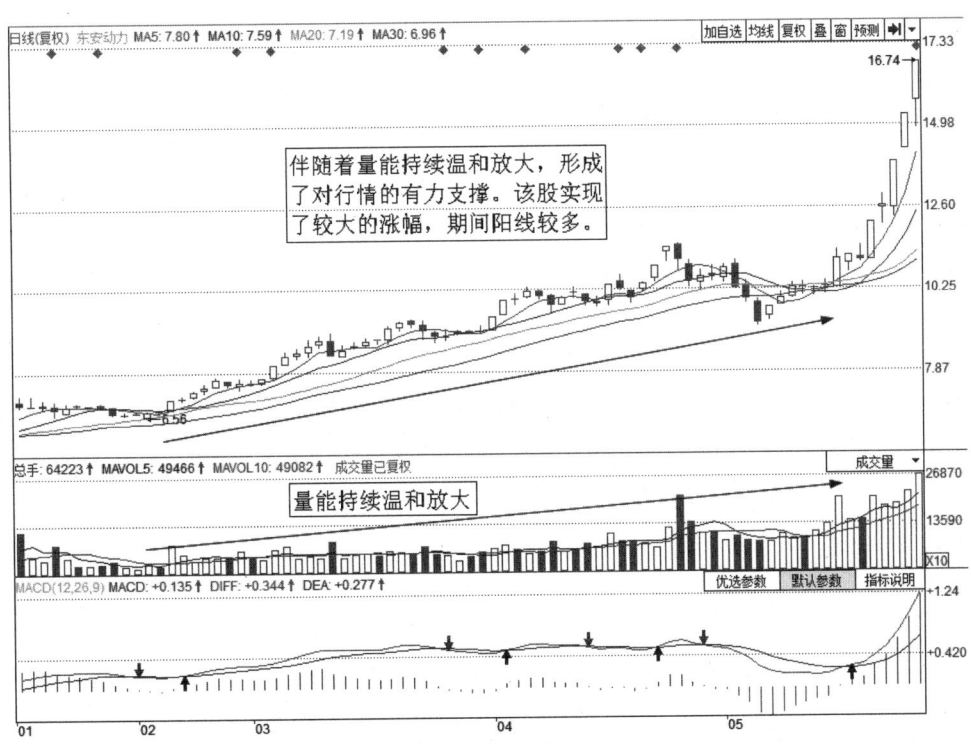

图3-21 东安动力（600178）日K线图

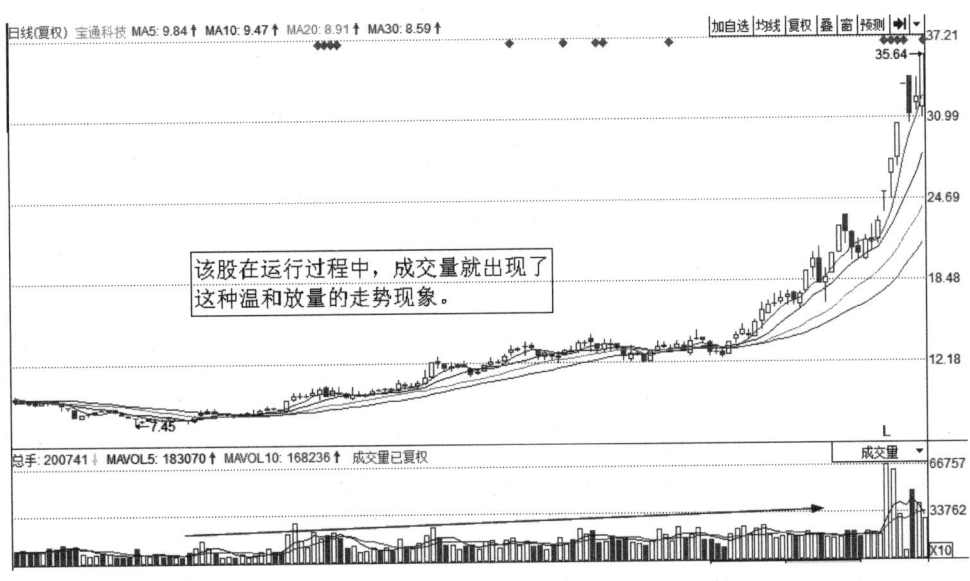

图3-22 宝通科技（300031）日K线图

图3-22是宝通科技（300031）的走势图，股价触底之后，成交量出现了温和放量。在这个过程中，成交量的放大程度被控制得很好，股价也在逐步回升。这

里出现的温和放量，是主力为了不引起场外资金的关注，控制了成交量的释放度所致，于是股价上涨的速度也控制得很好。

在这种情况下，一般的投资者很难想到有主力在里面。因为，在普通投资者的心目中，股价在启动的时候，往往伴随着成交量的明显放大。在这种思维方式的影响下，他们感到这种走势只不过是技术性反弹而已。相信很多读者朋友都曾有过这种经历：看到成交量没有出现快速放大，并且股价的上涨速度也不是很快，就不会去在意它，但过一段时间再去查看它的时候，发现股价已经走出了一波长期上涨的行情。

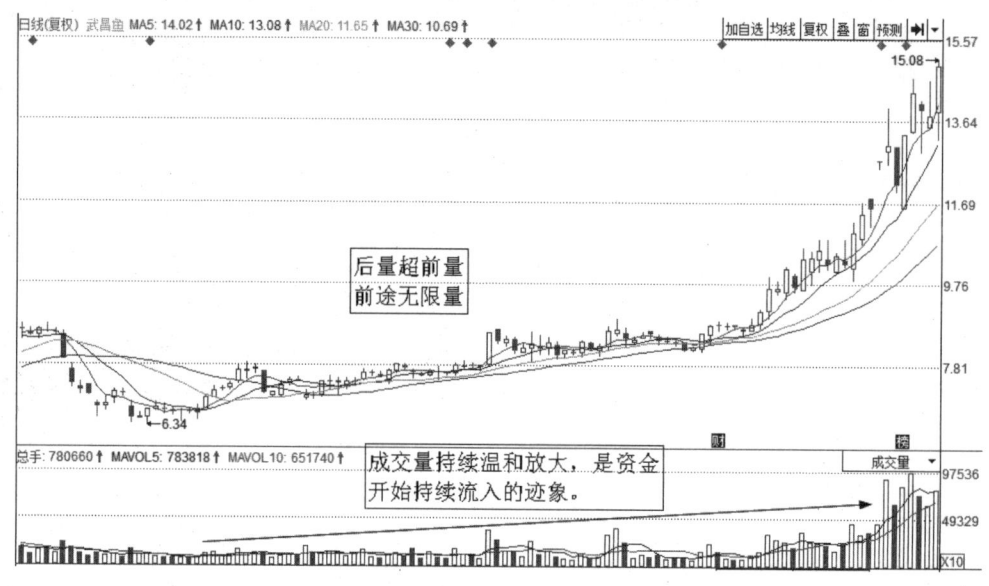

图3-23　武昌鱼（600275）日K线图

图3-23是武昌鱼（600275）的走势图，该股在深幅下跌后出现止跌企稳的走势，同时出现了温和放量的形态，股价逐步走高，成交量同步放大，这是场外买盘资金持续流入的信号，也预示着该股底部的出现。

随着成交量的温和放大，股价也出现止跌启稳的走势，把成交量的温和放大形态与股价走势相结合，我们就得到了一个明确的信息：场外资金开始持续流入，买盘与卖盘的实力正发生着根本性的转变。可以预料的是，随着卖方力量越来越弱，个股即将迎来反转上涨态势。

对温和放量的理解，有以下两点需注意：

不同位置的温和放量有着不同的技术意义，在相对低位和长期低量后出现的温和放量才是最有价值的。

温和放量有两种可能：一可能是主力的试探性建仓行为，在之后会出现一波上涨行情，但途中还是会走出回调洗盘的走势；二可能是主力的试盘动作，主力会根据大盘运行的方向确定下一步是反手打压股价以在更低位置吸筹，还是在大盘做多背景下就此展开一轮拉高吸货的攻势。

二、成交量持续巨量放大

量能急剧放大，价格走势快速飙升，是一种激进式量价关系，它常出现在持续上涨后的高点，是多方力量最后的集中释放。在很多时候，这种量价形态也与主力的对敲式拉升手法相关。无论是什么原因造成了量价井喷，只要个股的前期累计涨幅已经较大，它就有可能是在中短期内将有深幅调整走势出现的信号。实盘中，持股者不可因一时情绪冲动而追涨买入，反而应逢高卖股离场，锁定利润。

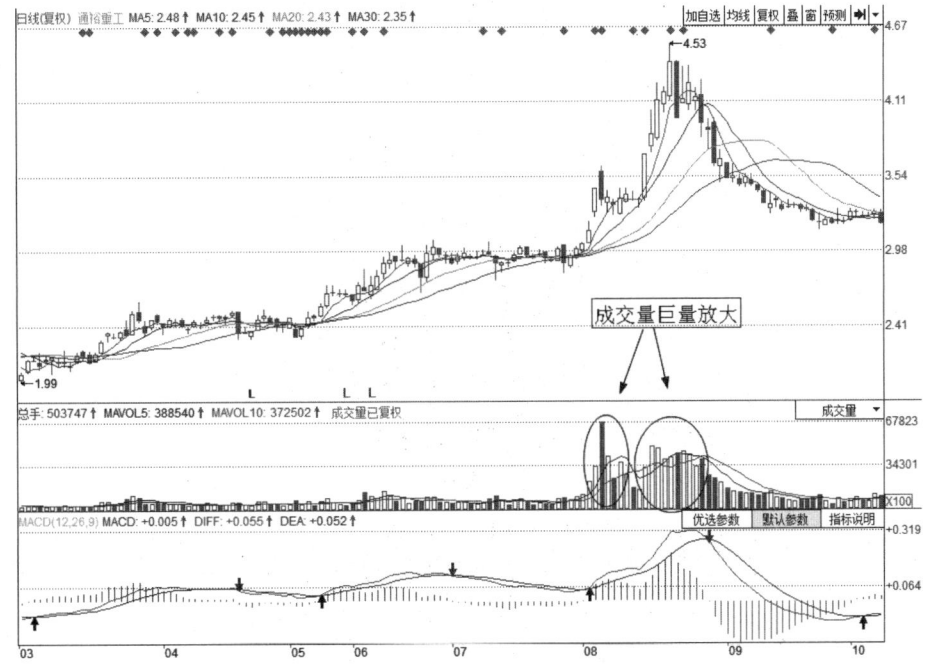

图3-24 通裕重工（300185）日K线图

图3-24是通裕重工（300185）的走势图，该股在中长期大涨后的高点位置区再度出现了一度急速飙升走势，这一波飙升走势中，量能放大效果十分鲜明，这就是成交量持续巨量放大。

当它出现在中长期高位区时，就预示着升势已进入尾盘。实盘中，随后的高点就是我们中长线卖股离场的时机。

成交量持续巨量放大是相对于温和放大而言的。量能放大的程度，一般情况下也代表了其可持续性，量能放大太多，说明主力的操盘力度特别大，这时候我们要警惕量能的变化，这种走势的持续时间也较短。此情况就如同田径比赛中100米冲刺，由于在冲刺的过程中发力较多，因此动能也耗尽得快，可持续性较差。巨大的成交量代表了巨量的资金投入，这种情况肯定是不能长期持续的。

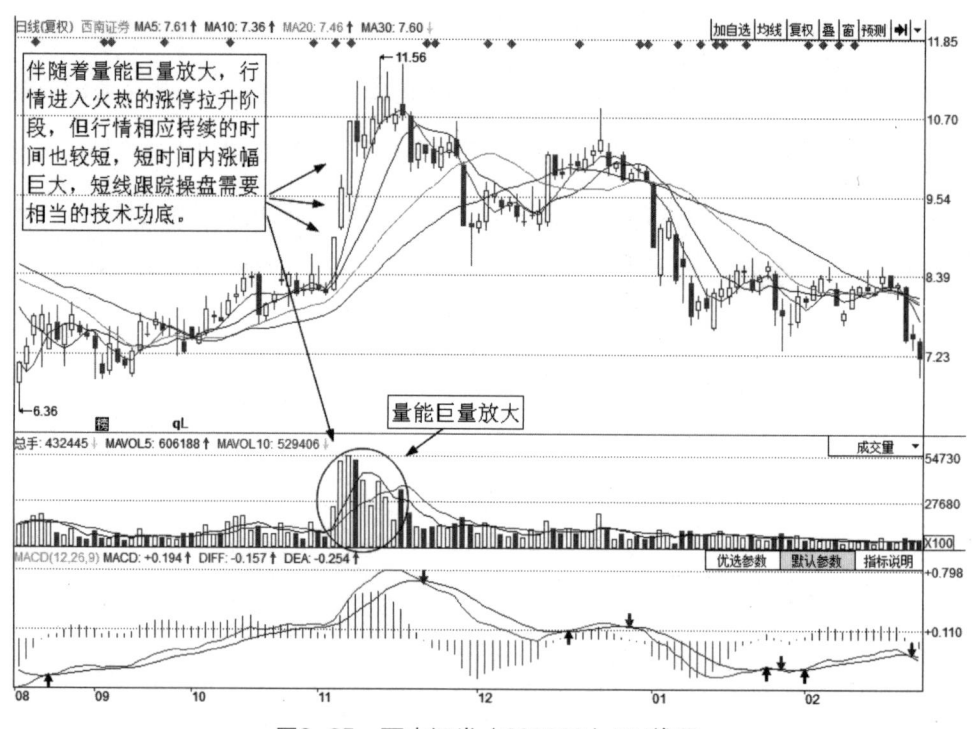

图3-25　西南证券（600369）日K线图

图3-25是西南证券（600369）的走势图，该股启动于成交量急速放大时，结束于成交量缩小时。随着成交量的急剧放大，K线出现不断涨停大阳线，这实际上需要非常巨大的上升能量，而这也透支了未来的上升能量，因此这种行情是

注定不能持续的，所以对于这种成交量急剧放大的行情走势，我们既要看到其快速创造利润的一面，同时也要时刻给自己敲响警钟，警惕其走势"来得快，去得快"，更要警惕随着其火热的行情结束之后，后面出现的长时间调整过程。该股就是一个非常典型的例子。

第四节　低位平台止跌放量是买入信号

低位是一个相对概念，应从个股走势中确认其相对位置。

低位平台出现止跌企稳走势，并伴以成交量的持续放出，是资金持续流入个股的迹象。

当个股处于深幅下跌之后的阶段，这种低位平台的放量意味着多空双方的实力已开始发生根本性的转变，是个股阶段性底部出现的标志。

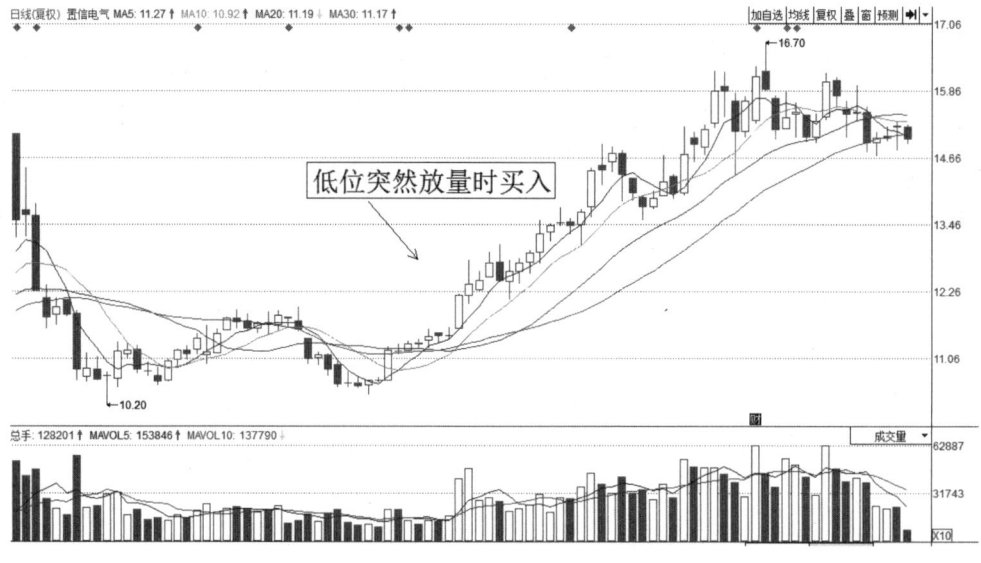

图3-26　置信电气（600517）日K线图

如图3-26所示，置信电气（600517）的股价经过长期下跌后，空头能量有了足够的消耗，股价止跌走稳表明多空能量获得暂时平衡，多空交替，而多头最终打破这种平衡，低位放量正是多头力量异动的最初显示。投资者应在低位突然放量，股价明显上涨时跟进，可获利不少。

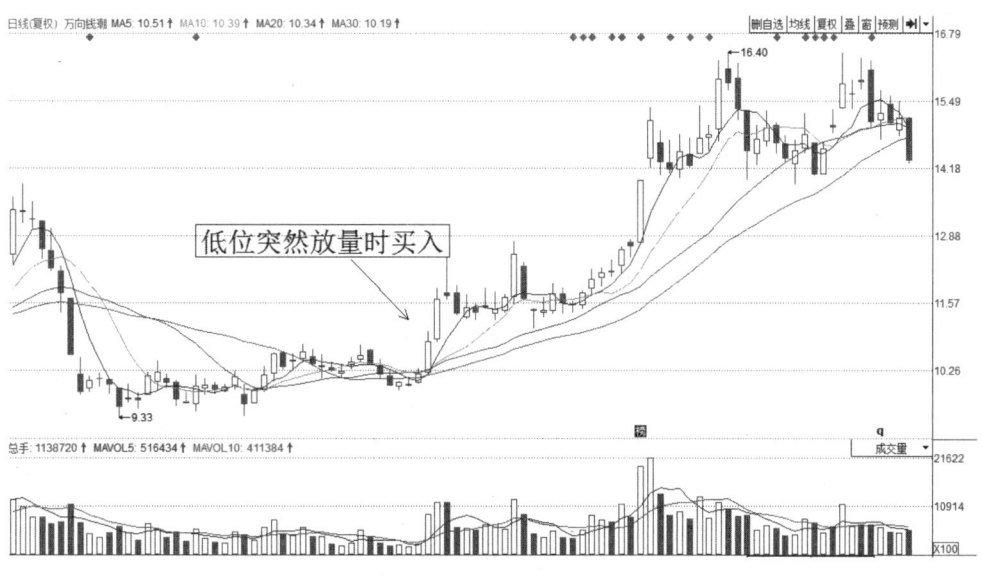

图3-27 万向钱潮（000559）日K线图

如图3-27所示，万向钱潮（000559）的股价在一个月的时间内呈缩量横盘的状态，有跌不下去的趋势，低位突然放量，价增量涨，短线可跟进。

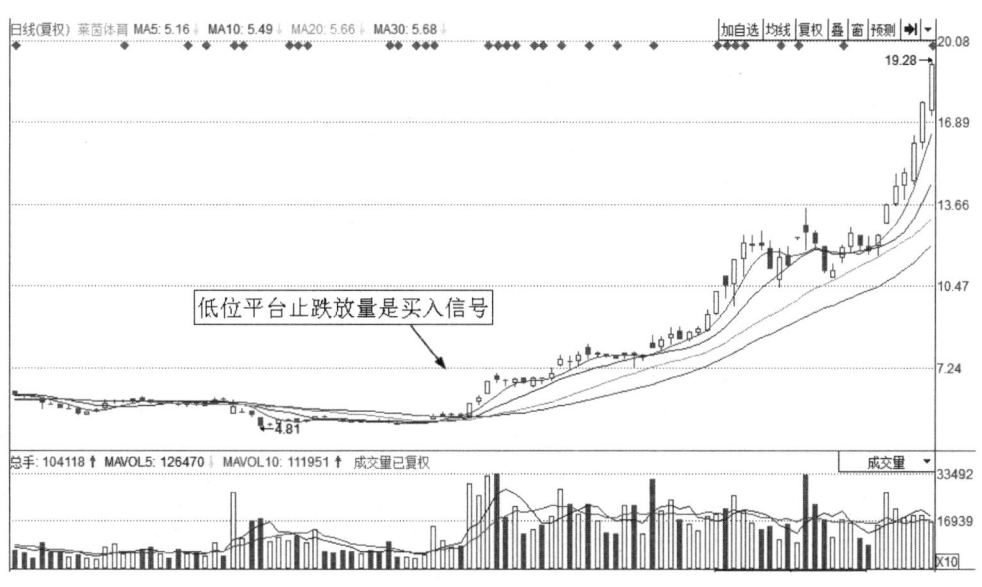

图3-28 莱茵体育（000558）日K线图

如图3-28是莱茵体育（000558）的走势图，该股一路下跌，创出新低，成交量也日趋平稳萎缩。股价在创出4.81元新低之后，开始有企稳的迹象，横盘震荡整理近一个月。图中箭头处，成交量比之前明显放大3倍左右，股价在低位放量，说明股票在低位有大量资金买入。再结合该股的均线方向判断，股价突破60日均线，5日、10日、20日和30日均线向上发散，后市看好。该股后期的上涨可能性非常高，投资者应及时买入该股，坐等收益。

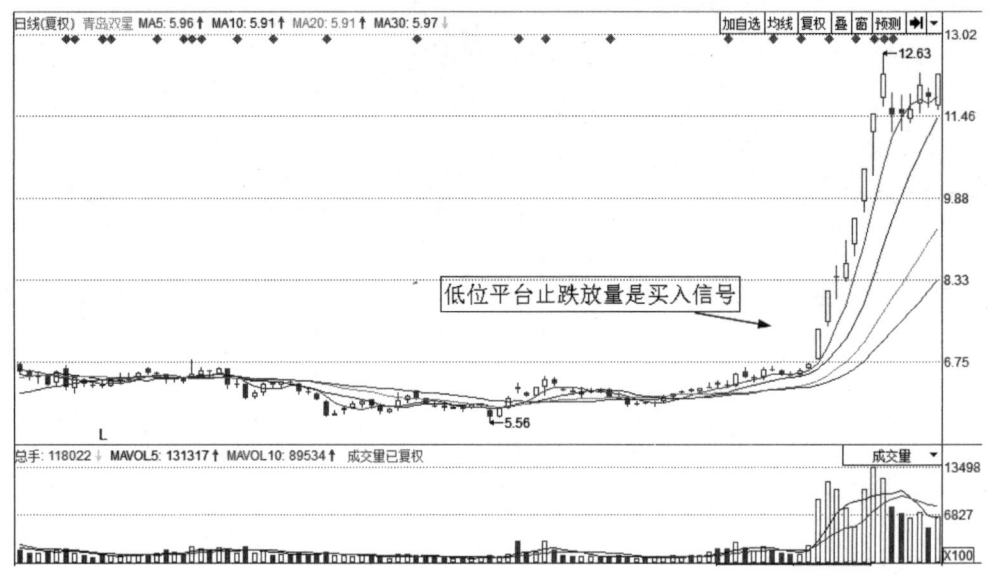

图3-29 青岛双星（000599）日K线图

图3-29是青岛双星（000599）的日K线走势图，股价长时间横盘震荡整理，成交量也日趋平稳。图中箭头处，该股一路急速拉升，迅速就封上了涨停板，成交量也出现异常放大的形式，相比前几个交易日放大了4倍左右，说明有资金迫不及待地进场，该股将会出现上涨的概率较大。再结合均线的方向可以发现，该股5日、10日、20日、30日均线的方向向上发散，加上箭头处这根大阳K线成功地站上了多条均线之上，说明该股行情已经开始启动，该股股价后期上涨的可能性非常大。因此，投资者应及时地果断买入股票，坐享后市加速上涨赚钱的行情。

低位平台止跌放量要遵循以下思路：

（1）股价在低位放量，这就说明股票在低位有大量资金买入，后期上涨的可能性非常大。

（2）放量时股价位置必须在相对低位，这可以从个股历史走势中确认，这样的买入信号才可靠。

（3）股价在低位放出巨量，成交量是以往交易日的几倍，且股价站上多条均线，这就表明股价已经开始启动，投资者应及时果断介入。

（4）股价成交量放出巨量的位置非常重要。如果股价处于相对低位，投资者就可以放心买入股票；但当股价在高位时，投资者应小心。

（5）低位放量前的股价应在一个时间段内获得支撑，有跌不下去之感，股价呈平台整理形态，此区域成交量呈均匀缩量状态，突然放量才有效。

（6）注意低位放量区域与前一轮行情高点的距离。与前期高点距离越远，空头力量消耗得越充分，多头力量确认的可靠性越强。

第五节　识别成交量上的陷阱和骗局

看盘要关注大单成交的情况,它反映的是主力资金的意志。

大单低挂,通常会使股价节节走低;大单高挂,通常会拉升股票价格,使其节节走高,随波上攻。上攻时大单的成交量是主力资金意向的体现,一定程度上决定着股价的涨幅。

关注上攻时成交量的变化,可提高获利的概率。但成交量属于技术分析指标,因而也常常被主力做假。利用成交量来布置陷阱更是多年来主力常用的手段之一。

主力运用部分投资者对量价关系和技术指标似懂非懂的缺陷,制造一系列的成交量假象,吃亏上当的人并不少见。但主力做不了缩量的文章,只能做放量的假象。可以说,每天的成交量都是真实发生的,但这并不是说,成交量一定是真正的成交量,成交量也是会骗人的。根据笔者多年的操盘经验,成交量有以下几种常见的陷阱和骗局:

一、对倒放量进行减仓或出货

有时量价之间的确存在一个相对应的关系,价涨量增通常是市场向上运行时的普遍特征,然而,这只能说是市场中的一般现象。

事实上,还存在另外一种较为特殊的市场现象。某些市场主力就是利用人们对量价关系通常规则的认识,进行反向操作。他们在认为必要的时候,就有可能采取"对倒"之类的做法,制造虚假的成交量,看上去股票的换手率很高,似乎是市场上有大资金在建仓,股价也不断地上涨,但实际上买进卖出的都是一家人。主力以自己买自己卖的形式,让股票形成"价涨量增"的走势。这种走势有着很大的欺骗性，不明真相的中小投资者介入其中，来一个追涨，多半要挨套受损。

配合利好消息的出台，主力常常会通过对倒制造放量上涨的股价走势，引诱投资者追高，以达到高价出货的目的。

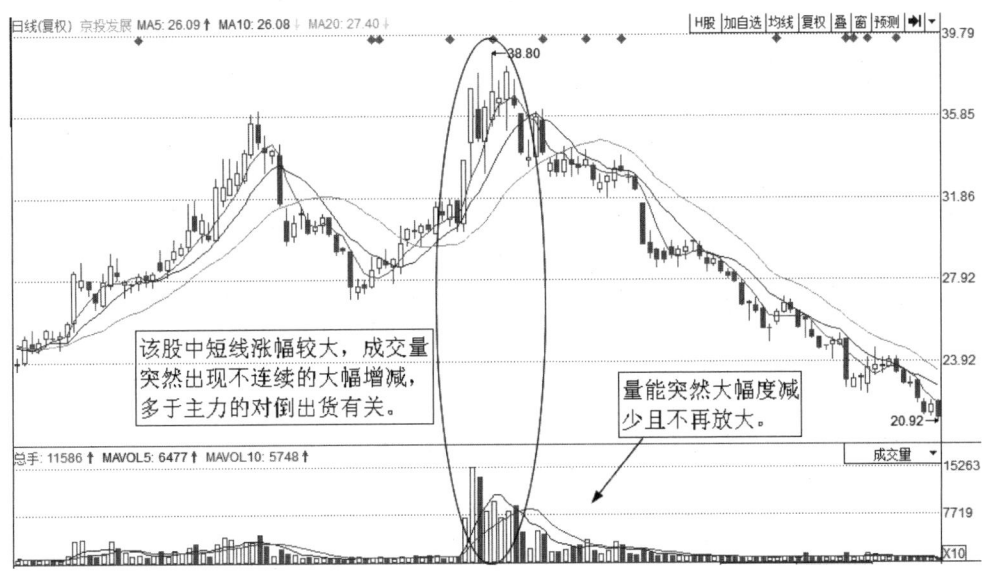

图3-30　京投发展（600683）日K线图

图3-30是京投发展（600683）的走势图，图中箭头处，该股的成交量大幅度放出，这种放量形态保持了数个交易日，随后又大幅度缩减。

结合个股的走势和量能来看，这是主力出货阶段的典型对倒式放量形态，投资者需注意。

下面让我们来看一个炒作高明的市场主力，它是通过对倒放量涨停的方式出货的。

具体操作方法之一是，主力先对倒放量，用大笔买单把股价封在涨停板上，等待散户跟单增多后，悄悄撤单，将筹码抛售给散户。

等到涨停价即将打开或稍稍打开后，主力再次用大笔买单封在涨停价上。通过反复操作这种方法，主力诱使投资者在涨停价上跟风追涨，从而达到出货的目的。

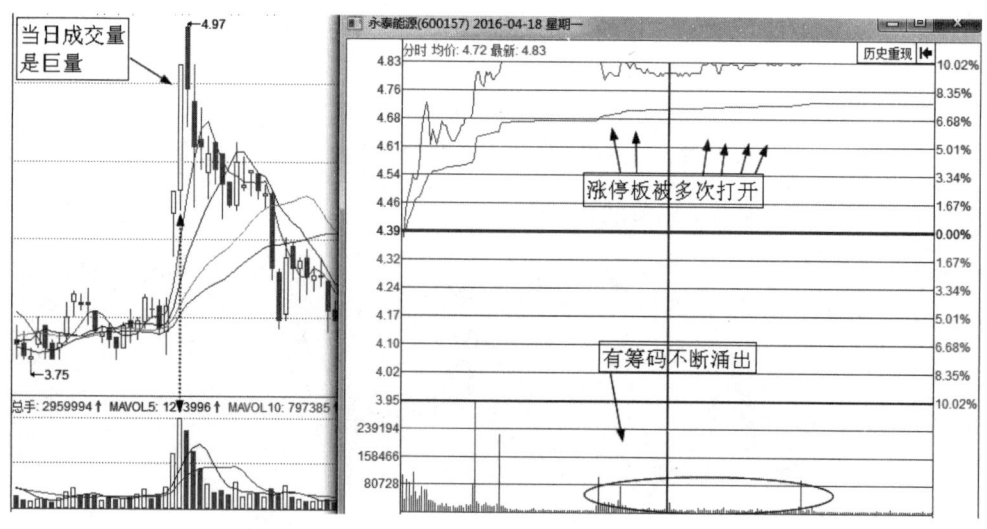

图3-31 永泰能源（600157）日K线图和分时走势图

图3-31是永泰能源（600157）2016年4月18日的分时图，该股一开盘便陡峭上升，引起了很多投资者的关注，快速拉抬股价吸引了更多的投资者资金。经过短时间的上冲，股价便快速地封至涨停板处。有些投资者一看股价形成了涨停的走势，会更加积极地入场进行买入操作，因此，涨停价将会在极短的时间内聚积起数量异常强大的买盘，这些买盘对于主力出货来说便是极佳的对象，因此，随着连续抛单的出现，股价的涨停板被连续打开了多次，成交量在涨停板的价格处密集放大，这说明主力利用对倒放量涨停引来投资者后，又继续进行了出货的操作，因此，K线图中才会留下密集放大的成交量。最后该股虽然以涨停收盘，但途中涨停屡次在盘中被打开，冲击涨停却不去封住涨停板，泄露主力无心做多的真实意图。

让我们再来看永泰能源（600157）2016年4月18日的K线图。

如图3-32所示，投资者都爱涨停板，喜欢追涨，而主力恰恰利用投资者这种追涨的心态，通过对倒放量涨停的掩护，隐蔽小心地抛出手中股票。通过先挂大单封涨停，等后边散户买盘量放大时就撤单，同时卖出自己手中股票。该股主力短线运作，去拉涨停，但是不封死，在涨停板位置慢慢出货，即使最后以涨停报收，涨势在后续交易日也走不了多远。

第三章 读懂盘口语言——量价看盘技巧

图3-32 永泰能源（600157）日K线图

一般来说，若个股中短线涨幅较大，涨停板当日又反复开板且放出大量，极可能是主力借助对倒涨停出货，应引起我们的警惕。除了盘中反复开板、短线涨幅、当日量能大这几个要素之外，涨停板次日和随后几日的表现，也是我们分析主力行为的关键依据。

下面让我们再来看一个通过对倒放量尾盘拉升涨停的图例。

图3-33是锦江股份（600754）的走势图，2016年3月25日，该股在全天的运行中，分时走势始终运行于均价线下方，直至尾盘阶段，该股快速上扬，突破均价线，在收盘前成功封住了涨停板。许多人以为主力抢筹次日股价将再涨，岂不知这正是主力刻意对倒放量拉升，操纵股价制造上涨假象，为次日出货做准备工作。由于尾盘所剩的时间有限，因此主力尾盘偷袭所耗资金较少，又能拉出较大的空间，次日则派发出货。股价在高位，尾盘异动涨停，暴露出主力对倒放量的动机：骗线，目的是出货。

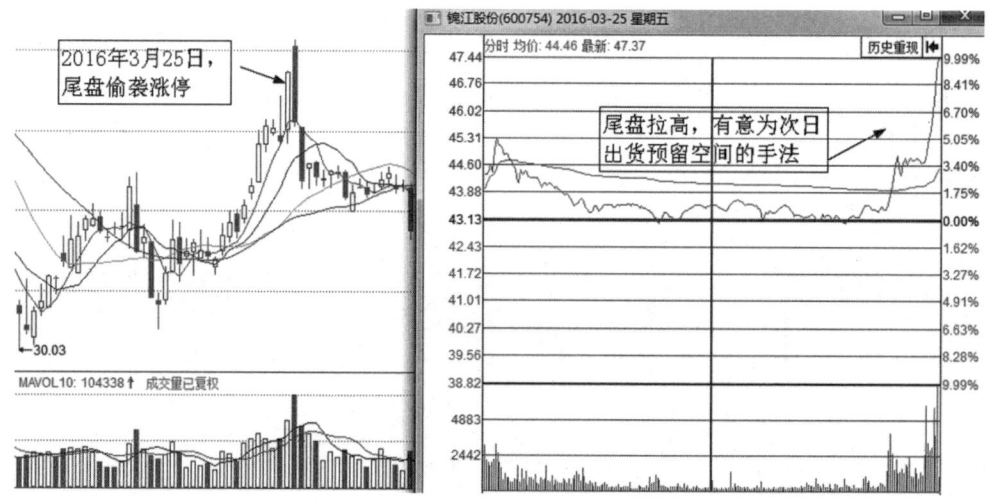

图3-33 锦江股份（600754）日K线图和分时走势图

二、利用除权出货

股票市场上很多个股都有分红、送股、配股的经历，不管是大比例还是小比例的都要除权。对于价位很高的个股来说，一般稍有买卖股票经验的人都不会买进。一旦除权，价位大幅度下移，30元的股票，10送10就只有15元了，主力可用此行情进行炒作。当大量散户买进时，出货的机会就来了。当然，这里不排除有个股后市出现填权走势，具体个股要具体分析。

利用除权出货，这类股的特征是：一般前期价位较高，高送转的力度一般较强，通常还会伴有利好消息的出现。

当个股出现除权后，如果投资者不进行"后复权"的看盘处理，那么股价将处于"廉价"位置，误导投资者买入。同时，主力则可以利用"填权"的概念进行炒作，通过对倒放量吸引投资者进场承接主力的筹码。

如图3-34所示，在除权前，股价通常都已涨得相当高了，由于普遍存在"恐高症"，主力很难在高位出局。在除权后，价位将降到相对低位，这时候主力往往利用散户追涨与幻想填权的心理，在除权日之后拉抬股价，造成巨大的成交量，乘机大肆出货。该股在每10股转增20股除权之后，散户投资者感到该股从49

元一下子变成15元左右，买入后风险不如原来股价在高位时大，而有的则认为该股有较大的填权空间，这是散户常常会买入的原因。

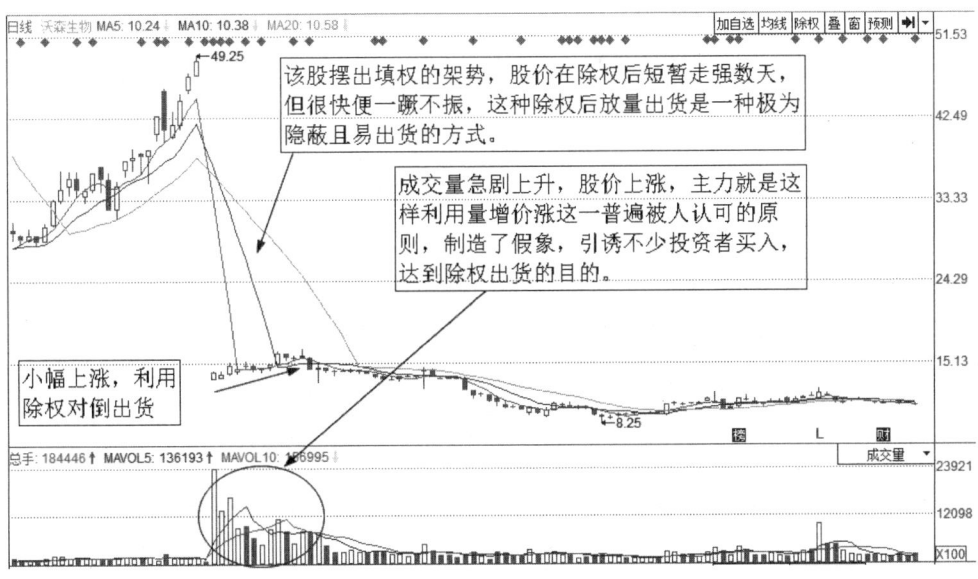

图3-34　沃森生物（300142）日K线图

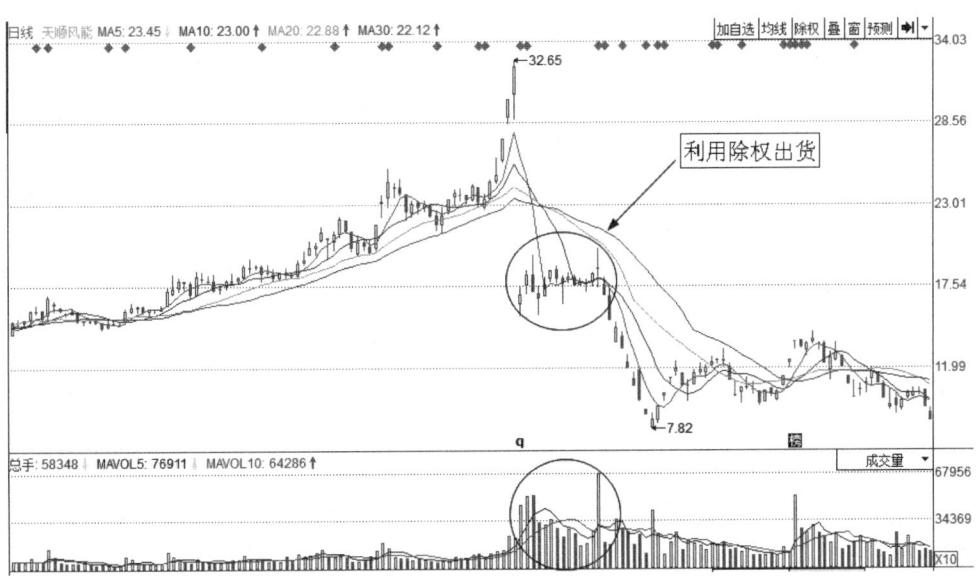

图3-35　天顺风能（002531）日K线图

图3-35是天顺风能（002531）的日K线图，因每10股转增10股除权的缘故，股价从32.65元变为16元左右。如此大的差额空间，会诱惑许多散户纷纷买入，逢

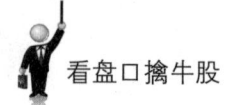

低进场抄底。主力会利用散户的心理，卖出手中的股票，将自己手中的筹码交给散户。

三、缩量上涨的认知

市场上有这样一种认识，即股价的上涨要有量能的配合，如果量增价涨，则表示上涨动能充足，股价将继续上涨；反之，如果缩量上涨，则表示量价配合不理想，股价不会有较大的上升空间或难以持续上行。

实际情况则不然，具体情况要具体分析，最典型的现象是上涨初期需要量价配合，上涨一段后则不需要了。对此，投资者要分阶段和联系实际理解量价关系，以防误判。

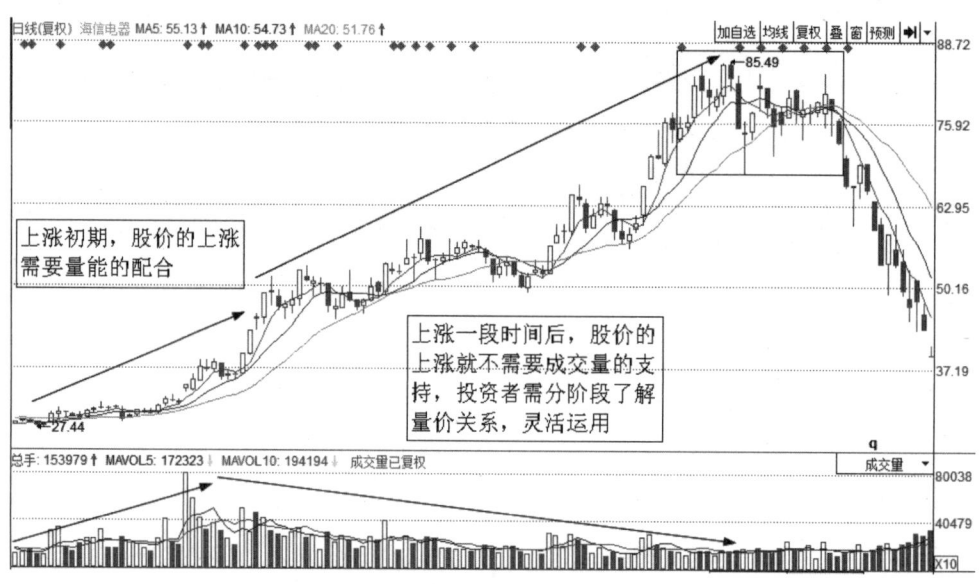

图3-36　海信电器（600060）日K线图

图3-36是海信电器（600060）的走势图，该股从27.44元上涨，从K线图上可清楚看到，刚开始上攻时成交量跟随放大，之后股价越往上涨，量能越萎缩。到了85.49元高价时已形成流畅的上涨图形，该股在高位方框中，进行震荡整理，这种高位滞涨的异常现象，说明主力可能已在派发筹码，之后股价果然出现破位下行。

四、利好公告前,股价上涨

市场中每年都有不少因消息泄露而出现异常波动的个股,例如利好公告发布前,一些资金会迅速进入这些股票,大量吸收筹码,股价不断上升,成交量放大。待消息公布,投资者一致认同该股值得买入时,该股会高开,然后,先期获得消息的主力会将股票抛出,做一个漂亮的短线赚价差。类似这种股票,千万不要在那天追高买入,要应冷静地观察一下,看看有无主力出货的现象。

这种情况往往出现在个股经历一段较长时间的上涨之后,此时主力已经获得了不少的利润,但是又想将手中的筹码顺利脱手,那么这时候主力就会不断地释放出利好公告,引诱不明就里的中小散户跟进,使成交量放大的同时,自身达到出货的目的。

这类股的特征一般是:短期涨幅已经过大,但是跟风盘却不再强劲。主力急于出手,无奈买盘不多,所以就只能借助媒体来释放利好,在消息面上给人一种该股还有上涨潜力的错觉。

五、逆市引诱跟风

当大盘走势不佳时,个股满盘皆绿,此时部分主力则会逆市走强,显示自己"强势股"的风范,吸引跟风者介入。

有些股票可能长时间在一个平台或一个箱形内盘整,但是,有一天在大盘放量下跌、个股纷纷翻绿、市场一片哀叹之时,该股逆市飘红,放量上攻,造成"万绿丛中一点红"的市场效果。这时候,很多人会以为,该股敢逆势而为,可能有大量资金入驻其中,或者有潜在的利好待公布,于是跟进。谁料该股只有几天的行情,随后反而加速下跌,使许多跟进的人套牢。

六、放量打压进行建仓或震仓

主力对某一只股票未来中长期的走势看好,但是在短线遭遇利空,这恰恰为主力借力洗盘提供了不可多得的机会。通过对敲制造放量下跌的走势，放大利空效应，迫使心态不稳的散户恐慌性低价抛出筹码，主力能达到低价建仓或震仓洗盘的目的。

七、反弹制造假突破

股价在经过一段时间的下跌之后，通常会有一波技术性的反弹行情，特别是在某个突然公布的利好的配合下。

对于没有出完货的主力来讲，他们会抓住一切有利时机尽快将剩余的筹码清空，自然也不会错过这么好的机会。

因此他们通常会借助这波行情制造触底反弹的假象来进行出货，因为这时相对于高点已经有不小的跌幅，很容易给投资者一种见底的错觉，更有利于主力完成派发的工作。

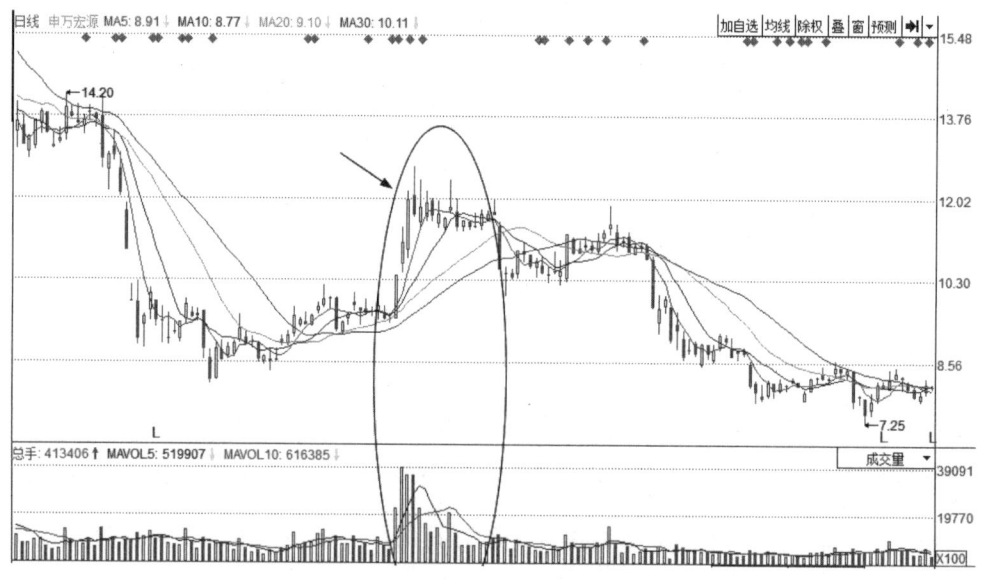

图3-37 申万宏源（000166）日K线图

如图3-37所示，该股在下跌的过程中由于某个利好的公布，本身也有技术性反弹行情的要求，出现了一波放量反弹行情，但之后不久便停止上涨，转而继续下跌，而主力也在这波反弹中成功完成了出货任务。

小结：

炒股要提防主力采用自买自卖的对敲方法，制造虚假的成交量，从而欺骗普通投资者。普通投资者喜欢参与人气旺盛的个股、放量上涨或巨量上涨的股票。个股因为涨幅大，赚钱效应好，所以最受追捧。但成交量是可以通过自买自卖实现的，如果主力制造虚假成交量来做诱多，投资者会很容易买在高点被套，掉进成交量陷阱。

要想避免掉进成交量陷阱，水平低的投资者可选择地量整理的股票，这样胜算更高。因为放量可以造假，但缩量是没法弄虚的，是不存在骗局的一种成交量。

地量是成交量的一种表现形式，它意味着成交量的极度萎缩。它是一个相对值，也是一个浮动值，它随着流通盘大小的变化而变化。地量在行情清淡的时候出现最多，持股的不想卖股，持币的不愿买股，于是，地量就出现了，这通常是长线买家进场的时机。

地量在股价即将见底的时候出现得也很多。股价经过漫漫下跌，在即将见底的时候，该卖的都已经卖了，没有卖的也不想再卖了，于是地量不断出现，而且持续性较强。如果结合公司基本面的分析后，在这一时期内买入，只要经受得住时间的考验，均会有所收获。

第四章

不想公开的盘口秘密

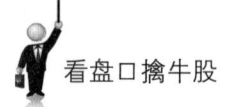看盘口擒牛股

第一节 大单托底的学问和细节

★★★★ 王子新材 002735			R 北京银行 601169		
委比	+95.91%	6432	委比	+68.65%	58619
卖盘 5	64.19	5	卖盘 5	10.42	251
4	64.18	81	4	10.41	934
3	64.17	25	3	10.40	3111
2	64.16	22	2	10.39	1270
1	64.15	4	1	10.38	815
买盘 1	64.14	1504	买盘 1	10.36	554
2	64.13	1319	2	10.35	3186
3	64.12	5	3	10.34	5846
4	64.11	2652	4	10.33	18972
5	64.10	1089	5	10.32	43443
在买盘64.00位置有 1131手 买单!查看详细			在买盘10.29位置有 18341手 买单!查看详细		
最新	64.14 开盘	61.59	最新	10.37 开盘	10.17
涨跌	+1.26 最高	64.68	涨跌	+0.13 最高	10.42
涨幅	+2.00% 最低	61.00	涨幅	+1.27% 最低	10.09
振幅	5.85% 量比	0.70	振幅	3.22% 量比	0.93
总手	61739 换手	27.36%	总手	50.39万 换手	0.33%
金额	3.92亿 换手(实)	27.36%	金额	5.17亿 换手(实)	0.38%
市盈	194.6 市盈(动)	173.4	市盈	9.36 市盈(动)	7.91
总市值	51.31亿 流通值	14.47亿	总市值	1577亿 流通值	1577亿
外盘	33388 内盘	28351	外盘	24.54万 内盘	25.85万

图4-1 王子新材（002735）和北京银行（601169）盘口示意图

图4-1体现的是典型的大单托底行为，左边部分属于一面倒的逼空行为，右边部分意味着主力的买单躲在最后，不希望被成交。大单托底通常体现着主力护盘的意图，不但要考虑其是否能一直护盘成功，同时还要考虑其是否真想护盘。只有进攻才是最好的防守，但无论如何，护盘是主力虚晃一枪、信心不足或没有实力的表现，否则就应该直接拉升股价。

我们经常看到在五档盘口中，买1到买5的位置出现大单，这种情况称为大单托底，有时也称"下托单"。

第四章 不想公开的盘口秘密

阻止股价下跌，是大单托底的真正用意。若主力真看好该股，通常都会朝现有的卖单直接申报，甚至直接照卖2、卖3的价位申报，很难在盘面上出现有大量委买单的现象。

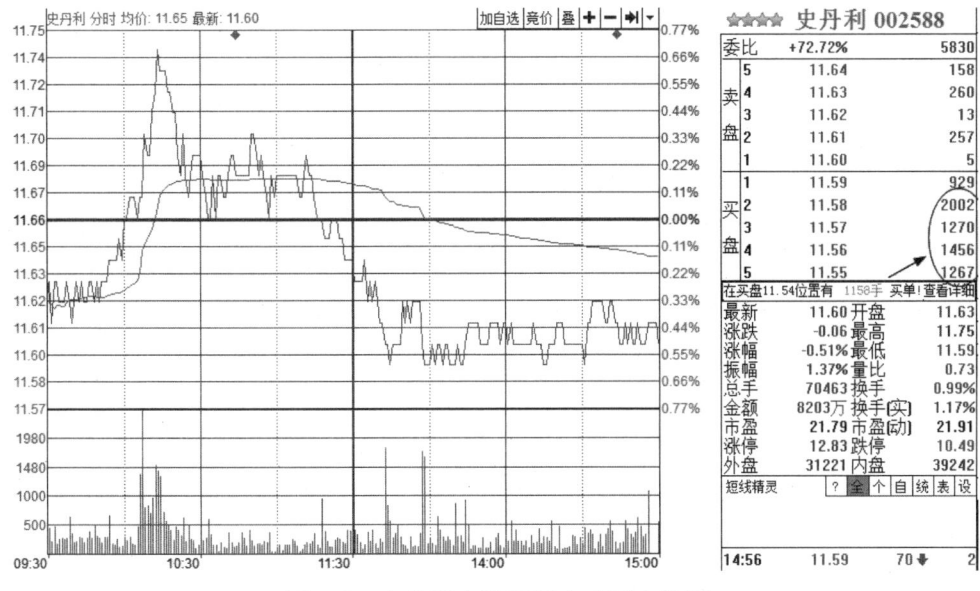

图4-2 史丹利（002588）分时走势图

图4-2是史丹利（002588）的走势图，该股出现长时间的回落，说明有资金在进行出货操作，但是，为什么股价随后止跌呢？

这是因为在股价持续回落的过程中，在买2～买5的位置上出现多笔四位数的买单，这么大的买单必然不是普通投资者的资金所为，普通投资者很少会拥有这么多的资金，并且如果投资者真的想买入，为什么不高挂几分钱以促使成交，而非让买单出现在较低的位置呢？所以，下方较大的买单并不是普通投资者操作的，而是主力人为放上去的。

大单托底的存在就是为了抵抗股价的下跌，只要大单托底始终存在，股价就无法形成真正的下跌走势。如果投资者手中持有该股，那么就没有必要在大单托底存在的情况下卖出股票，主力维稳股价很有可能就是为了使之后期更好地上涨。

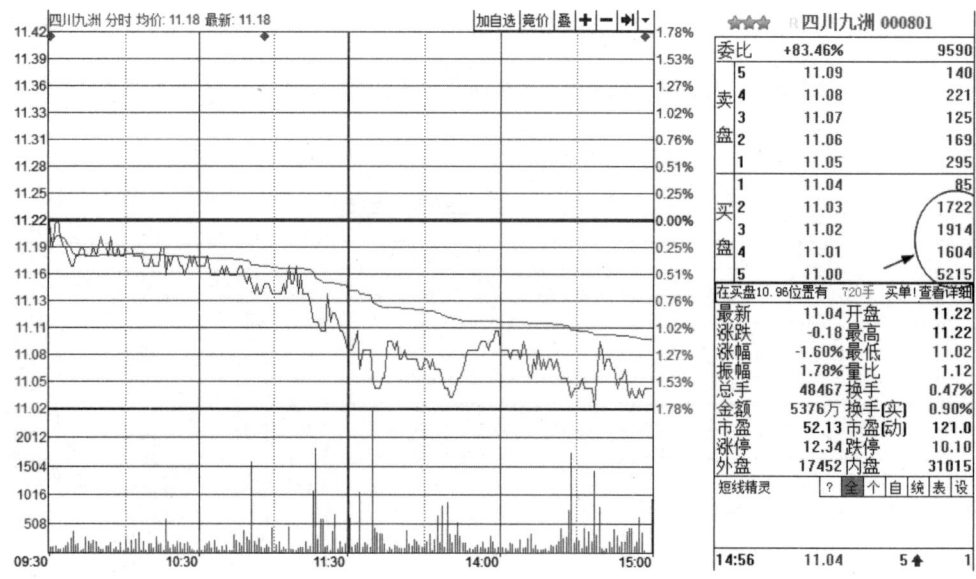

图4-3　四川九洲（000801）分时走势图

如图4-3所示，该股在运行的过程中就出现了大单托底的挂单现象，在买2～买5处挂出了上千手的大买单，正是这些大买单封住了股价在震荡过程中的下跌空间。在实战过程中，如果投资者见到了大单托底，也就可以松一口气了，因为有这些大买盘做支撑，股价是很难跌下去的。

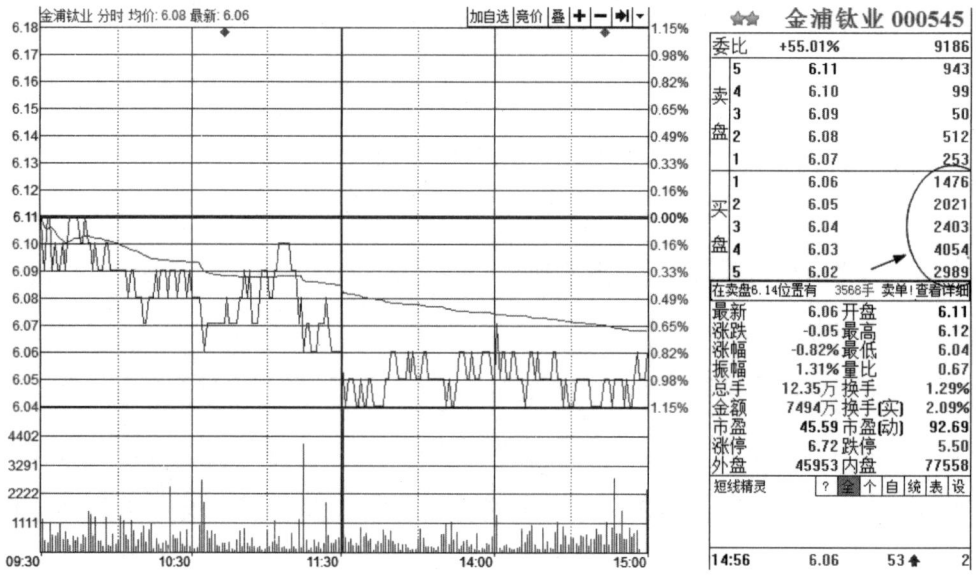

图4-4　金浦钛业（000545）分时走势图

图4-4中金浦钛业出现下跌走势，但是股价却没有在盘中形成大幅度的下跌，这是为什么呢？从挂单中看到，买盘的每个价位上均是四位数的买单，而卖单的每个价位上挂单数量却很少，买盘与卖盘的挂单数量悬殊，绝不是正常交投所能产生的，它与主力的刻意挂单行为密不可分。

在买盘位置有多笔四位数的大买盘出现，此时的买盘对股价的下跌起到了强大的支撑作用。在买盘支撑的情况下，股价的下跌走势也就很难进行下去，主力已经明确发出了不想让股价下跌的信号。

只要大单托底始终存在，股价就不会跌下去，除非主力将大单托底撤掉或是有更大的抛盘向下吞吃掉大单托底，只要这种现象没有形成，投资者就可以继续持股。

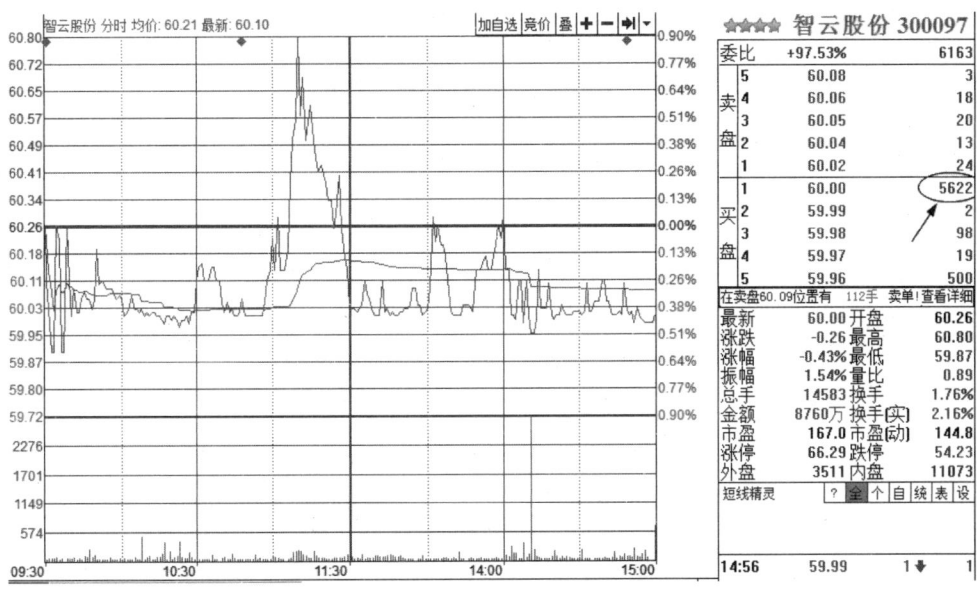

图4-5　智云股份（300097）分时走势图

图4-5是智云股份（300097）的走势图，该股之所以无法形成破位走势，就是因为股价在60.00元位置出现了一笔数量较大的买单，如果这笔5622的买单折合成金额的话，需要3373万元才能吃下它。这笔买单的数量比上方卖盘数的总和还要大很多，这足以说明主力在此时控制股价下跌的态度很坚决。

在实战过程中，只要大单托底没有消失，那么投资者就可以继续持有手中

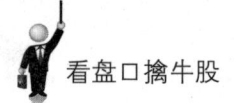

的股票。但是如果后期盘中有数量更大的抛盘出现，并且坚决地将大单托底吞吃掉，投资者就一定要在这个价位进行止损操作，因为一旦出现这种现象，就说明盘中的抛盘实力较大。

小结：

当股价处于上升通道时，如果主动性买盘较多且盘中出现大单托底，这通常预示主力积极做多的意图，投资者可考虑逢低介入；当股价升幅已大且处于高价区时，如果盘中出现了大单托底，此时投资者要注意主力是否在诱多出货，通常是看下面的托单是否在频繁更换，如果是，那么说明主力在不断撤掉自己的单子而把其他投资者的单子推在前面，然后用自己的卖单来成交。这往往是不祥之兆，一旦大单托底被撤销或被吃掉，投资者就要考虑避避风头了。

投资者应结合股价具体所处位置、成交量等信息来综合判断股价走势，仅凭大单托底的表面信息，是难以做出正确决定的。但是换个角度想问题，大单托底的出现说明了主力的存在，要跟就跟有主力操作的股票，大单托底的出现将使我们有效地发现主力的动作。

第四章 不想公开的盘口秘密

第二节 大单压顶的学问和细节

京东方A 000725			金螳螂 002081		
委比	-57.83%	-439637	委比	-59.37%	-16541
卖盘 5	3.02	127965	卖盘 5	11.92	2840
卖盘 4	3.01	84312	卖盘 4	11.91	4315
卖盘 3	3.00	163792	卖盘 3	11.90	8002
卖盘 2	2.99	389	卖盘 2	11.89	319
卖盘 1	2.98	473	卖盘 1	11.88	725
买盘 1	2.97	805	买盘 1	11.87	424
买盘 2	2.96	538	买盘 2	11.86	303
买盘 3	2.95	449	买盘 3	11.85	839
买盘 4	2.94	085	买盘 4	11.84	790
买盘 5	2.93	417	买盘 5	11.83	304
在卖盘3.05位置有 218841手 卖单！查看详细			在卖盘11.95位置有 6750手 卖单！查看详细		
最新	2.97 开盘	2.89	最新	11.87 开盘	11.54
涨跌	+0.07 最高	3.06	涨跌	+0.34 最高	11.95
涨幅	+2.41% 最低	2.87	涨幅	+2.95% 最低	11.53
振幅	6.55% 量比	1.30	振幅	3.64% 量比	2.35
总手	723.5万 换手	3.01%	总手	70.29万 换手	2.79%
金额	21.43亿 换手(实)	3.01%	金额	8.30亿 换手(实)	5.71%
市盈	63.81 市盈(动)	556.7	市盈	19.58 市盈(动)	17.26
涨停	3.19 跌停	2.61	涨停	12.68 跌停	10.38
外盘	317.5万 内盘	406.0万	外盘	41.98万 内盘	28.31万

图4-6 京东方A（000725）和金螳螂（002081）盘口示意图

图4-6体现的是典型的大单压顶行为，主力的卖单躲在后面，不希望被吃掉。大单压顶通常体现着主力在短时期内打压股价的意图，如果投资者遇见这样的状况，做短线的要避其锋芒，做中、长线的则可以持股不动，静待主力洗盘完毕。

大单压顶又称"上压单"。简单来说，就是在五档卖盘上出现大卖单，有大笔的资金将股价压制在一个价位。

当股价处于刚启动不久的中低价区时，若出现了大单压顶而股价却不跌反涨，说明主力压盘吸货的可能性较大，这种现象往往预示着股价要上涨，而当投资者发现大单压顶被撤掉或被大口吃掉时，就可以考虑跟进。

当股价已经有一定的上涨幅度，且此时的大单压顶较多且上涨无量，这意味着主力想迫使获利盘看到股价受压制而快速出局，同时也想看这些压单有没有人会买，若是有，是散户在买还是大户在买；顺便也看有没有人会跟着抛，若是有，是散户在抛还是大户在抛。通过这种试盘动作，主力可以弄清市场状况并对操作思路做出及时调整。

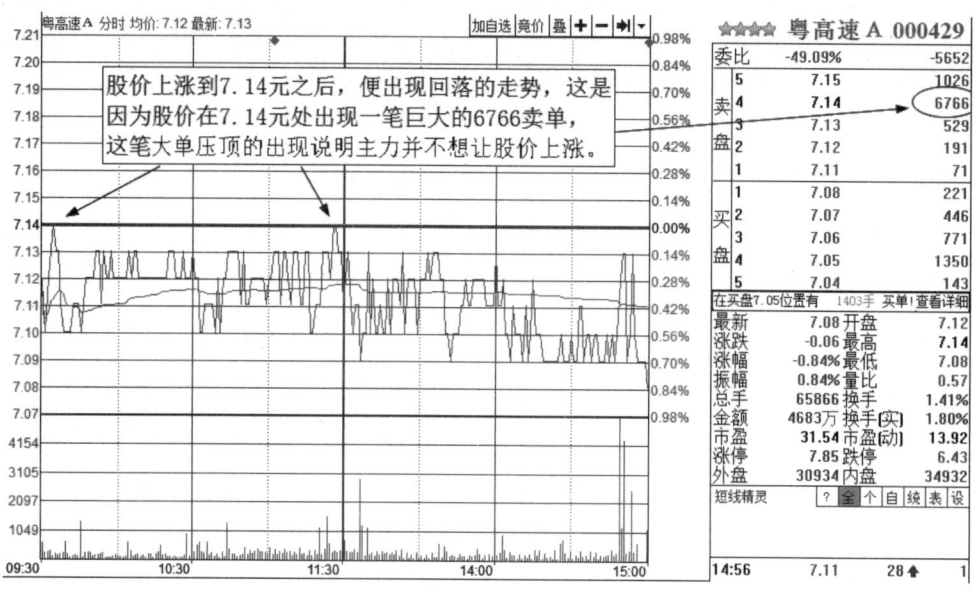

图4-7　粤高速A（000429）分时走势图

如图4-7所示，这笔6766手压盘的数量比下方任意价位的买盘数量都大，股价又怎么可能再涨上去呢，如果这笔6766手的卖单折合成金额，需要483万元才能买下它，这么大的资金有几位投资者可以拥有呢？就算投资者拥有这么大的资金，谁又敢一下全买入它，将自己的买入动作完全暴露在主力的眼皮底下呢？

股价在7.14元这个价位遇到了极大的上涨阻力，上涨行情又怎么可能出现呢？要克服这笔卖单必然需要较多的资金，所以在资金没有积极入场以前，股价是很难展开上涨行情的。如果在实战过程中一旦发现大单压顶，就要意识到：股价上涨到这个位置会停止上涨，是因为大卖单的出现，是主力不想让股价再涨上去，一定要顺从主力的操作意图。当主力不想让股价上涨时，所有的买入动作都要停下来。因此，此时投资者也就没有必要进行买入操作了，而是应当耐心地等待机会。

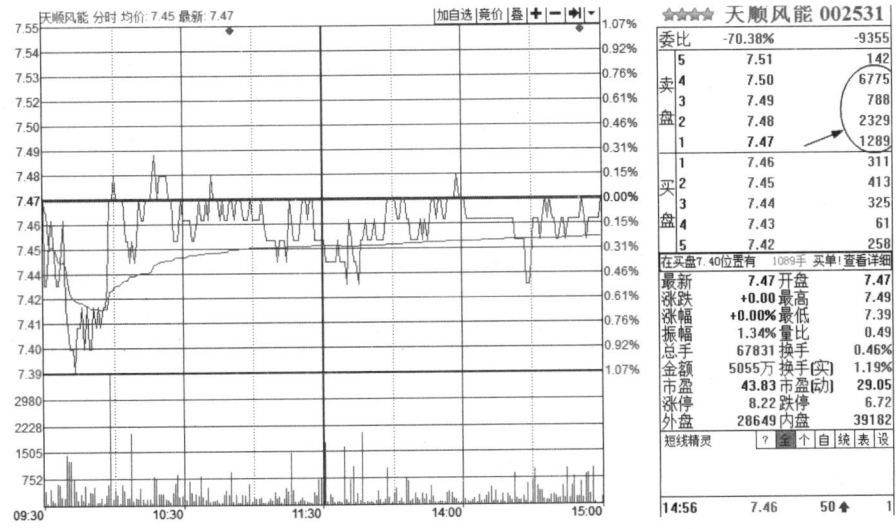

图4-8　天顺风能（002531）分时走势图

如图4-8所示，该股的股价始终保持着震荡的走势，始终无法向上突破新高，股价的上方存在着较大的压力，那么，这个压力体现在什么地方呢？

股价在波动过程中的压力就体现在7.47元上方处，压单的数量非常大，远远超过下方所有买盘数量的总和。大单压顶在盘中具有两个作用，一个作用就是暂时阻止股价上升，对股价的上涨起到压制的作用，使一些获利盘看到股价受到压制而出局；另一个作用就是主力要用这些压单去看盘中是谁在买入，如果发现了盘中其他主力大量参与的现象，就需要改变当前的操盘模式。

所以，当大单压顶出现的时候，投资者正确的做法就是停止积极地买入，什么时候大卖单撤掉或是被连续的买盘吞吃掉，投资者才可以考虑入场操作，因为只要大单压顶始终存在，股价的上涨走势就很难出现。

如图4-9所示，在3.90元以上有多笔大卖单出现，大单压顶的出现说明主力在当前还并不想快速拉升股价。在主力不想拉升股价但又不想进行出货时，将数量巨大的卖单放上就是压制股价上涨最好的办法，因为普通投资者根本不可能买下这么多的股票，所以，股价也就很难顺利地上涨。

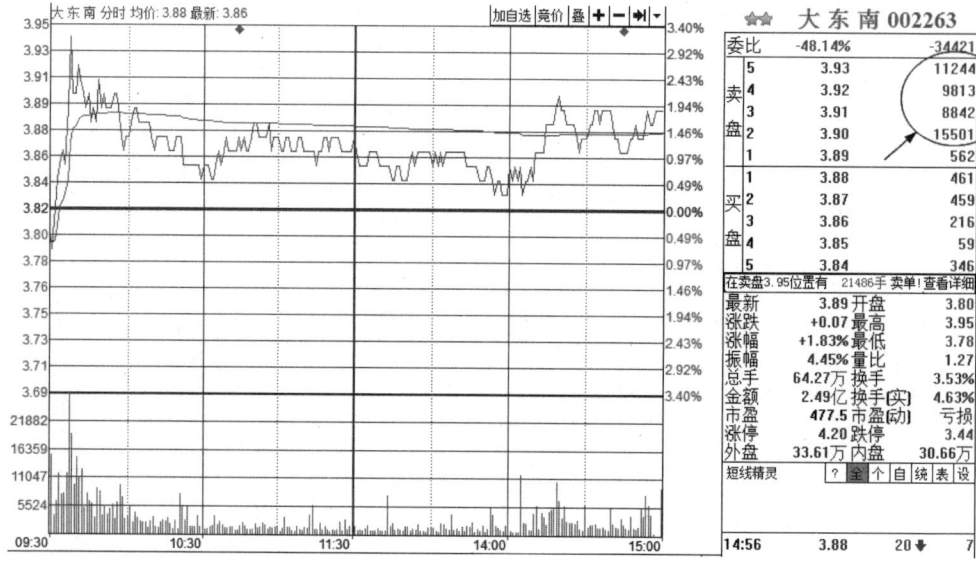

图4-9 大东南（002263）分时走势图

大单压顶一旦出现，如果投资者想要进行短线操作的话，这个位置并不是理想的买点，什么时候这些大卖盘被主力撤掉，或是有资金主动地将它们买下来，股价的上涨行情才会开始，而投资者也只有在这个时候入场操作才可以实现较好的盈利。

小结：

当个股处于底部震荡区间或处于刚从底部启动的上涨途中，一般来说，此时个股仍处于价值相对低估区间，而且主力在此价位出货也无利可图。主力通过大单压顶来制造恐慌气氛，诱骗投资者交出手中筹码，以此来清洗盘中的浮动筹码。当那些持股信心不是很坚定和缺乏耐心的投资者看到卖盘上出现大量的卖单，就会将手中的筹码抛售出去。

主力经过洗盘发现盘中的抛压很少后，才会启动一波上涨行情。投资者碰到这种大单压顶现象时，要以观望为主，在股价没有启动行情之前不要急于去买入它，这是针对这类个股的最好的操作策略。

第三节　夹板看盘技巧

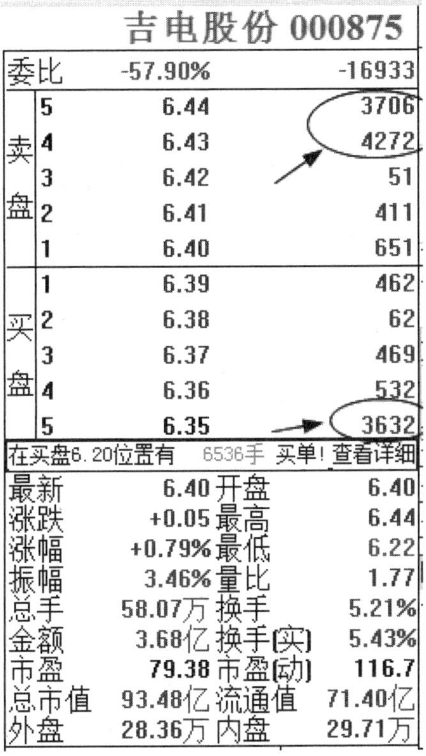

图4-10　吉电股份（000875）盘口示意图

如图4-10所示，这是一个夹板的挂单，它迫使股价在6.43～6.35元之间波动，将股票成交的价格严格控制在一个相当狭小的交易区间。按照交易规则，除非有更大的单子或者以更高（更低）的价格参与，否则是不可能将这些挂单打掉的。

有时候主力为了让股价按计划在一个狭小的波幅空间里进行震荡，就会在买、卖盘处分别放上一笔大单，这种上、下大单相夹的现象叫做夹板。

上压单压抑着股价上涨，下托单防止股价下跌，这就是夹板的用意，这种挂单现象经常在主力进行洗盘的时候出现。主力为了达到洗盘震仓的目的，就会通过上、下两个大单，牢牢地将股价控制在一个震荡区间内。若买入者没有耐心就会选择离场。

实际上，买卖委托单的布局设置是可以千变万化的，只要能达到迷惑市场、引导市场的目的，主力就会根据背景灵活运用，这就像兵家作战之时的排兵布阵一样，一切以实现自己的利益为目的。

这个话题，也不是三言两语能够说完整的，读者可以根据本书提及的内容和思路进行独立思考，一定会大有收获。

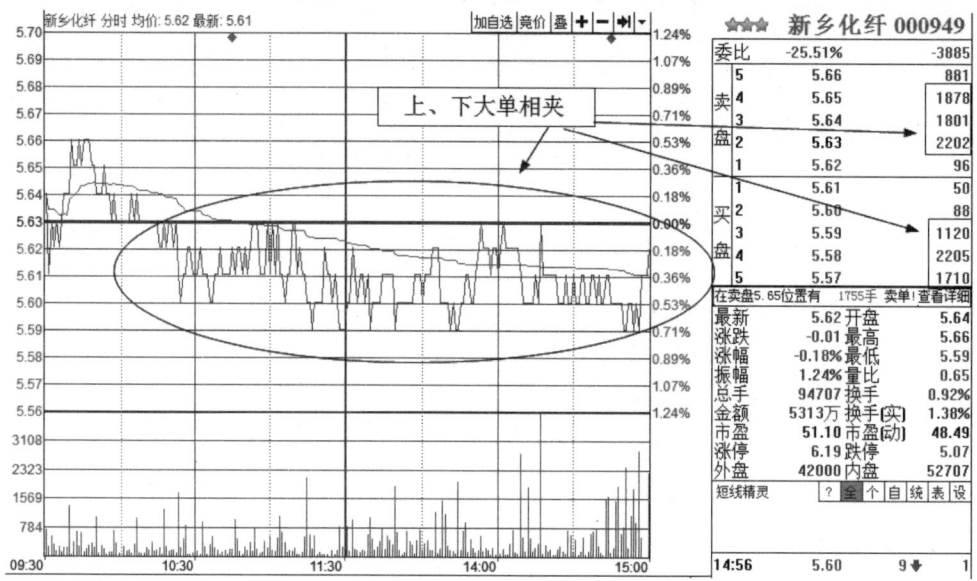

图4-11　新乡化纤（000949）分时走势图

如图4-11所示，为什么该股出现了震荡的走势，投资者看一下委托单的变化就可以找到答案了。

从图中可以看到，在股价的上方出现了较大数量的卖盘，而在股价的下方也有一笔数量较大的买盘，上压单与下托单将股价紧逼在一个固定的价格区间内，这种技术形态就是夹板。

股价形成这样的波动走势，通常说明主力对股价的控制能力非常强。在实战操作的过程中，只要上压单与下托单没有消失，股价就只能维持当前的小幅震荡走势，而不可能形成某种趋势。

第四章 不想公开的盘口秘密

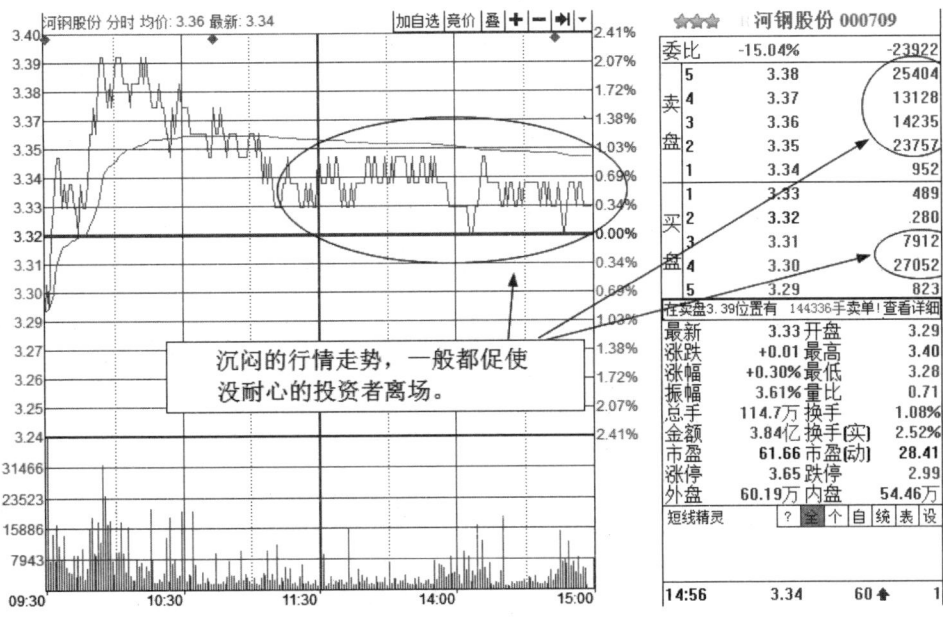

图4-12 河钢股份（000709）分时走势图

如图4-12所示，该股在运行的过程中就出现了这种挂单的现象，在买卖盘上都出现这种大单，股价在运行过程中维持着窄幅波动。在大手笔买卖单的"挟持"之下，股价处于上下两难的格局。很显然，这种格局肯定不是散户行为，因为散户是不具备这种实力的。至于主力做盘目的是什么，那就要根据当时股价运行状态去分析了。

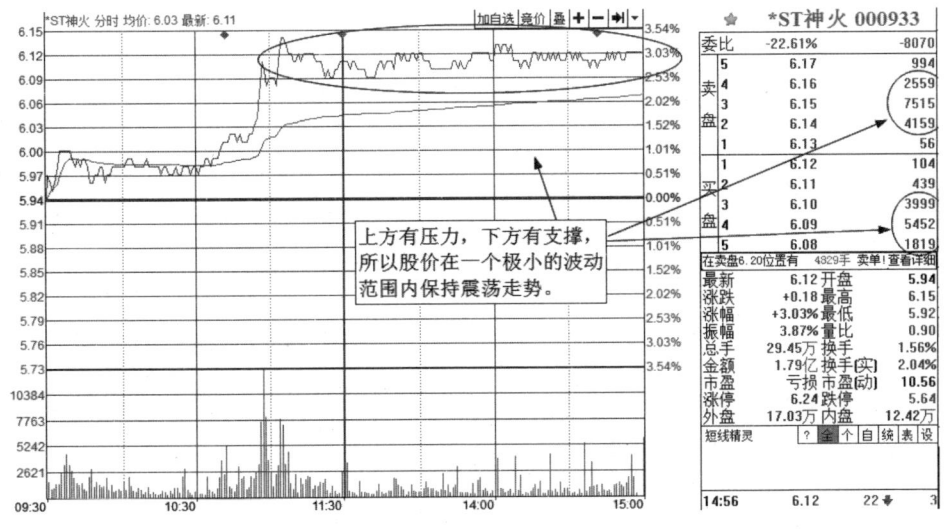

图4-13 *ST神火（000933）分时走势图

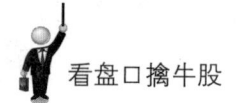

图4-13是*ST神火（000933）的分时走势图，该股在盘中形成了长时间的小幅震荡走势。通过买卖盘就可以发现，上方有多笔大单压顶，它的出现使得股价很难完成有效的突破走势，这些卖单的数量较大，如果股价想要克服这些卖单的压力必然需要耗费较多的资金，所以股价难以完成上涨。

面对压力股价又不下跌是因为在下方也有多笔数量较大的大单托底，这些大买单对股价的下跌起到了很好的阻止作用。

上方有压力，下方有支撑，所以股价才可以在一个极小的波动范围内保持震荡走势。

投资者一旦发现这种震荡走势，就需要及时对买卖盘情况进行分析，如果发现夹板的现象，不必及时买卖，耐心等趋势明确形成以后再进行操作才是最好的办法。

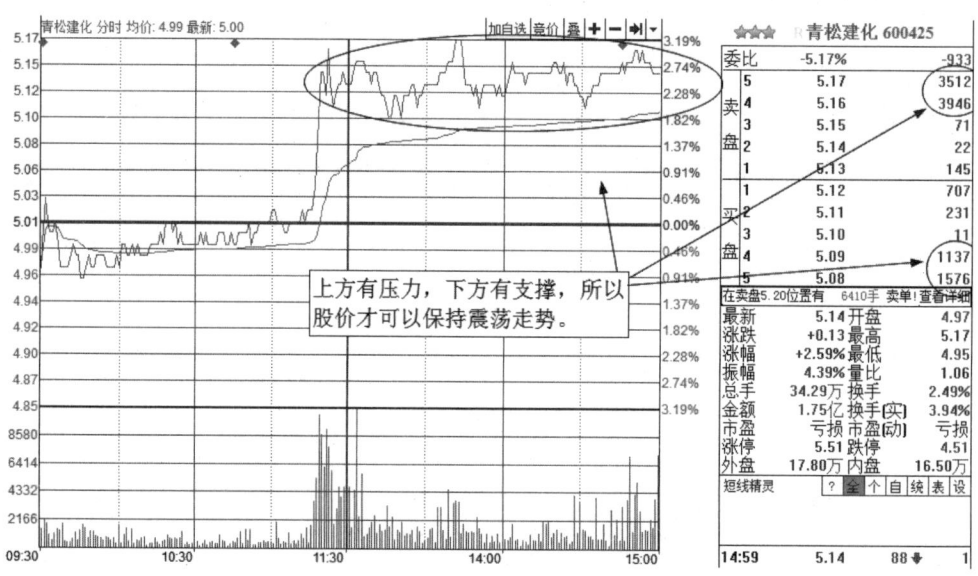

图4-14 青松建化（600425）分时走势图

图4-14是青松建化（600425）的走势图，为什么股价在椭圆处形成了震荡呢？这是因为在股价波动的过程中，卖5有3512手股票，卖4有3946手股票的大卖单，股价要想向上完成突破的走势，则需要近四百万的资金。

普通投资者是没有这个资金实力的，就算是一些大户有这资金，也不敢一笔吃下这么明显的大单。这些卖单的存在是主力为了限制股价上涨而主动挂单所致。

股价之所以也无法形成下跌，是因为在下方也有两笔一千多手股票的大单托底，受到下方较大数量的托单支撑，股价也很难完成有力地突破走势。

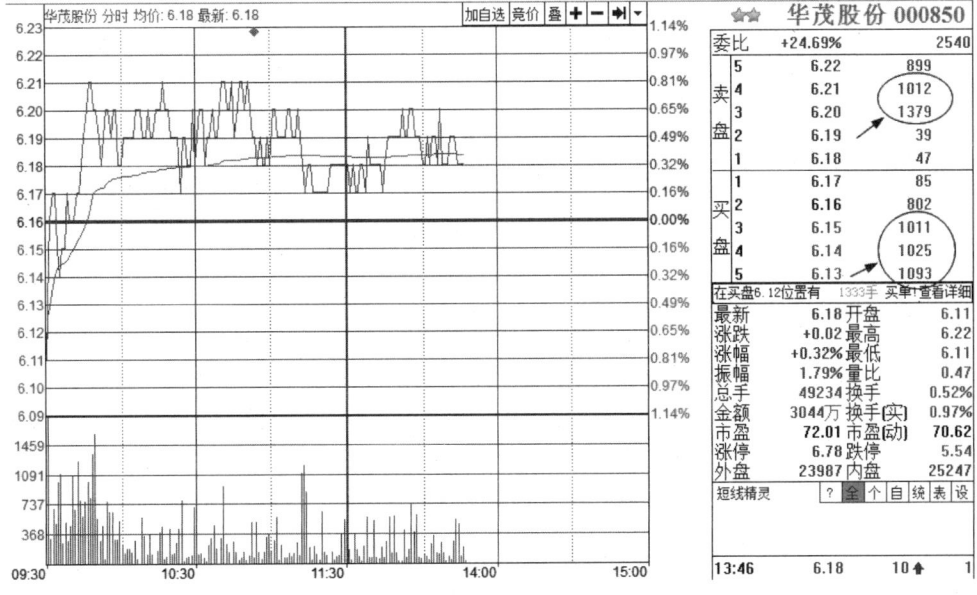

图4-15　华茂股份（000850）分时走势图

如图4-15所示，该股在盘中出现了上下震荡的走势，只要投资者对买卖盘进行分析就可以轻松地找到原因。

股价之所以在盘中反复地上下震荡，就是因为在上方有多笔大单压顶，压制着股价的上涨。

受到这些大卖盘的干扰，股价很难形成有效的拉升，而在股价回落的时候，下方也有多笔大单托底。受到大买盘的支撑，股价也就难以形成真正的下跌走势。

上方有压单下方有支撑的挂单方式，造成了股价在一个相对较小的区间内始终保持着上下震荡的走势。只要夹板没有消失，投资者就要意识到，股价不可能形成有效的突破走势。

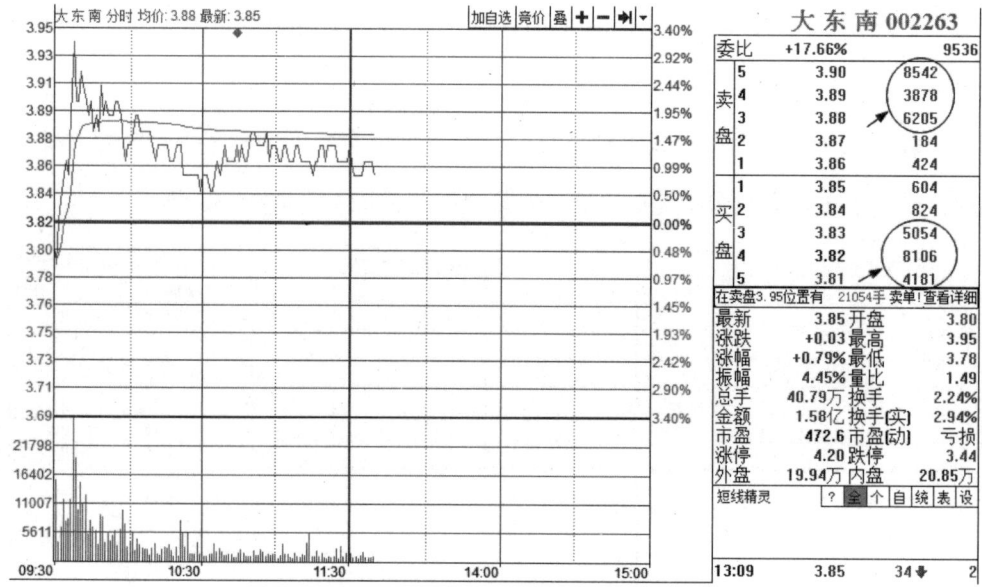

图4-16 大东南（002263）分时走势图

如图4-16所示，该股形成了小幅震荡的走势。股价反复上下震荡的时候，投资者需要进一步查看委托单的变化。在图中可以看到，股价在上方有多笔四位数的卖盘，而在下方也有多笔四位数的买盘，上方的压单是为了防止股价大幅上涨的走势，而下方的托单是为了托住股价使之不产生下跌的走势。这种挂单方式说明主力就是想维持股价当前的波动，股价不能上涨，但也不能下跌。

投资者需注意：有些狡猾的主力会将夹板设置得稍微高一些，不轻易被市场上的投资者发现。市场上最多能够见到五档行情报价，聪明的主力会将夹板设置得超出这个监控范围。

下面我们来给以上三节做个小结：

1．深幅下跌后，大单托底可能是资金入场迹象。

个股经历深幅下跌后，由于做空动能逐渐减弱，股价的估值越来越具有吸引力，因此很有可能促使主力资金及散户进场买入，此时市场抛售意愿较低。由于前期的持续下跌使得市场气氛较为低迷，更多的投资者没有选择主动性买入，而是将委买价设在下方，因此就出现了这种大单托底的情况。

2. 深幅下跌后，大单压顶但股价不跌，可能是主力制造恐慌、借机吸筹的表现。

当个股经历了大幅下跌之后，若出现止跌企稳，或是出现放量止跌的形态，多说明个股的跌势已近末期，此时，我们很有可能在盘口中看到大单压顶的情况。这种大挂单所蕴涵的市场含义往往是反向的，它可能是主力制造恐慌、借机吸筹的表现。

3. 在相对低位或上升途中横盘震荡区，夹板多是主力洗盘的一种手法。

当个股处于相对低位横盘区或是起涨初期的横盘区，此时出现夹板，其目的是通过股价走势的小幅波动来消磨投资者的耐心，使投资者抛出手中筹码，提高市场平均持仓成本，有利于主力的后期拉升操作。

4. 大幅上涨后，大单托底但股价不涨，可能是主力假护盘、真出货的表现。

个股经历了大幅上涨之后，若出现上涨乏力，或是明显的量价背离形态，多说明个股的涨势已近末期。此时，我们很有可能在盘口中看到大单托底的情况，这种大挂单所蕴涵的市场含义往往是反向的，可能是主力假护盘、真出货的表现。投资者在盘中见到这种情况要小心为上，不要以为有这种大单托底，股价就不会下跌，因为一旦大盘走势不好，这种大单托底就会消失，而个股往往也会出现破位下行的走势。

5. 大单托底和大单压顶既有可能是市场真实买卖意愿的反映，也有可能是主力特意挂出来迷惑散户的。

因为盘中的挂单具有明显的不确定性，所以仅凭盘中的挂单情况，我们是很难准确分析个股走势的。但有一点是可以肯定的：如果一只个股在盘中频繁地出现大挂单，那么我们可以确认该股有主力参与，至于主力的真实意图如何，我们则应在走势的基础上分析。

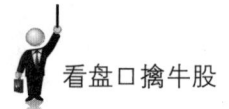

看盘口擒牛股

第四节 关注盘口成交细节：大单成交

就像猎物会在雪地上留下脚印一样，大资金的进出必然会留下许多的蛛丝马迹。聪明的猎人可以根据脚印来判断猎物的行踪，而我们则可以利用盘口的大单成交，来分析大资金留下的这些蛛丝马迹。

大单的出现能反映出主力的短期意图。在某一时段内，大买单的不断出现势必引起股价上涨。投资者在看盘的过程中，时不时会看到888手、666手甚至是上千手的大买单。这种单向大买单现象，至少预示着有主力在里面活动。

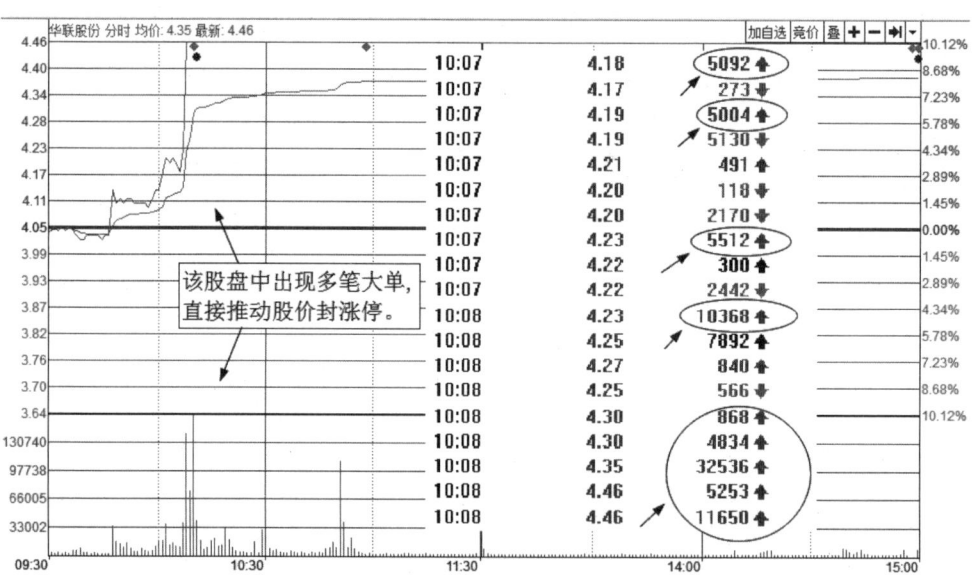

图4-17 华联股份（000882）分时走势图

如图4-17所示，华联股份（000882）在图中形成了涨停的走势，这种走势为当天进行短线操作的投资者带来了较好的收益。在股价上涨的过程中可以看到，买盘非常的连续，并且买盘的数量也很大，资金主动式的介入为股价的上涨提供了足够的动力，这也是股价能持续性上行至涨停的主要原因。

第四章 不想公开的盘口秘密

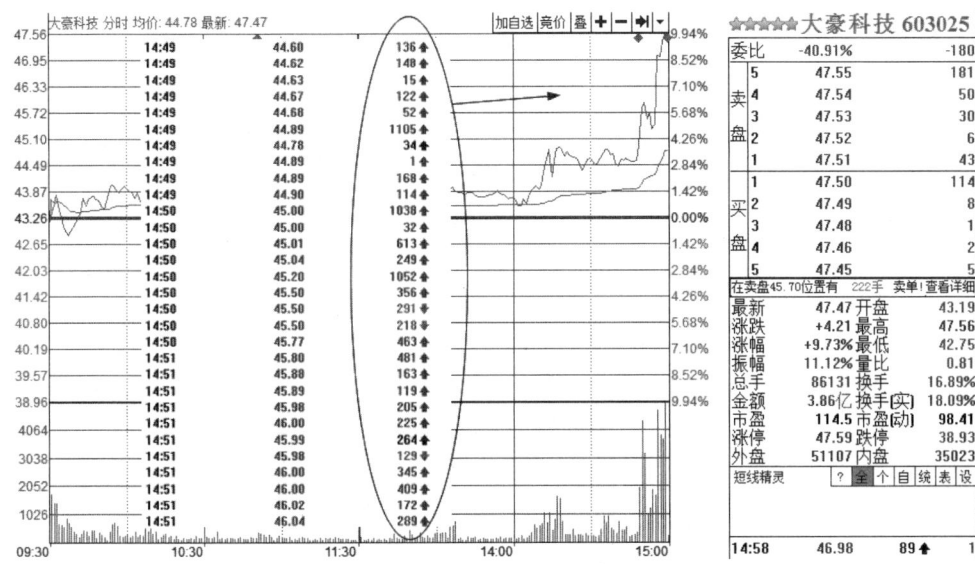

图4-18 大豪科技（603025）分时走势图

如图4-18所示，大豪科技（603025）的股价在尾盘期间出现一轮快速上涨的走势，股价在极短的时间里便从低涨幅区到达了接近涨停的位置。股价能够快速地上涨说明了盘中的做多力度很大，那么资金具体是如何推动股价上涨的呢？在股价上涨的过程中可以看到，连续出现较大的买盘，盘中资金做多的积极性很高，投入越多的资金，股价上涨的力度也就越大。

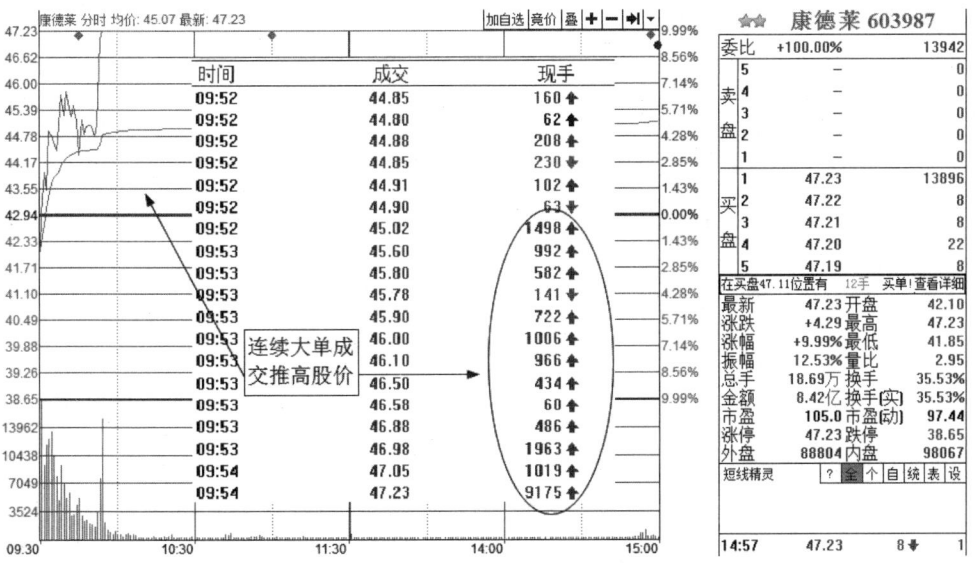

图4-19 康德莱（603987）分时走势图

115

如图4-19所示，康德莱（603987）的股价在早盘期间受到成交量迅速放大的影响，股价出现了快速上涨的走势，上涨角度非常陡峭，这说明早盘做多的力度非常大，面对这种走势，投资者一定要积极地进行操作。

股价为什么会在早盘形成如此快的上涨走势呢？因为买盘总是呈现连续性放量的走势，并且大单成交的数量也非常多，这说明资金做多的积极性很高，受到买盘的强大推动，股价形成陡峭的上涨走势也就不奇怪了。

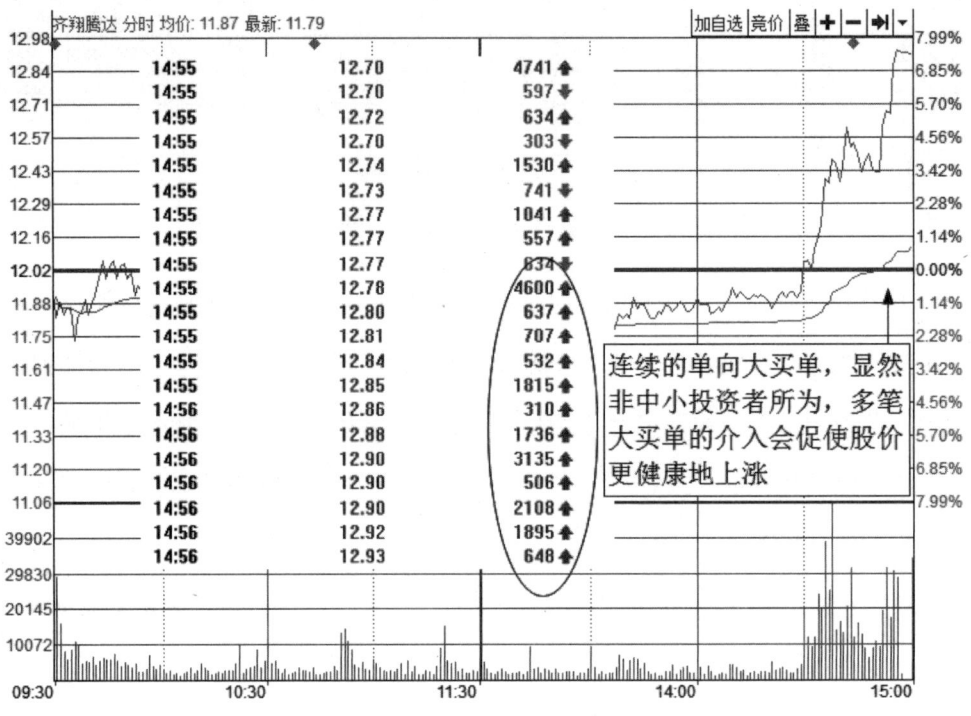

图4-20 齐翔腾达（002408）分时走势图

如图4-20所示，齐翔腾达（002408）在尾市收盘前半小时就出现拉升的动作，而这种动作就是单向大买单作用的产物。从当天的分时走势图上可以看到，股价是被盘中出现的大手笔买单快速拉升上去的，而在此之前，股价在当天大部分的时间里呈现出低迷的走势。从当天的走势中，可以发现这里出现的连续单向大买单是有备而来的。这种有准备的拉升只有主力才能做到。

大笔成交是那些实实在在发生了买卖交易的单子。委托单子不用交钱，成交的单子却要交印花税、券商佣金，可以说，大笔成交对于研究主力动向更有实战意义。下面让我们来看看大单成交反映了哪些市场信息：

（1）当个股处于深幅下跌后的低位区运行时，大买单具有正向意义，它是主力资金入场的表现。此时个股会在这一低位区徘徊较长时间以满足主力大量建仓的需要。当个股经历了大幅上涨后于高位区出现滞涨走势，若这时出现大卖单向下砸出的情况，我们可以理解为大资金出逃。若这种出货行为在顶部区域内的很长一段时间内经常出现，则可以认为这是主力大力出货的表现。

（2）当个股处于低位区运行时，若经常出现大抛单，但是股价在总体走势上并没有出现下跌，则这种大抛单多是主力对敲造成的，其目的就是让一些实时盯盘的投资者误以为仍有主力资金在出货。这种大单砸盘的方式可以有效制造恐慌情绪，让短线客看不准行情，出现错误判断而抛出手中的廉价筹码。当股价处于高位区时，若经常出现向上的大单扫货，给人的感觉是在这个高价区，仍有大资金在积极做多，然而实际情况并非如此，主力多是通过在上方挂出自己的单子，自己再大笔买入，造成"抢筹"的假象，吸引市场追涨盘介入。这种手法可以称为"对敲拉升出货"手法，是主力诱多出货的表现。一旦市场跟风气氛上来了，主力往往就会毫不留情地大肆出货。

（3）当个股处于刚刚脱离底部区的上涨初期，此时的大单买入多是主力加仓的一种表现。而在拉升过程中出现的大单砸出往往是主力为迷惑市场而故意采取的对敲策略，或者是非主力的大资金获利出局的表现。

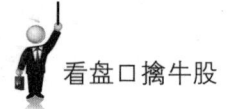
看盘口擒牛股

第五节　盘口特殊挂单数字看盘技巧

大家熟知的五档买卖盘，是多、空双方交战的前沿阵地，是投资者委托买进卖出筹码的交易数据动态显示区，同时也是暗语的集散地。

什么是特殊数字挂单？例如144、4444、188、888就是特殊数字挂单。这些数字之所以被认为属于股市特殊盘口语言，是因为它们的谐音具有一定的语言表达意义。

例如，144的谐音为"要死死"，444谐音为"死死死"，188、888的谐音是"要发发"、"发发发"。

盘口特殊数字挂单是盘口语言知识的一部分，盘口特殊数字的解读、追踪与应用是看盘的一项基本功。

股市中个股盘口出现特殊数字挂单的现象存在多年了，其来源有以下两种情况。

一、过去通讯不发达，主力操盘手分布在全国各地各个证券营业部中。操盘时主力一一联系操盘手通知下单交易较为麻烦，因此在操盘前就事先统一通知各地操盘手，某时以事前约定的特殊数字为信号去操作。如盘中出现"888"就代表开始做多，出现"444"就代表出货。这些特殊符号是事前约定的，所代表的真正意义只有当时的主力和操盘手知道。

以现在的通讯手段，主力操盘不需要再用特殊数字去通知自己的操盘手操作。现在出现在个股盘中的特殊数字，一般都是某种警告信号，或者是有人故意扰乱大众的看盘思维。

二、主力操盘过程中会遇到对手盘，由于两者谁也不知道对方是谁，想直接面对面或通过通讯方式去警告或联系对方是不可能的，因此在盘口挂出如"888、

444"等特殊数字去警告对方。现在同样存在这种情况。经验丰富的操盘手看到这些特殊数字，结合自己当时的操盘行为，一般都能明白盘中这些特殊数字的意义，至少知道有对手在发出某种信号。

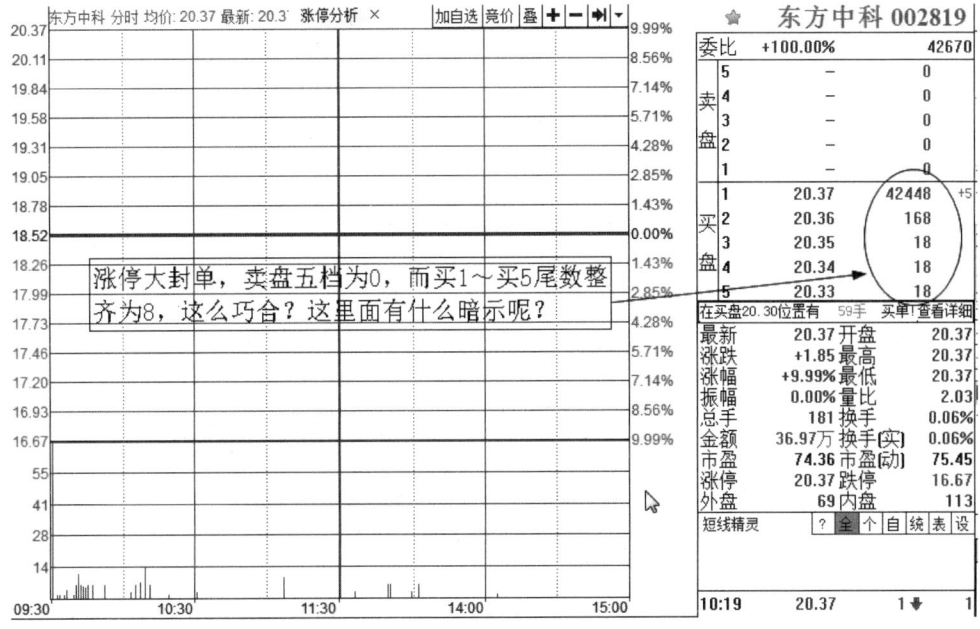

图4-21 东方中科（002819）盘口示意图

如图4-21所示，该股涨停之后，委托卖出单为0，没人卖出了，买盘五档排满挂单在排队买入。这种情况，相信大家都是天天能看见的，看起来很平常，却暗藏着玄机。

注意看，买1~买5尾数整齐，都是8，这暗含什么意思呢？涨停途中会不会打开？明天到底会不会继续上涨？可不可以去追涨买入？这在下面的内容里将有所解答。

市场的盘口语言实在是太多，多如繁星，我们努力追求的就是通过师傅领进门的方式，引发你独立思考，在长期的市场战斗中总结出适合自己的经验。

下面举例说明一些盘口数字暗号：

（1）盘口挂单是4、14、444、4444、44444。

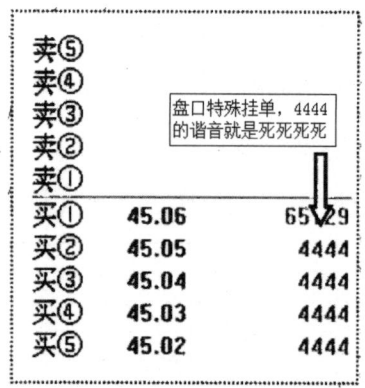

图4-22 个股涨停板挂单

如图4-22所示,该股的涨停板挂单是4444、4444、4444、4444,意思是要其他跟风和想跟风的人"死死死死",想要阻挡其他人买进。4444多表示主力的不满和警告。

像这样连续排出"4444"的买单,不会是一般投资者做的,市场正常买卖单撮合而成的概率也很小,肯定是主力资金刻意为之。这样独特的盘口语言,有可能是传递某种信息,也有可能是市场主力纯粹的自娱自乐,涨停后在买2~买5挂出4444,反正也成交不了,怎么挂怎么玩耍都可以,有时无聊就会挂出这样的特殊数字故意玩耍或迷惑、扰乱看盘者思维。

五档盘口		实时资金流向
委比	-7.79%	委差 -412
卖⑤(元/手)	7.26	444
卖④(元/手)	7.25	444
卖③(元/手)	7.24	444
卖②(元/手)	7.23	439
卖①(元/手)	7.22	1080
当前价(元)		7.22
买①(元/手)	7.21	188
买②(元/手)	7.20	517
买③(元/手)	7.19	592
买④(元/手)	7.18	799
买⑤(元/手)	7.17	343
外盘	15867	内盘 22863

图4-23 个股盘口示意图

如图4-23所示,该股委托卖出的挂单数是444,这就已经告诉了部分懂得盘口语言的朋友,暂时注意安全了,短线有风险警告,主力说话是给懂的人听的,不懂规矩的人改天就套住。

444=死死死,一般可以说明有人在控盘,有可能会发生冲高回落或者下跌,需要注意短线的安全。

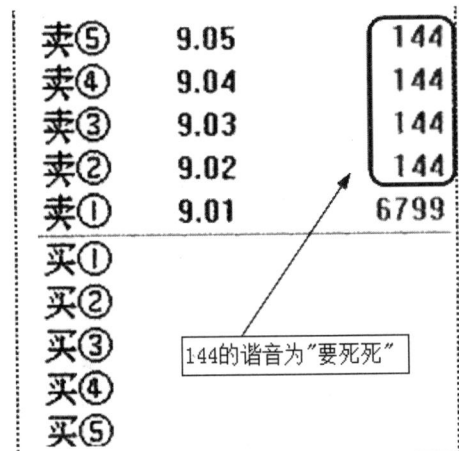
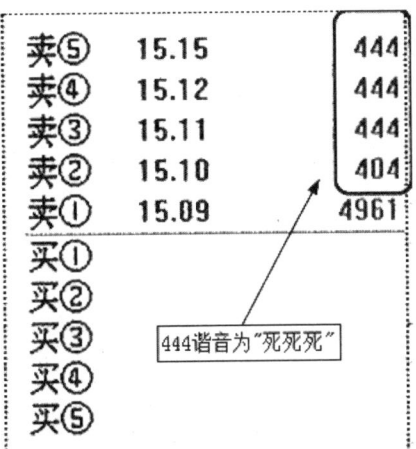

图4-24 个股盘口示意图

如图4-24所示,有人在盘口上有意或者无意地摆出如144、444的特殊数字挂单,大多是传递出警告、约定、迷惑、引诱、恐吓等多重信息。

警告:警告的内容有,不要再买进或卖出等。

约定:是主力和与主力合作的机构之间的约定,或者是同一机构下不同地方的操盘手之间的约定。约定的内容有:见到特殊数字挂单就怎样操作,今天谁拉或者谁出,拉到什么价位或者打低到什么价位等等。

迷惑:迷惑与主力不相干的大小机构、大户、普通投资者。主力要出货就让你以为主力想做多,或者令你看不明白主力的意图。引诱和恐吓大家都能理解,这里就不再啰嗦。

(2)挂单以8为结尾,预示着"发",短线继续看好。

盘口挂单是8、88、68、78、18、118、888、168等数字的,一般短线可以继续看好。

图4-25 个股盘口示意图

如图4-25所示，涨停板挂单是1888、168、18、18、18，像这种涨停挂单尾数是8的强势盘口，暗示后市上涨概率大于下跌概率，投资者可以追买或安心持仓。

如图4-26所示，桂发祥（002820）的涨停板挂单尾数带8，排列整齐有序，对比要引起注意。

短中线可以参与，形态走坏之后记得卖出，这类股总是比其他毫无规律的个股要安全得多。如果你看懂了这类盘口，就知道不该卖出了。

如图4-27所示，东方中科（002819）的涨停板挂单是44888、188、18、18、118，这样的封单不可能是自然成交的结果，绝对不可能那么巧合，说明主力已经在控盘了。

这是操盘语言，是重要的控盘信息，投资者可以放心持有该股。

第四章 不想公开的盘口秘密

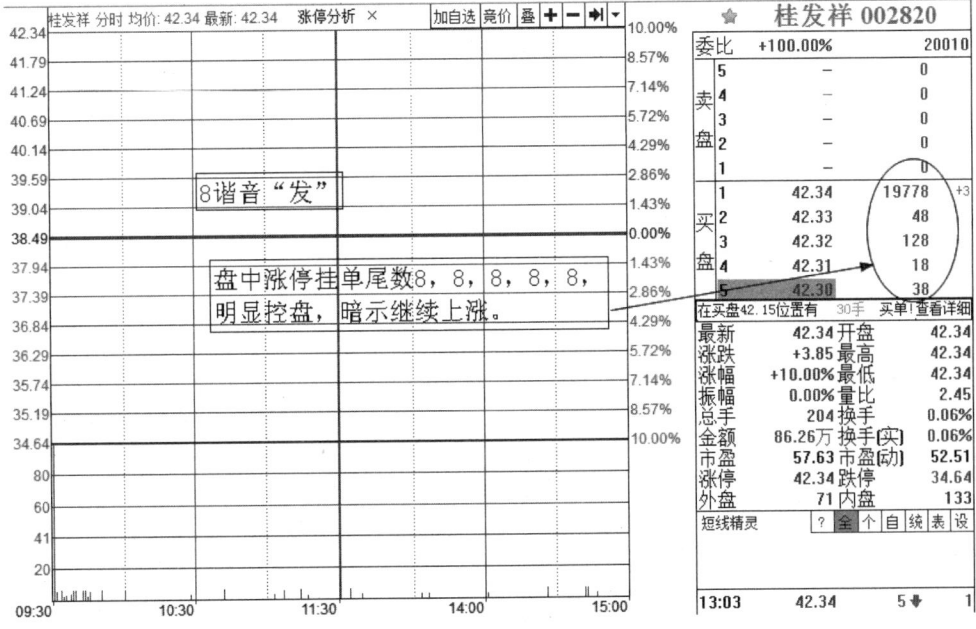

图4-26 桂发祥（002820）盘口示意图

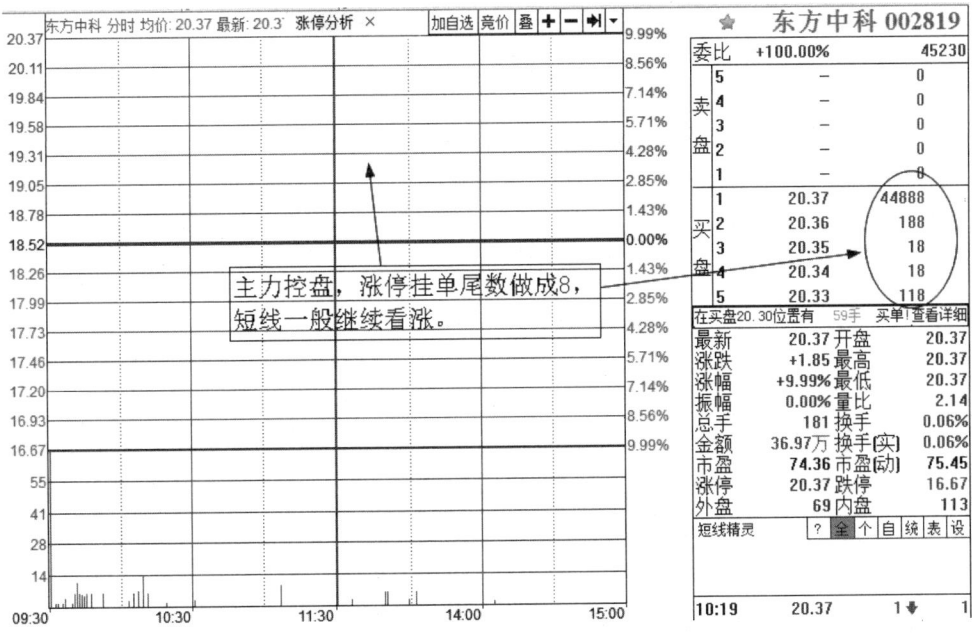

图4-27 东方中科（002819）盘口示意图

（3）盘口数字规律排列。

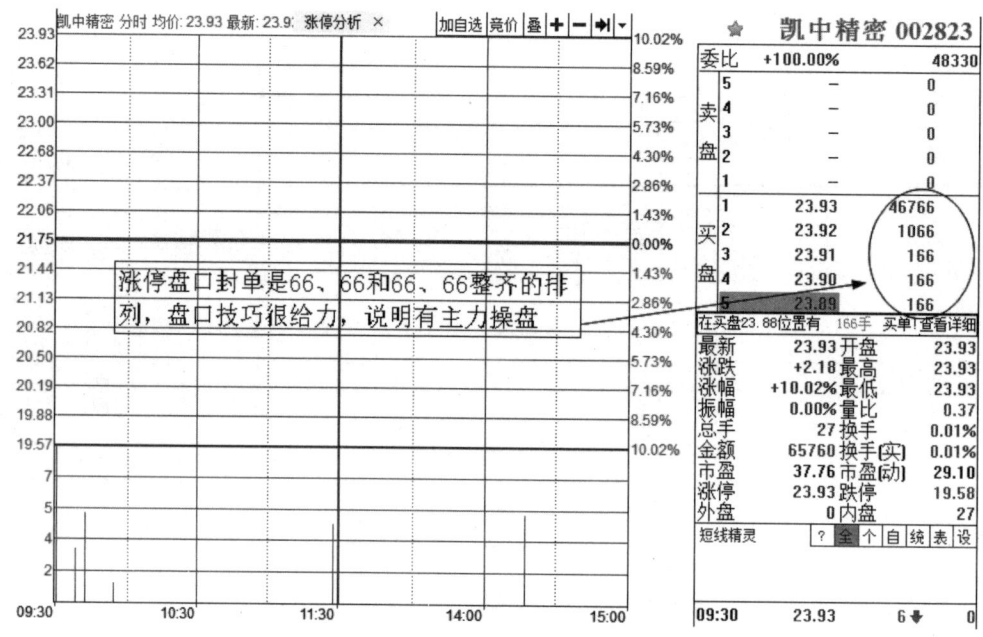

图4-28 凯中精密（002823）盘口示意图

图4-28是凯中精密（002823）的分时盘口，该股涨停板挂单尾数是66、66、66、66、出现规律整齐的排列情况，这是主力控盘的迹象，值得特别注意。

这种盘口，简单看就是66、66、66、66，数字不算奇怪，却非常规律。千万别以为散户有这个功夫做到，这是主力传递给其他人的信息。有经验的股民就能看出是主力在控盘了，对比需格外关注，适时介入进去。

（4）其他盘口特殊数字详解。

主力在操作某只股票时，会通过盘口数字语言相互传递信息。根据多年的观察，现部分总结如下，希望对读者朋友有所帮助和启发：

111：就是"要要要"。其一是告诉其他的主力不要砸盘，要共同拉升。其二，在关键的支撑位出现，就是指大胆地要要要。

333：也代表"闪闪闪"。如果该股在高位，连续在卖单出现此数字，那可能是主力要出货的一种表示。

444：代表"死死死"。不是用大单疯狂买就是疯狂卖，特别是在挂单上出现

第四章 不想公开的盘口秘密

4444，代表主力实力极强，不惜成本买货或卖货。

555：代表"捂捂捂"，预示即将上涨。如果该数字出现在买盘，那表示有人要接盘。如果出现在卖盘，那表明主力还在吸筹阶段，叫其他机构捂住，不要被短期的波动给左右。

666：代表"溜溜溜"和"留留留"。如果出现在卖单，是主力要出货的一种暗示；而出现在买单，是一种叫各大主力留住股票的暗示。

777（7777）：代表"吃吃吃"。表明主力要吃货，是手中筹码不够的一种表现，也是买股的信号。

888：代表"发发发"，通常指发财的意思。出现此密码，代表该股将进入上涨阶段，但是随着该密码被市场所熟悉，现在的888多为发货的意思，即主力出货。

999（9999）：代表"救救救"。一般指某一家主力的现金或筹码用光了，打出该密码，让另外一个合作主力接盘的意思。

168：代表"一路发"。一般这种挂单出现在低位横盘时，是一种拉升前的征兆，代表一路持有，一路发财。但值得警惕的是，如果该股在高位时出现这种挂单，可能是主力放出的烟幕弹。

158、1558、1588：是"我要发"的多种组合，这些数字代表主力仍然要买入。

518：告诉你捂住股票，我要发（我要涨）。

5858：代表"捂发捂发"，此种盘口密码出现，代表主力很可能将此股做成长线牛股，出现慢牛的可能性比较高。

1717：要起要起（反弹）。

1818：要发要发。

1414：要死要死。

176（1176）：一起溜。

1798：一起走吧。

1799：一起走走。

487：死白痴。

748：去死吧。

247：儿子死去吧。

94：就是。

123、456、789：类似这种三个连续数字的密码，也值得关注。

其实主力交流的方式很多，通常操盘手都有自己的语言或约定的信号，有些狡猾的操盘手甚至运用"反信号"来操作。因此，上面说的大可不必太认真。我们不能一看到444、4444、88、8888、555、6666这些挂单，就想到死死死或者发发发之类的，需具体问题具体分析。

第五章

追踪牛股幕后推手

 看盘口擒牛股

第一节 看清盘口信息的幕后主宰

中小投资者虽然群体庞大,但由于买卖行为较为分散,难以形成合力,因而对个股走势的影响极为有限,只能在股市中扮演着参与者的角色。而主力资金实力强大,与中小投资者明显不同。所谓主力,也可称为"主导力量",是指资金实力较强大的团体和组织,其行为可以在很大程度上影响,甚至决定着个股的走势。

证券市场是一个庞大而广泛的综合性系统,参与其中的各类投资者成分繁芜复杂,形形色色,目前我国股市二级市场中的大规模资金主要来自政府、基金、券商、QFII、投资公司、游资等等。随着全流通时代的逐步到来,又加入了一个新的主力,即大小非(也可称为上市公司大股东)。

个股出现大行情,背后都有主力资金推动的身影,他们是牛股幕后的推手,下面我们来分析一下其中一些主力。

一、政府

当一个国家的股市处于不正常的波动状态,政府都会采用一些措施来干预股市,阻止过度投机行为,使金融市场秩序得以恢复正常。政府与其它主力不同,其根本目的不在于获取价差,而在于平抑市场过度投机。

当金融市场处于不正常的过度投机状态时,政府通常会通过各种手段来救市。政府所能动用的资金量较大,所以对股市的影响也很大。

此外,如果政府干预市场,不一定动用资金,仅仅出台一系列的政策也会对股票走势产生影响。

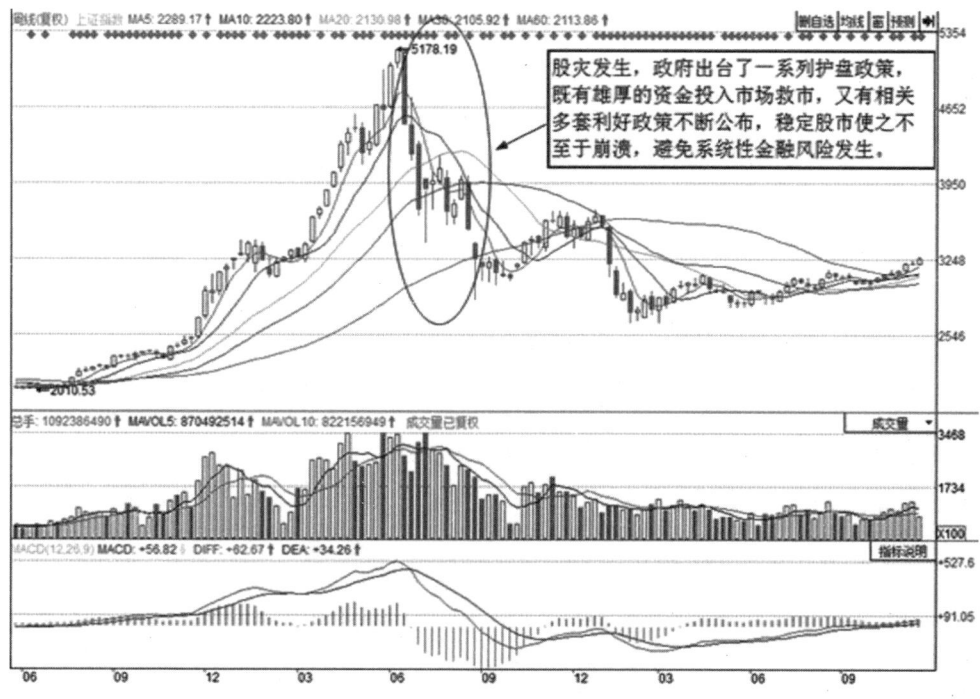

图5-1 上证指数周线走势图

图5-1是上证指数的周线走势图。2015年6月这场股灾来势凶猛，很多人措手不及，相信投资者都记忆犹新。牛市走到5178.19点，突然开始快速下跌，跌到三千多点。急速恐慌性下跌使得投资者亏损过于惨重，有可能引发社会不稳定，甚至有可能导致汇率波动，造成金融全局的不稳定。

到了危急关头，政府通过多道措施救市，稳住暴跌的股市，如：央行多次降息和定向降准；IPO暂缓发行；沪深交易所宣布下调市场交易费用三成；重启逆回购；养老基金入市；中证监鼓励企业高管增持，放宽购入限制；中央汇金公司入市千亿护盘，买股救市；21家证券公司宣布出资购买不低于1200亿元蓝筹股；中金所限制股指期货开仓，特别是限制恶意开空仓；暂停融券券源，不再向客户提供券源供融券卖出等。

如图5-1所示，当股票市场大跌，为了维持社会安定，促进股市健康发展，防止系统性金融风险，政府亲自出马救市，利用政策手段发出多道救市金牌，力挽狂澜，挽救市场中的不寻常动荡，稳定市场使之不至于崩溃。可见，政府对股市的影响是巨大的,而且是一般主力无法做到的。

股市在极度高涨的情况下,政府要予以干预;在极度疲弱的情况下,政府同样要采取一些刺激的手段来提振金融市场。

二、基金

基金是一种间接的证券投资方式。基金管理公司通过发行资金单位,集中投资者的资金,由资金托管人托管,由基金管理人管理和运用资金,从事股票、债券等金融工具投资。

众多基金在投资风格上有差异,有投资中小企业为主的基金,有投资大盘蓝筹股为主的基金,还有专门投资小盘股的基金等等。

虽然各自的投资风格和具体的选股策略有所不同,但是在一些重点投资思路上,大多数基金还是表现出一定的趋同性。

大多数基金选股的思路是:价值投资和安全第一。价值投资一直是基金最注重的投资理念之一。

基民买基金多是希望可以获取高于银行的稳定回报,股市中绩优股的中长期稳健走势恰好与这种投资理念相符,因而基金大多重仓于业绩较为优秀的个股。

由于基金所控制的资金来自广大基民,其在股市中的买卖行为便是围绕着基民的申购与赎回。当基民申购多时则加大持股力度,反之则进行减仓应付基民的赎回。

基金在行情好的时候可能会部分追逐市场热点;在行情不佳的情况下可能会对一些重仓股进行维护股价,也会在一些基本面有利好消息的股票抱团取暖。

基金作为上市公司股东的情况非常多,下面我们来看一下基金参与市场的情况:

第五章 追踪牛股幕后推手

铜陵有色		最新动态	公司概况	股本结构
		持股情况	历年分配	分析评论

十大股东（截止日期：2016-09-30 单位：万股）A 户数：508178 人均持股：18814

	股东名称	持股数	占总股本%	增减情况	股本性质
1	铜陵有色金属集团控股有限公司	378076.45	39.55	未变	流通A股
2	兴业银行股份有限公司-兴全新视野灵活配置定期开放混合型发起式证券投资基金	3833.01	0.40	新增	流通A股
3	中国建设银行股份有限公司-国泰国证有色金属行业指数分级证券投资基金	2592.45	0.27	1087.1100	流通A股
4	交通银行-中海优质成长证券投资基金	1845.63	0.19	新增	流通A股
5	前海人寿保险股份有限公司-海利年年	1800.00	0.19	新增	流通A股
6	中国民生银行股份有限公司-银华深证100指数分级证券投资基金	1716.08	0.18	-197.0124	流通A股
7	交通银行股份有限公司-国泰金鹰增长混合型证券投资基金	1500.00	0.16	新增	流通A股
8	中国建设银行股份有限公司-富国中小盘精选混合型证券投资基金	1439.42	0.15	新增	流通A股
9	中国工商银行股份有限公司-华泰柏瑞沪深300交易型开放式指数证券投资基金	1416.55	0.15	-77.8000	流通A股
10	中国石油天然气集团公司企业年金计划-中国工商银行股份有限公司	1321.64	0.14	新增	流通A股

图5-2 铜陵有色（000630）前十大股东表

图5-2是铜陵有色（000630）的前十大股东，除了第一、第五、第十股东外，其余全都是基金持仓。

从中我们可以看到，财大气粗的基金占据该公司主要股东座位，它们的实力是强大的，是影响该股波动的主要投资机构。

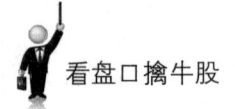

丰东股份		最新动态	公司概况	股本结构
		持股情况	历年分配	分析评论
十大股东（截止日期：2016-09-30 单位：万股）A户数：8758 人均持股：30601				
	股东名称	持股数	占总股本%	增减情况	股本性质
1	盐城市大丰东润投资管理有限公司	9690.00	36.16	未变	流通A股
2	东方工程株式会社	5160.00	19.25	未变	流通A股
3	交通银行股份有限公司-易方达科讯混合型证券投资基金	859.96	3.21	新增	流通A股
4	和华株式会社	849.30	3.17	未变	流通A股
5	中国工商银行-广发策略优选混合型证券投资基金	497.72	1.86	44.4196	流通A股
6	中国工商银行股份有限公司-广发核心精选混合型证券投资基金	470.59	1.76	-157.8224	流通A股
7	中国银行股份有限公司-国联安优选行业混合型证券投资基金	423.14	1.58	新增	流通A股
8	中国工商银行股份有限公司-广发轮动配置混合型证券投资基金	388.67	1.45	-48.5636	流通A股
9	中国工商银行股份有限公司-易方达新兴成长灵活配置混合型证券投资基金	372.00	1.39	新增	流通A股
10	新户期货有限公司-新湖梭罗1号资产管理计划	206.72	0.77	-215.7137	流通A股

图5-3 丰东股份（002530）前十大股东表

如图5-3所示，丰东股份（002530）是基金十分青睐的对象之一，受到众多资金追捧，前十大股东就有七家是基金，基金占据了多数席位。该股基金扎堆比重较大，基金的进出不可避免地影响股价的走势。

基金是中国股市中最常见的主力之一，他们掌控了一定量的资金，因此，他们可以通过大量地购买某只个股，达到影响股价的目的。但是，国家法律规定了基金可以持仓的数量。而且根据规定，基金还必须每三个月向社会公布一次投资的组合情况，因此，散户可以了解投资基金所持有的股票名称和数量。

三、券商

通常来说，券商是提供证券买卖服务的，但也有一些实力强大的券商提供服务的同时也进行机构性投资。这是由于券商自身资金实力强大，他们对于证券市场的把握较为精准，因而可以将大笔资金投入到股市中去，达到快速增值的目的。

总体来说，券商在股市中的行为特点和基金基本相似。他们采用组合配置、长期持股的方式，持有股票的时间一般很长，以波段操作和趋势操作为主，不会频繁换股。由于购买券商理财产品的投资者一般不会像基民那样进行频繁的申购和赎回，所以券商对所重仓的个股通常有更强的控盘能力。

券商坐庄目的多种多样。有的券商是为了弥补市场低迷交易费收入的不足，有的券商是为了完成全年创利指标而大举坐庄，有的券商是接受上级指令而入市护盘，还有的券商则为了完成承销配股的任务而去维护某只个股的市场形象。

券商专业能力强，通过长年累月的经验积累，对市场行情和常用的技术分析工具了如指掌，其专业水平自然比一般散户高出许多。和普通投资者相比，券商还具有资金优势、信息优势、人才优势和交易成本的优势。券商有时可以在二级市场操纵某只股票的价格，并通过操盘技术和题材消息的配合，在高位完成出货。

四、QFII

合格境外机构投资者（Qualified Foreign Institutional Investor，简称QFII）制度，是指允许合格的境外机构投资者，在一定规定和限制下汇入一定额度的外汇资金，并转换为当地货币，通过严格监管的专门帐户投资当地证券市场，其资本利得、股息等经批准后可转为外汇汇出的一种市场开放模式。

QFII是一国在货币没有实现完全可自由兑换、资本项目尚未开放的情况下，有限度地引进外资、开放资本市场的一项过渡性的制度。这种制度要求外国投资者若要进入一国证券市场，必须符合一定的条件才可以得到该国有关部门的审批通过后汇入一定额度的外汇资金，并转换为当地货币，通过严格监管的专门账户投资当地证券市场。

通过QFII制度，管理层可以对外资的进入进行必要的限制和引导，使之与本国的经济发展和证券市场发展相适应，控制外来资本对本国经济独立性的影响，抑制境外投机性游资对本国经济的冲击，推动资本市场国际化，促进资本市场健康发展。

QFII较为注重价值投资理念，他们介入中国股市很大程度上是因为看好中国的经济发展潜力，因而所买入的个股多是些行业中的龙头企业。QFII更关注企业的成长潜力，其买卖也大多采用中长线的持股待涨方式。

QFII擅长公司的基本面分析和研究，是价值投资者和成长性投资者。他们对所持有的股票一般不进行短线操作，是中长线投资者。下面让我们来举个例子，看看QFII持仓A股的情况，如图5-4所示。

贵州茅台		最新动态	公司概况
		持股情况	历年分配

十大股东（截止日期：2016-09-30 单位：万股）A户数：53437 人均持股：23508

	股东名称	持股数	占总股本%	增减情况	股本性质
1	中国贵州茅台酒厂（集团）有限责任公司	77877.20	61.99	未变	流通A股
2	香港中央结算有限公司	7321.17	5.83	-231.6873	流通A股
3	中国证券金融股份有限公司	3173.10	2.53	-313.2070	流通A股
4	贵州茅台酒厂集团技术开发公司	2781.21	2.21	未变	流通A股
5	GIC PRIVTE LIMITED	1474.79	1.17	-433.7953	流通A股
6	易方达资产管理（香港）有限公司-客户资金（交易所）	1257.29	1.00	-1.7999	流通A股
7	中央汇金资产管理有限责任公司	1078.73	0.86	未变	流通A股
8	奥本海默基金公司-中国基金	669.00	0.53	-60.2585	流通A股
9	全国社保基金一零一组合	512.04	0.41	-26.3731	流通A股
10	兴元资产管理有限公司-客户资金	484.32	0.39	新增	流通A股

图5-4 贵州茅台（600519）前十大股东表

图5-4是贵州茅台（600519）2016年9月30日的十大流通股东，QFII就占了4席，分别是GIC PRIVATE LIMITED（新加坡政府投资公司）、易方达资产管理（香港）有限公司、奥本海默基金公司－中国基金和兴元资产管理有限公司。实际上，贵州茅台一直颇受QFII的追捧，历史上瑞银、德意志银行、淡马锡富敦投资有限公司、摩根士丹利等均曾重仓持有贵州茅台。

五、机构席位

我们在研究股票过程中,经常看到机构专用席位出现在当日龙虎榜上,那么机构专用席位是什么?

机构席位是指基金专用席位、券商自营专用席位、社保专用席位、券商理财专用席位、保险机构专用席位、保险机构租用席位、QFII专用席位等机构投资者买卖证券的专用通道和席位,这是大机构享有的专用席位。通过对这些专用席位的监测,可以从一个侧面了解主力资金的动态。

经过统计分析可以发现,如果某只股票公开信息中机构席位净买入较大,则股价具有一定的上涨空间,因为机构的买卖不是短线的炒作,更多的是看好股票的成长性或估值优势。相反,如果卖出方出现大量的机构席位净卖出,那么该股的运行趋势不容乐观,应提高警惕,及时回避投资风险。

下面我们来举一个机构专用席位的交易的例子:

龙虎榜	涨停原因		
买入金额最大的前5名	买入总计6212.15万元		
机构名称	买入(万)	卖出(万)	净额(万)
1 机构专用	2909.73	0.00	2909.73
2 东兴证券股份有限公司南平滨江中路证券营业部	1048.19	0.00	1048.19
3 机构专用	1028.40	0.00	1028.40
4 机构专用	781.77	0.00	781.77
中信证券股份有限公司海盐西路证券营业部	444.06	0.00	444.06
卖出金额最大的前5名	卖出总计2360.69万元		
1 金元证券股份有限公司上海徐汇区漕溪北路证券营业部	0.00	602.75	−602.75
2 中信证券股份有限公司海盐河滨西路证券营业部	0.00	535.45	−535.45
3 机构专用	0.00	521.98	−521.98
4 海通证券股份有限公司上海建国西路证券营业部	0.00	379.73	−379.73
5 机构专用	0.00	320.79	−320.79
2016-05-12 日振幅值达15%的证券	买卖净差:3851.45万元		

图5-5 机构席位龙虎榜

如图5-5所示，2016年5月12日文山电力（600995）登上龙虎榜，从中我们可以看出，当日机构之间进行了巨大的换手，有的是买入，有的是卖出，分歧较大。买卖净差3851.45万元，买入金额明显大于卖出金额，该股当天继续上涨7.76%，让我们来看看该股当天机构参与的走势图，见图5-6。

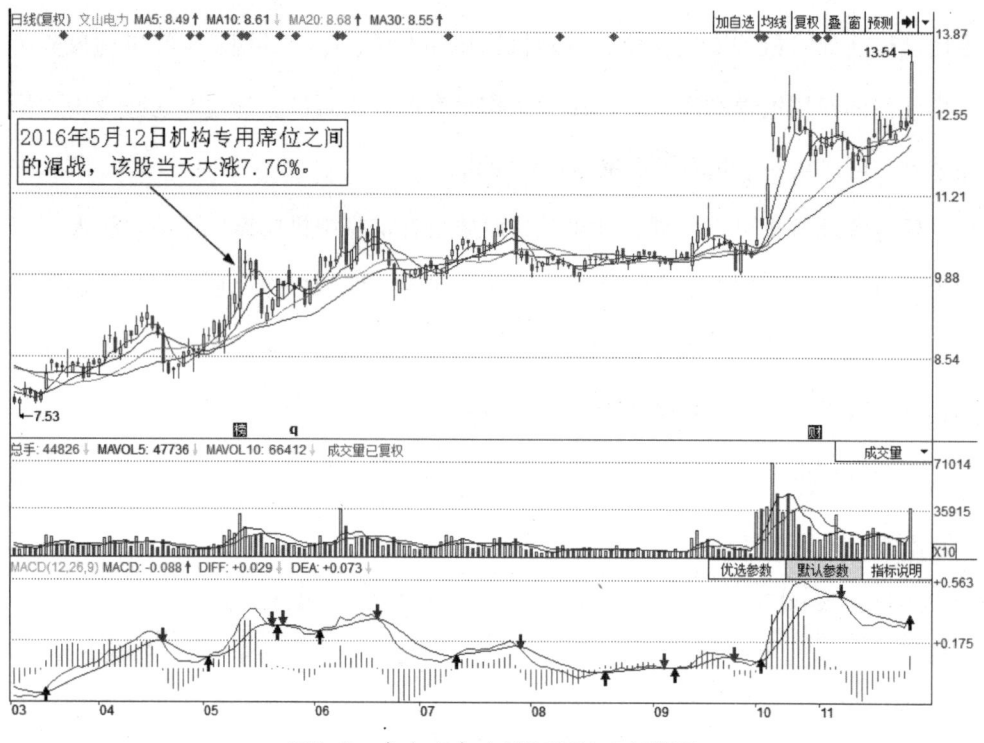

图5-6　文山电力（600995）日K线图

图5-6是文山电力（600995）的走势图，从中可以看出最后还是有耐心的买入机构获得胜利。在龙虎榜呈现的大资金战斗中，从机构席位的交易是可以发现蛛丝马迹的，可以根据具体情况决定买进或是卖出相关个股。

六、投资公司

目前，随着我国金融业的快速发展，投资公司如雨后春笋，迅速发展起来。投资公司是一种金融中介机构，它将个人投资者的资金集中起来，投资于众多证券或其它资产之中。

这些投资公司为小型投资者们提供了这样一种机制：他们可以组织起来，以获得大规模投资所带来的好处。投资公司作为将投资者的资本汇集起来进行专业性投资管理，以此分散风险、提高收益的公司，有以下特点：

（1）投资多样化。多样化的投资可以分散风险。不会因为大笔资金投到一个项目，面临亏损的时候无能为力。

（2）专家管理。多数投资公司都有专职的业内高手，他们对证券进行操作，以获取最优的投资效果。

（3）低交易成本。因为投资公司进行的是大宗交易，所以它们可以在费用及佣金方面节省出一大笔钱来。

下面我们来看一下投资公司在股市持股的例子：

徕木股份		最新动态	公司概况	
		持股情况	历年分配	
十大股东（截止日期：2016-11-17 单位：万股）A户数：29238 人均持股：4116				
股东名称		持股数	占总股本%	增减情况	股本性质
1 方培教		2565.73	21.32	-0.0030	流通受限股份
2 朱新爱		1368.39	11.37	-0.0023	流通受限股份
3 上海科技创业投资股份有限公司		923.48	7.67	-0.0031	流通受限股份
4 上海贵维投资咨询有限公司		905.39	7.52	-0.0023	流通受限股份
5 浙江海洋经济创业投资有限公司		666.00	5.53	未变	流通受限股份
6 邢晓华		380.00	3.16	未变	流通受限股份
7 深圳市中和春生壹号股权投资基金合伙企业（有限合伙）		333.33	2.77	0.0033	流通受限股份
8 上海久奕一期股权投资基金合伙企业（有限合伙）		293.00	2.43	未变	流通受限股份
9 上海科鑫领富投资合伙企业（有限（有限合伙）合伙）		250.00	2.08	未变	流通受限股份
10 杨旭明		191.25	1.59	未变	流通受限股份

图5-7 徕木股份（603633）十大股东表

如图5-7所示，投资公司占据该股第三、第四、第五大股东的位置，前十大股东有三个是投资公司。

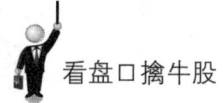

七、游资

游资也称热钱，属于来得快，去得快的那种，所以他们操盘的方法一般比较凶悍，快速拉抬股价，打出利润空间，然后迅速地出货逃离现场。游资主要集中在沿海一带的各个营业部中。

游资是为了追求高回报而在市场上迅速流动的投机性资金。在个股上涨时，游资多是借助拉升之机，顺势追涨，从而起到推波助澜的作用，然后快速出货。在个股下跌的时候，则是毫不犹豫地大笔卖出，很少进行护盘。

龙虎榜	涨停原因		
买入金额最大的前5名	买入总计12422.33万元		
机构名称	买入（万）	卖出（万）	净额（万）
光大证券股份有限公司佛山季华六路证券营业部	4646.80	0.00	4646.80
国泰君安证券股份有限公司上海天山路证券营业部	3728.08	0.00	3728.08
中信证券股份有限公司上海漕溪北路证券营业部	1382.88	0.00	1382.88
山西证券股份有限公司太原平阳路证券营业部	1382.00	0.00	1382.00
中信证券（山东）有限责任公司淄博分公司	1282.57	0.00	1282.57
卖出金额最大的前5名	卖出总计4060.51万元		
长城证券股份有限公司杭州钱江路证券营业部	0.00	2761.91	-2761.91
中信建投证券股份有限公司绍兴胜利东路证券营业部	0.00	598.90	-598.90
东北证券股份有限公司广州东风东路证券营业部	0.00	274.51	-274.51
中信建投证券股份有限公司福清田乾路证券营业部	0.00	224.31	-224.31
长江证券股份有限公司成都人民南路证券营业部	0.00	200.87	-200.87
2016-09-19　日涨幅偏离值达7%的证券		买卖净差：8361.82万元	

图5-8　机构龙虎榜

图5-8显示了游资集散地，游资目标是在很短的时间之内赚快钱，特别是当股票的形态已经做好和大盘行情条件的配合时，股票被爆炒。有时连续拉升多个涨停板是常见的事。

游资炒作股票有以下几个特征：

（1）及时把握主流热点题材，且多选流通盘不大的小盘股操作。

（2）持有股票的时间短，一般短则为几个交易日，长则为十几个交易日，有时也会出现长达二十几个交易日的爆炒情况。游资坚持短线操作，最大程度减小了持股时间，来如疾风暴雨、气贯长虹，目标是快速地获取利润。

（3）借利好消息造势，顺势而为。

（4）股票常常被爆炒，无论是涨幅还是绝对收益，都非常可观。

（5）找本身技术形态良好的股票，这里指股价已经整理完毕，处于拉升阶段前夕或拉升阶段的股票。

八、大小非

大小非可以说是A股所独有。中国股市自成立之日起，就因制度设计的缺陷，出现股权结构不合理，大量的国有股、法人股不能上市流通等问题。

上市公司一部分股份上市流通，另一部分暂不上市流通，这种股权分置问题造成上市公司股权被人为地割裂。非流通股股东持股比例较高，且通常处于控股地位，同股不同权，极易产生一股独大甚至一股独霸现象，使流通股股东特别是中小股东权益遭受损害。

"非"是指非流通股，也叫限售股。由于股改使非流通股可以流通，即解禁。非流通股可以流通后，即可抛股套现，这叫减持。其中的小部分就叫小非，指的是小规模的限售流通股，占总股本5%以内。其中大部分叫大非，指的是大规模的限售流通股，占总股本5%以上。大小非解禁就是允许限售非流通股上市，增加市场的流通股数，非流通股完全变成了流通股。

大小非所持个股多是一些原始股，成本极低，而且经过上市公司多年的分红，有些成本也早已收回。随着全流通的出现，这些个股也将逐渐上市流通，而二级市场的股价或是由于反复炒作，或是由于公司业绩持续增长，远远高于大小非的持仓成本。故当大小非手中个股可以上市流通后，必定会产生强烈的抛售欲望,很容易造成卖方力量大增,股价下跌的局面,这也是大小非解禁给人的第一印象。

让我们来看下大小非的实例,如图5-9所示,该股的第一和第二大股东中国节能减排有限公司、深圳市市政工程总公司就是大小非的身份,不过该股基本已减持完毕,属于全流通股。

莱宝高科			最新动态 持股情况	公司概况 历年分配	股本结构 分析评论
十大股东(截止日期:2016-09-30 单位:万股)A户数:61451 人均持股:11486					
	股东名称	持股数	占总股本%	增减情况	股本性质
1	中国节能减排有限公司	14710.81	20.84	未变	流通A股
2	深圳市市政工程总公司	5896.72	8.35	未变	流通A股
3	国华人寿保险股份有限公司-价值成长投资组合	1220.00	1.73	未变	流通A股
4	全国社保基金一零一组合	955.53	1.35	新增	流通A股
5	交通银行股份有限公司-博时新兴成长混合型证券投资基金	600.00	0.85	新增	流通A股
6	许金林	563.81	0.80	280.2970	流通A股
7	三星资产运用株式会社-三星中国中小型股精选母基金	267.31	0.38	-10.3800	流通A股
8	魏辉末	238.57	0.34	-22.4900	流通A股
9	招商银行股份有限公司-嘉实全球互联网股票型证券投资基金	232.47	0.33	新增	流通A股
10	中国银行股份有限公司-嘉实优化红利混合型证券投资基金	227.18	0.32	新增	流通A股

图5-9 莱宝高科(002106)十大股东表

大小非,因为具有无可比拟的成本优势,任何时候减持都有利润可赚,因此遇到大盘环境不好时,多会争相出逃。有鉴于此,投资者最好遵守以下操作原则:

(1)尽量不买大小非即将解禁的个股。

通常,无论股价处于什么位置,是高是低,还是什么板块,大小非随时套现都能盈利。当大盘处于牛市时,大小非普遍愿意持股待涨,以求卖个好价钱。但如果大盘不幸进入熊市,熬了多年的大小非多会急于减持。因此,最保险的做法就是尽量不要去买即将有大小非解禁的个股。

（2）尽量买已全流通的个股。

这样做的好处很明显，既然已经全流通，大小非减持完毕，个股就再也不受大小非减持的影响。后市能否上涨，更多依靠公司的自身业绩、大盘环境以及主力战略意图。

（3）尽量买中小盘优质个股。

当大盘很弱时，主力不愿做长线，于是，那种流通盘较小的小盘股容易得到游资和其他主力机构的青睐。如果还有业绩支撑，甚至有可炒作的题材，则更具短期投机价值。

 看盘口擒牛股

第二节 主力资金有哪些优势

主力资金在股市中扮演着主宰者、操纵者和掠夺者的角色，它能从操纵个股的过程中获得较大的利润，这与其占有的各种优势紧密相连。主力所具有的优势往往就是散户的劣势，了解主力的优势，有助于投资者认清自身处境。下面我们来了解一下主力资金究竟有哪些优势：

一、资金实力雄厚

资金是股票市场的血液。在股市中，谁持有的资金多，谁就掌握了话语权。财力雄厚是做主力的必要条件，要想在很大程度上控制股价的走势，手中没有足够的筹码是没有发言权的。对个股的控制能力取决于两点，一是资金数额的多少，二是投资的集中度。中小投资者在股市中的投资总数额是巨大的，却像一盘散沙一样，没有黏合力。主力投资数额也是巨大的，同时统一行动并可供集中调动和使用，合力的作用巨大。因此，主力的控盘力度要远强于没有形成合力的中小投资者。主力控制了一定的流通筹码后，通过高抛低吸、逢低建仓、逢高出货等操作策略及科学的投资组合，可以有效地规避风险，获得收益。

股票市场终究是一个以实力说话的地方，谁拥有强大的资金实力，谁就可以支配更多的筹码，从而控制个股的走势。

散户与主力相比，在资金上不占优势，因此只能被动地接受股价的波动，没有丝毫改变能力。

主力在操作一只个股时，所调用的资金少则几千万元，多者数十亿元。正是因为有了这种强大的资金实力作为保证，主力才可以买入大量的筹码，进而操控个股走势。散户，是远远不具备这种资金实力的。散户由于筹码少、资金少，可

以快进快出。也正是这种资金量的差别，决定了主力可以成为趋势的制造者，而散户只能是趋势的追随者。

二、信息的优势

新闻报道、小道消息、年报、中报都是影响散户心态和操作的因素，也是主力操作的题材。提前获得可靠的利好消息，先人一步，才能牢牢地将主动权握在自己手中。很多个股在重磅利好消息公布之前往往都会出现异动走势。比如，在重大利好消息发布前，就提前封涨停；在重大利空消息发布前，就开始莫名其妙地下跌。很明显，这是有资金提前获取了消息，从而展开大力度买入卖出所导致的。那么，谁能提前获取消息呢？

很明显，不可能是散户。散户只能通过上市公司的公告或是市场传闻来获取消息，在信息上永远处于劣势，所以在对行情的分析判断上总是处于被动地位。而主力总能通过某种隐蔽的消息渠道，提前获取重要消息，从而提前运作个股，领先市场一步，这为主力控盘的成功打下了坚实的基础。

主力的信息优势主要体现在以下几个方面：

（1）主力往往具有丰富的专业信息渠道，能优先获得信息，有些中长线主力还与上市公司关系密切。

（2）有条件制造信息或散布虚假消息来迷惑散户。主力通过联合股评人士制造市场炒作气氛，通过对倒放量、控制价格、改变技术形态等等方法制造多头或空头陷阱，使中小散户出现判断失误，达到收集或派发筹码的目的。

（3）很容易掌握筹码分布状况。主力能够通过现有的市场技术手段和自己对筹码的控制，了解中小散户的持筹情况，从而做到知己知彼。

三、人才优势

主力在炒作股票时，雇有一批精通基本面、技术面的人才和经验丰富、高水平的操盘手。他们有着高超的操盘技巧，深谙股市兵法，有着对散户的深刻了

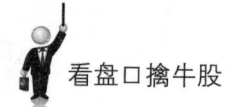

解,加上有大资金的支持,操纵股价得心应手。

操盘手的文化水平一般都很高,他们精通基础分析和技术分析技巧,具备操盘的经验,并能够根据市场的变化及时调整操作思路,基本可以在低位吸货,在高位出货,从而为主力创造较好的利润。

优秀的操盘手、政策研究员、行业分析师以及高级公关人才等,都是主力操盘时招揽的对象。基金、QFII和券商天然具备人力优势。在这一点上,散户是无法与之相比的,散户在买卖股票时往往是随机的、感性的,而主力绝不可能出现随机买卖的情况。

四、熟悉散户炒股行为

多数散户一般抵挡不住市场气氛的诱惑,往往股价一上涨就抢进,随后就高位被套;股票一下跌就果断出局,随后股价就止跌企稳,并开始返身向上运行。究其原因,是恐慌与狂热的情绪使得投资者在做出买卖决定时只凭直观感觉进行操作。而主力也正是利用散户的这种心态,往往能在低位建仓,在高位出货。

炒作股票不同于一般买卖交易,它既是一种主力与散户的智力较量,也是一种操作能力的体现。主力受过良好的训练,有着严格的操作纪律,使用令散户真假难辨的操盘手法,这些因素决定了散户往往处于被动挨打的局面。

主力天然的敌手是散户,主力的控盘成功是建立在大多散户错误的判断之上的。在低位区,主力要买股布局,如果散户不卖的话,主力是无法顺利建仓的;在高位区,主力要获利出局,如果散户不买的话,主力的利润也只是纸上财富。为了保证每一个控盘环节的顺利展开,主力就要了解散户的炒股习惯和心态,制造虚假、欺骗的交易行为迷惑散户。主力通过低位区的打压、高位区的对倒拉升来迷惑散户,从而使其在情绪的影响下作出错误的买卖决定。

散户进入股市有着赌博式的心态,而且往往带着急功近利的想法。散户在介入一只个股的时候,通常都是很草率的,并且没有充足的理由,更谈不上对个股的了解。而主力则恰好相反,主力对自己和散户的情况都做到了胸中有数,而

且对于要进行炒作的个股也有充分的了解。主力把操作个股当成是一种职业来对待，而散户则是完全业余的。一方面，散户大多没有投资理念和投资技术，有的或许只是勇气。追涨杀跌、胆大敢为是一些散户的共性。另一方面，散户的盲目操作也根源于听取股评等消息进行买卖交易的习惯。当舆论为一只股票营造利多氛围时，散户往往不顾股价高位的风险，盲目杀入，以求股价再上一层，而结果却往往事与愿违。

五、控盘计划明确

主力介入一只个股绝不像散户那样随意，散户可以由着性子追涨杀跌，但主力一般只专心运作一只股票，而且主力对于目标股的选择、控盘过程的安排、人员调度、时机的选择等有着较为明确的方案。一般来说，主力的控盘计划主要包括目标股的选择、介入时机的选择、控盘时间长短、资金使用计划、盈利预期等。无论是在控盘个股前，还是在控盘个股中，主力均有较为详细的运作方案和策略。正是得益于这些周密的布局，主力的胜算才会更高。

六、有效降低成本

主力可以反复地做波段操作，在不丢失筹码的情况下高抛低吸得到差价，从而降低成本。对散户而言，波段操作难度极大，要么做波段被套牢，要么做波段把筹码做没了，很少能成功。

小结：

从上述内容可知，除了在资金规模上与主力形成的极大反差，散户对政策、信息掌握的能力较差，消息得到较晚；对股市技术分析理论的研判远远落后于主力，买卖股票依据一知半解的技术分析方法或某股票理论、股评舆论的推荐、朋友的推荐介绍、传言、小道消息、感觉，而这些依据均有极不负责任的误导性；还盲从跟风，常无主见、无纪律等。与有实力的主力相比，可以说散户天生就处于劣势，这也是为何主力在股市中屡战屡胜，而散户多是充当赔钱者的原因。

散户的人数众多，在证券营业部的交易大厅内从事股票交易的一般都是散户，入市资金一般也就十几万元甚至更低，基本由工薪阶层组成。由于资金有限、人数众多，在股市交易中散户的行为带有明显的非理性特征，其情绪极易受市场行情和气氛的左右。散户基本都是业余投资者，力量单薄，时间和精力没有保证，专业知识和投资技能相对薄弱，所以散户在股市中往往都成为主力宰割的对象。

主力通常赢面很大，既了解自身的实力，又熟悉散户的心理，还具备灵活的信息渠道，因此，主力除非对大势的研判出现严重的错误，或发生资金链断裂等意外情况，否则很难会不成功。反之，也反映了散户处在一个相对不利的地位：知识贫乏、信息滞后、情绪不稳、追涨杀跌、技术经验不足等等。市场上存在大量对行情缺乏分析判断能力的散户。这些散户的最大特点就是股价上涨时会情绪狂热，下跌时会恐惧，持续横盘时缺少耐心等等。他们是主力操盘成功的基础。主力由于专业水准高，会更敏感地意识到各种技术关口的作用及调整的到来等。而主力的资金量大，对个股影响力较大，更加大了主力的赢面。

第三节 主力和散户的区别

主力有着与散户截然不同的思维方式、操作方式。站在博弈的角度而言，主力大多会是赢家，下面我们来详细分析主力和散户的区别：

（1）主力在炒作一只股票时，对该股的基本面、技术面要做长时间的详细调查、分析，在制订了周密的计划后，才敢伺机而动；而散户看着电脑屏幕，三五分钟即可做出买卖决定。

（2）主力喜欢集中资金做个股，做一个成一个；而散户喜欢买多只股票，有的赚，有的赔，最终没赚多少，甚至亏损累累。

（3）主力操作一只股票要用一年甚至几年；而散户做一只股票只做几周甚至几天。

（4）主力一年做一两只股就心满意足；而散户一年做几十只股还心有不甘。

（5）主力虽然有资金、信息等众多优势，但仍然不敢对技术理论掉以轻心，市场上的技术方法和基础理论早已烂熟于胸；而散户连道琼斯理论、趋势理论、江恩法则等都没能很好地掌握，就开始买卖股票。

（6）主力喜欢一些冷门的个股，慢慢将其炒热，创造题材；而散户总喜欢一些当前热门的个股，不断地追逐热点。

（7）主力用几亿、几十亿操作一只股票；而散户用几万、十几万做十几只股票。

（8）绝大多数散户的操盘水平与主力操盘手相比，差距甚远。他们处于劣势，难免受骗上当。

（9）主力总是很重视散户，经常到散户中倾听心声，了解动向，做到知己知彼；而散户对主力的行为和变化难以关注和了解。

（10）主力的动作永远领先于散户一步，在把握大盘走势方面尤其如此。当

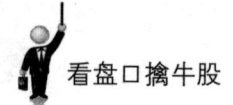

大盘狂跌,熊市发展到极点,散户都在大举抛售时,主力却在调集巨额资金悄悄杀入建仓;而在牛市中个股炒至最为火爆,散户都在纷纷买进时,主力却在悄悄抛售股票出货。

第四节　主力有什么特征

虽然市场上存在着不同主力，但其特征都是相同的，那就是任何一种主力都具有狡猾、贪婪、操纵股价的特征。

一、狡猾

股票市场是一个"零和游戏"。主力所赚的钱是从散户的口袋中获取的，但散户群体又不可能主动投降，拱手相让。因此，主力必然采取各种欺骗手段从散户手中获取利益，即在底部做出难看的K线图形，并发布利空消息，从散户手中骗取低价筹码；在高位时做出漂亮的K线图形，修复各项指标并发布大量利好消息，引诱散户上当。这些都是带有欺骗性的行为。

随着散户群体的经验和智慧不断增加，主力的一些小把戏很容易被识破。为了不被散户识破，主力通常会绞尽脑汁，利用真真假假的消息麻痹散户，甚至有时会先给散户一些实惠，用尽手段来欺骗散户，其最终目的就是把散户的钱赚走。

主力施展各种招数，运用相反操作，股价要上涨，主力偏要使股价先下跌。通常，有些大牛股会在底部运作很长时间后，才爆发上涨行情，绝大多数散户都没耐心守候，途中下车。

二、贪婪

主力来到市场的目的是获取利润。在操盘过程中，主力需要调度巨额资金，花费大量的人力、物力和财力，付出高额的成本。之所以付出如此高的代价，是因为它有能力收回成本并获利。如果主力的部分资金是拆借来的，那么其成本会更高。

主力操控一只股票，首先要把资金转换为筹码，再想办法把股价推高，最后把筹码转换为资金，所以主力在高位时必须完成筹码向资金的转换，才能获得利润，否则再好的股票不变现，只能是账面上的利润，纸上的财富。

三、操纵股价

主力最大的特征之一就是能操纵股价，使个股的股价按照自己的意图运行。主力在操盘之前，一定会做好各项准备，制订好一个详细的操盘计划，其后股价的走势只是按照计划的模式运行而已。由于我国证券市场没有做空机制，主力获利必须是在低位从散户手中获取廉价的筹码，再在高位引诱散户上当，接纳其手中的高价筹码。主力集中资金和筹码，运用各种方法来操控股价，从中达到获利的目的，主力水平的高低，就反映在这些手法的高明与否上，它直接影响主力的利润。股市中操纵股价属于违法行为，但主力总能通过合理的变通来避开监管部门的监察。

下面让我们来看一些盘口被主力操纵的案例：

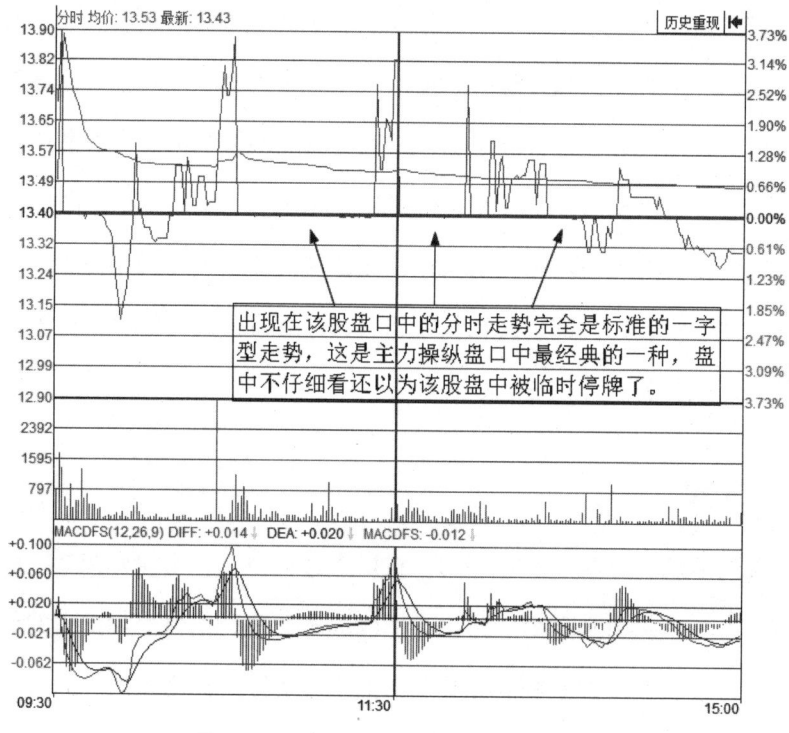

图5-10　个股分时图出现一字型走势

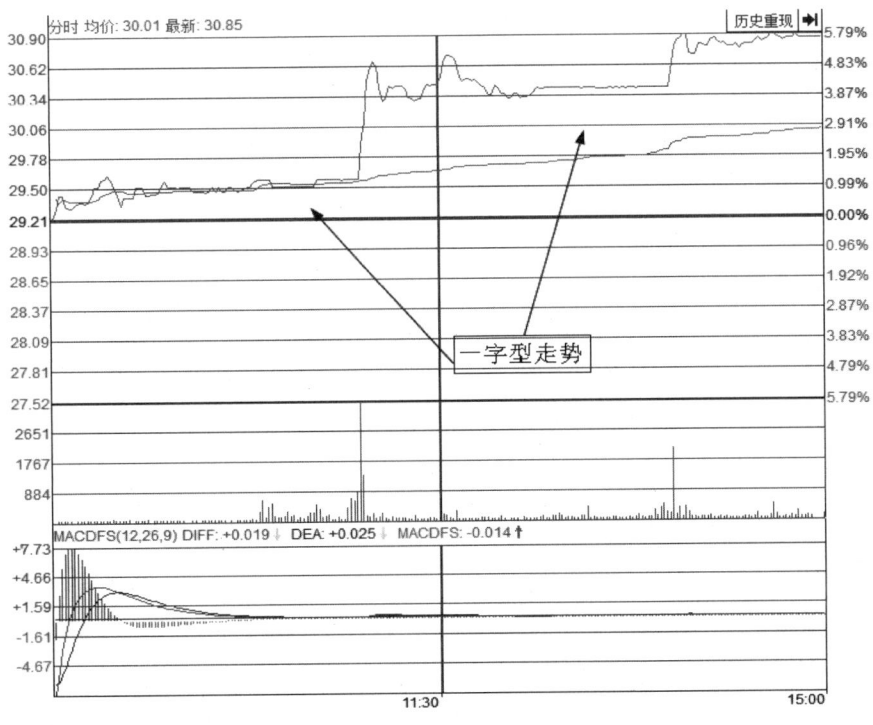

图5-11 个股分时图出现一字型走势

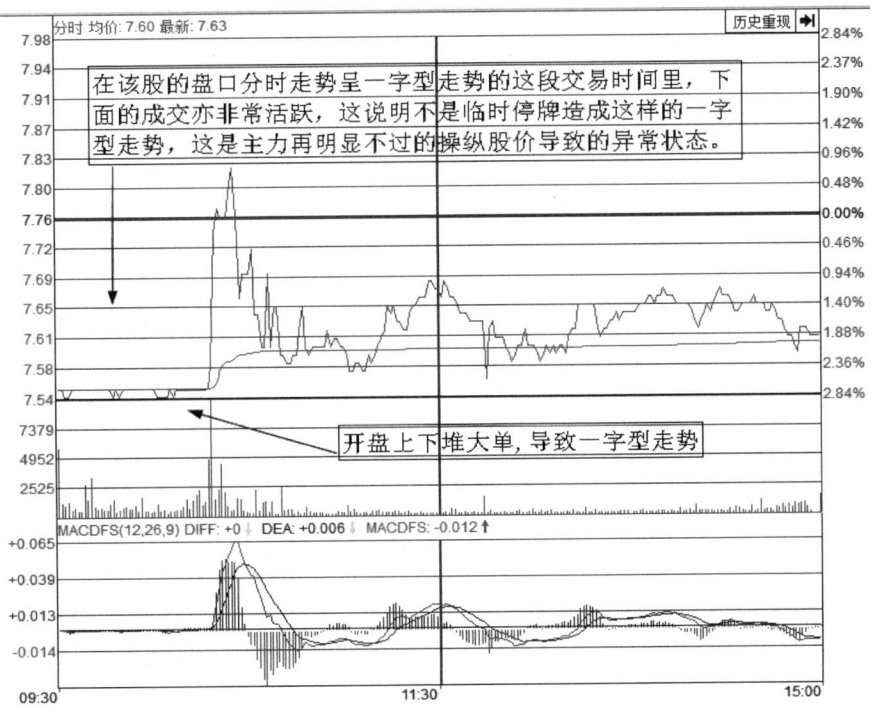

图5-12 个股分时图出现一字型走势

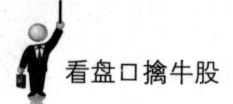

如图5-10、图5-11和图5-12所示,分时走势呈现"一"字型,这是主力操纵盘口最经典的一种,之后所显示的成交量活跃,是主力操纵盘口导致的异常状态。

第六章

探秘牛股运行规律

第一节 牛股长怎么样

一、均线呈多头排列

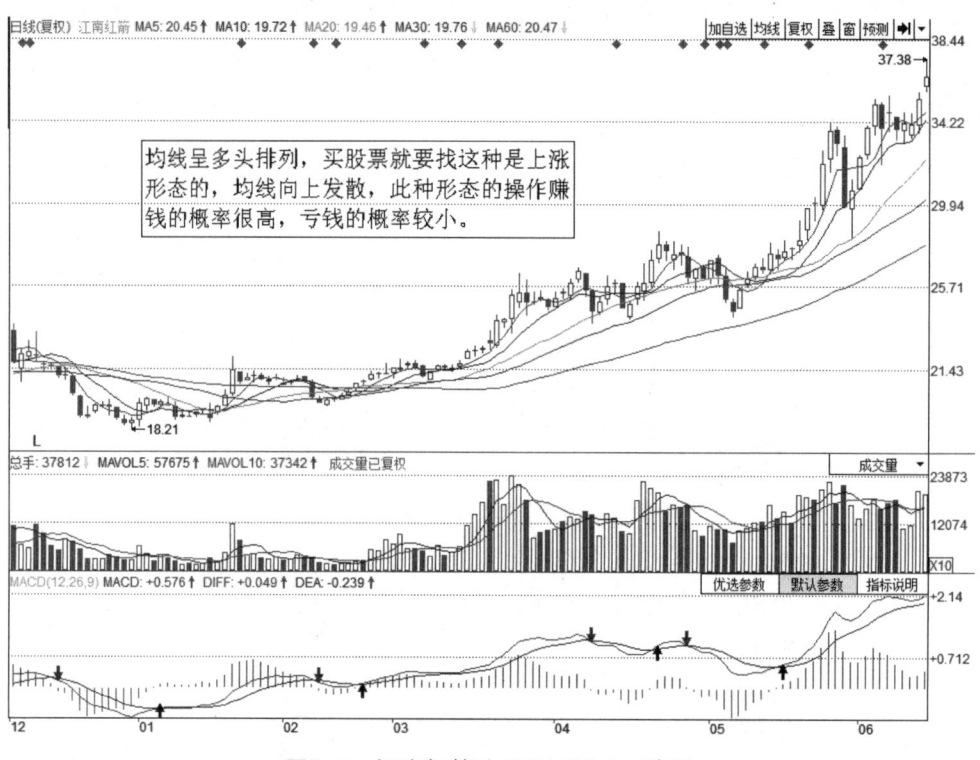

图6-1 江南红箭（000519）日K线图

图6-1是江南红箭（000519）的走势图，从均线系统看，该股的多条均线齐头并进向上行走，这说明该股处于多头排列的上涨通道。不论短线、中线还是长线投资者都看好该股，股价连续被推高，从18.21元上涨到37.38元，短短几个月的时间，该股涨幅已达100%。

股价向上突破5日、10日、20日、30日、60日均线，说明多方力量增强，有效突破空方的压力。如果成交量能够随之同步放大，这将进一步增加股票上涨的概率。均线呈现多头排列，这是良好的持股信号。

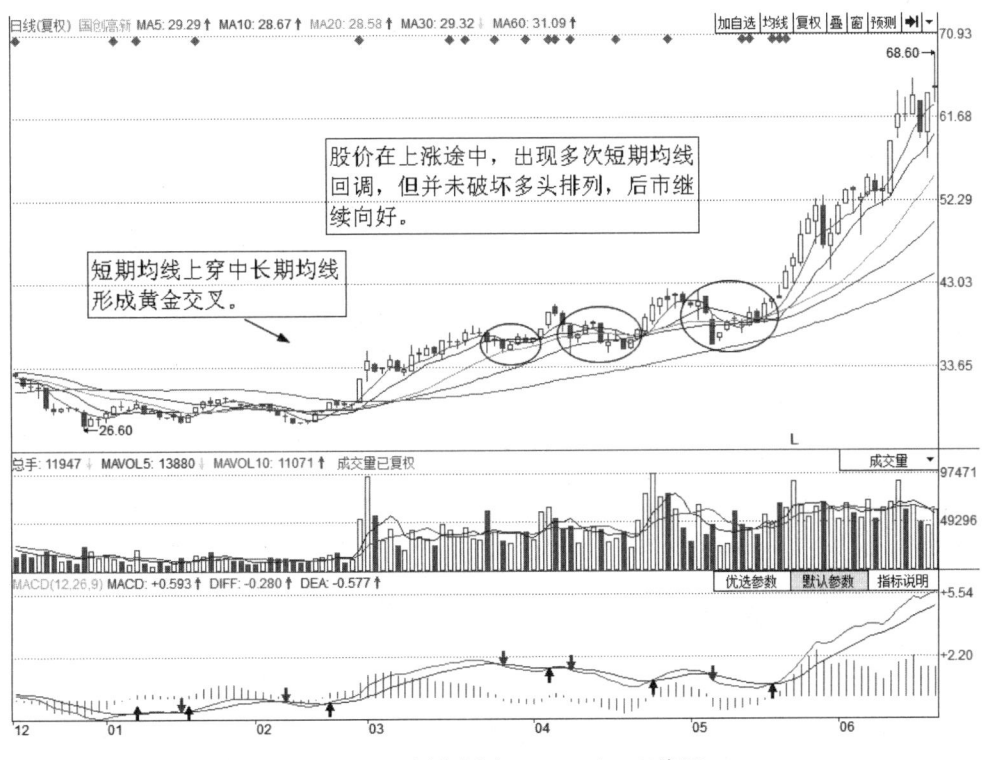

图6-2　国创高新（002377）日K线图

图6-2是国创高新（002377）的走势图，该股5日均线粘合并上穿10日均线，显示短期买入的黄金交叉，随后10日均线分别上穿20日、30日、60日均线，显示中长期买入的黄金交叉。此后，股价上涨，均线呈多头排列向上运行，中途虽短期均线下探中长期均线，但并未破坏多头排列，继续向上攀升。此后，股价一路走高，图中最高价68.60元，相较于最低价26.60元，涨幅达一倍多。

从上述例子中，可以明显地发现：图中的均线处于多头排列，可以帮助我们判断出具有上涨潜力的大牛股。

均线是将过去股价变动的平均值连成曲线，虽在一定程度上具有滞后性，但它能真实地反映股价的走势，一般用于预判股价未来的行情，是一种趋势追踪的工具。

均线是技术分析中重要的指标之一，对投资者判断股价走势有着不可替代的作用。投资者在选择股票操作时，通过均线系统走势可认清该股所处的形势。呈多头排列的个股，后市强势上涨，获利机会较大。在实战操作中，具有真正投资价值的多头排列才能为投资者带来利润。

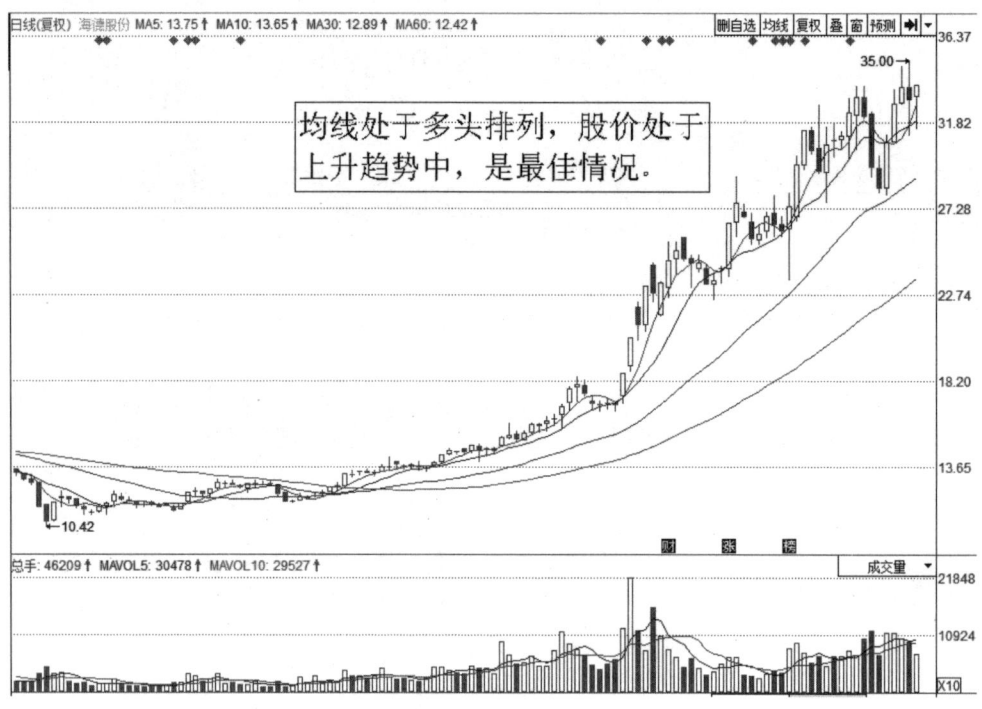

图6-3　海德股份（000567）日K线图

图6-3是海德股份（000567）的日K线走势图，该股前期稳步上扬，展开一波又一波的凌厉攻势，其总体趋势是向上的，均线处于多头排列，股价处于上升趋势中。从长期看，在哪个价位买进都不会亏损的，当然，还是寻低点买进更合理。买大趋势向上的个股风险是偏小的，赚钱是不言而喻的。

在均线多头排列初期，投资者及时地介入，会获得较大的收益。利用均线多头排列选股成功率比较高，但要注意千万别选涨到顶部末端的个股。

二、股价不断创新高

在股票市场中，经常会出现强者恒强的案例，特别是不断创出新高的品种，更是勇不可挡，经常成为牛股。此类个股创出阶段新高之后，解放过去的套牢筹码，解套盘兑现的压力减轻，有利于主力进行后续的拉升。股价不断创出新高，打开上升空间，这是主力机构强烈的做多信号，也说明该股主力实力雄厚，敢于把个股历史上或阶段性的套牢盘解放出来，充分显示出主力志在高远，后市通常会保持继续上涨创新高的态势，如图6-4所示。

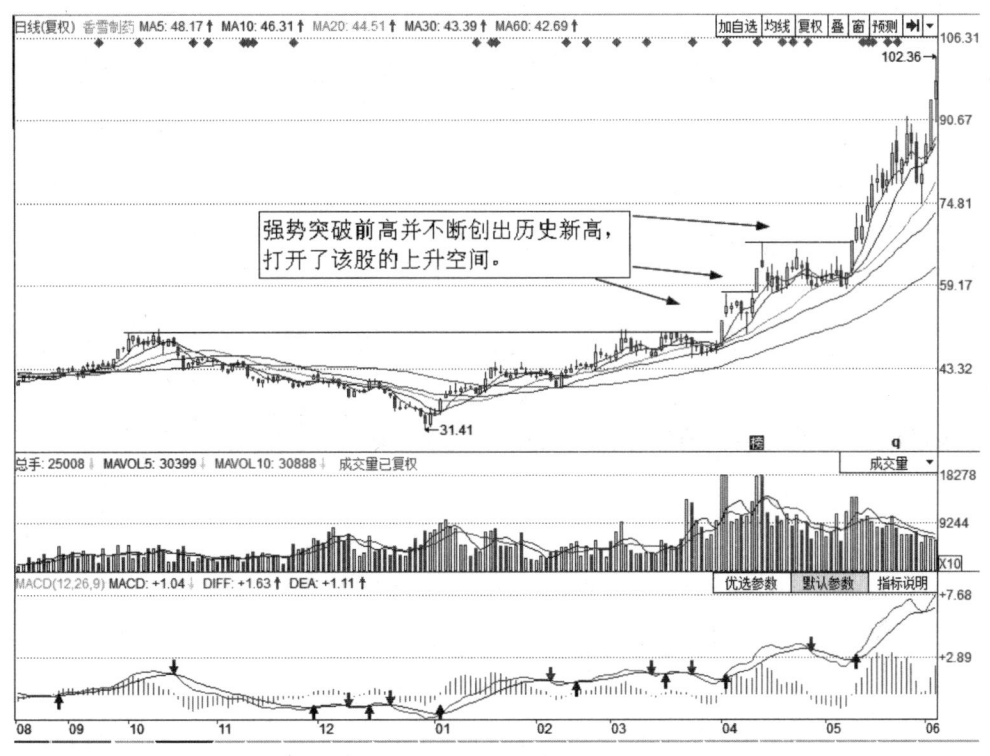

图6-4　香雪制药（300147）日K线图

图6-5是神雾环保（300156）的日K线走势图，该股在前期留下了一个高点，这个高点对股价后期的波动产生了阻力，使该股持续六个多月都没有突破该价位。图中第一个箭头处，股价向上突破该高点，意味着主力完全做好了拉升股价的准备，它给了投资者解套的机会。

主力怎么会这么好心？

理由是主力想要开始赚钱了。如果始终不突破这个高点怎么赚钱呢？攻破这个高点才能有更大的空间去盈利，投资者可及时跟随入场，分得一杯羹。该股后市果然爆发了一轮大幅上涨行情。此后，该股进入了快速拉升的阶段，短短几个月的时间内，股价一路上升到178.56元，走出了翻倍行情，这又是一个暴涨牛股的典范。

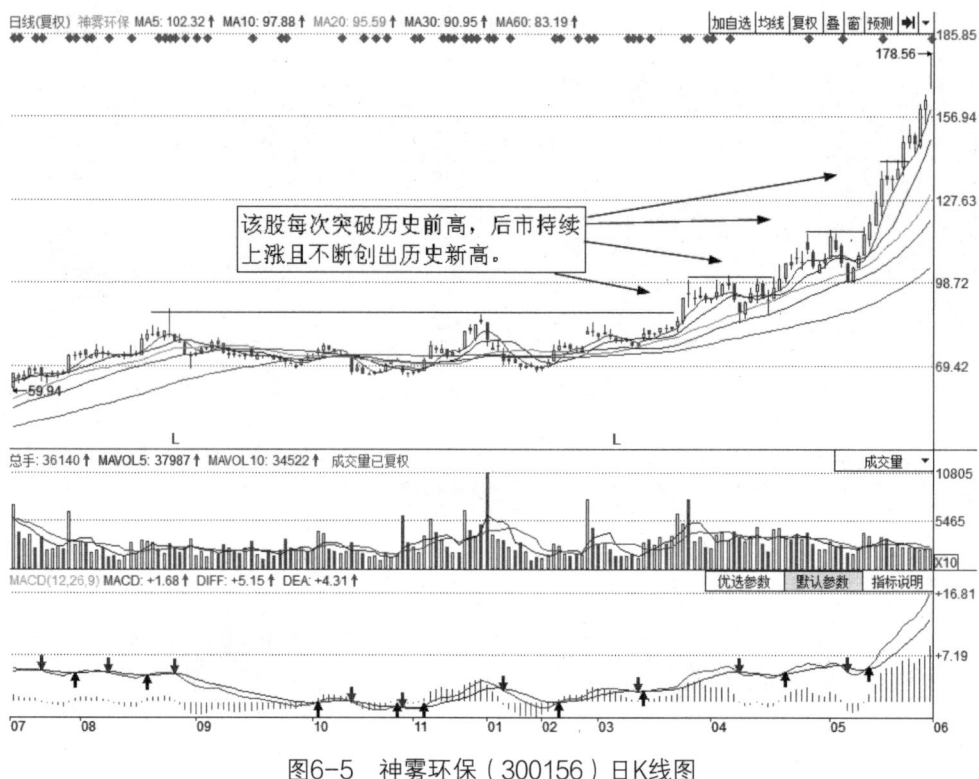

图6-5 神雾环保（300156）日K线图

股价持续创出新高，特别是突破历史前期高点后创出的新高，通常是投资者加仓或介入的信号。

虽然此时股价已出现较大涨幅，但创出新高后的股价上涨时无解套盘压力，只要股价没有明显的反转下跌迹象便可放心持股。

三、率先大盘见底、启动

在熊市末期，一般投资者会选择继续观望，而某些主力却能先知先觉，提前于市场完成筑底，先于大盘启动。若能跟随主力的脚步，紧跟大牛股见底反弹的节奏，便能尽享大牛股带来的丰厚利润，如图6-6乐视网（300104）所示。

第六章 探秘牛股运行规律

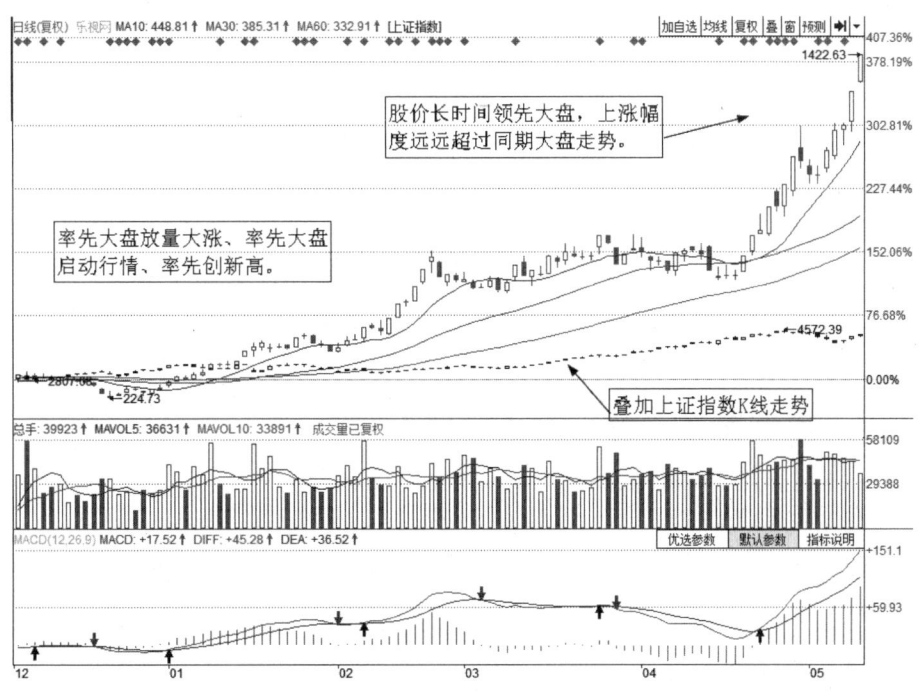

图6-6 乐视网（300104）叠加上证指数K线走势图

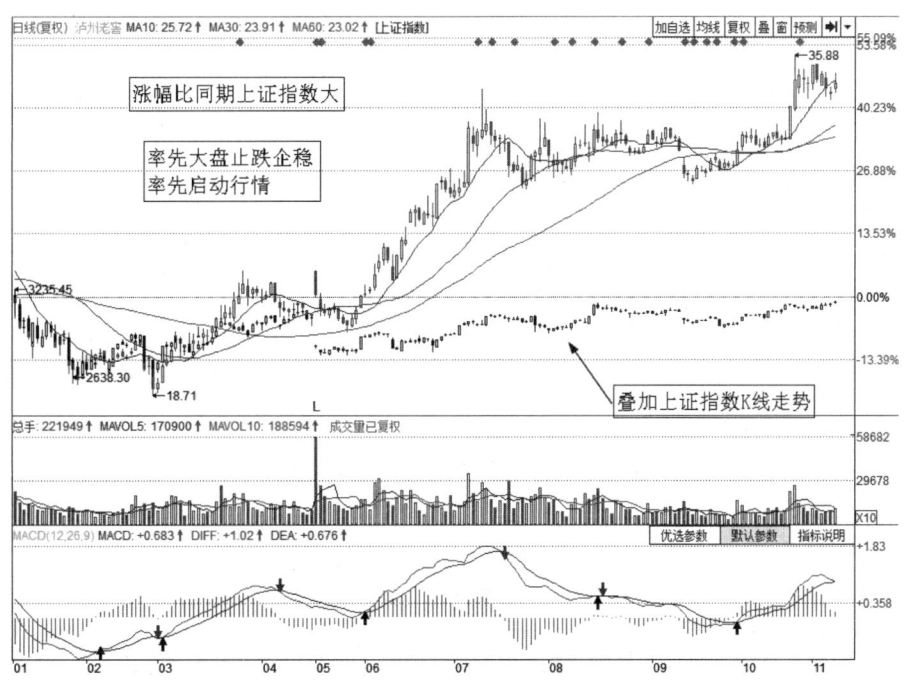

图6-7 泸州老窖（000568）叠加上证指数K线走势图

图6-7是泸州老窖（000568）2016年1月~11月的走势图，该股先于大盘见底上

涨，领先于大盘脱离底部开始绝地反击，在随后行情中新高不断，尽显牛股本色。

当市场陷入一轮震荡下跌，投资者若能抓住先于大盘见底的个股便能占得盈利先机。先于大盘见底并启动上涨行情的个股或板块基本上都会受到大资金的青睐，后期多呈牛股走势。熟知此运行规律的投资者，可在某个领涨板块的龙头股突然大涨之时，迅速介入该板块里另一只股价还未启动但较有人气的龙头股，以获取较大利润。

四、横有多长，竖有多高

横盘的时间越长，后市涨幅越大。股市中有句话"横有多长，竖有多高"，意指股价蓄势时间越长，其后市爆发力度越强，这是因为在较长时间的横盘振荡中，个股已经达到了充分的换手，筹码已经相当集中。主力获得的筹码越多，越能志在长远。

股价长时间在一个空间内积蓄力量，一旦向上突破前高，便会一飞冲天。投资者应尽量寻找构筑底部横盘形态时间较长的个股，因为时间越长，基础越扎实，而且形态构筑的时间越长，其有效性也就越强。

有些主力小打小闹赚点小钱便出货离场，有些主力目标远大，不达数倍涨幅誓不回头，而大牛股的诞生往往是后一种主力操盘的结果。如何看出主力的目标是否远大呢？主要是看该股构筑底部横盘的时间有多长，构筑了大平台大底部才会有大行情，也就是我们通常所说的"横有多长，竖有多高"，这是超级大牛股的特点之一。

图6-8是浙江世宝（002703）的日K线走势图，横盘时间越久，一旦突破，向上空间打开，突破爆发力越强，越值得重点关注。图中箭头处，该股突然加速上行，当日封于涨停，股价也突破前高，这是一个很好的买点，投资者可以在盘中积极追进，此时介入当然是最好的赚钱良机。该股此后果然快速上行，涨幅不小。本例的特点是该股前期洗盘的动作较大，低位横盘的时间也比较长，蓄势足够充分，此后进入主升浪也是水到渠成的事。

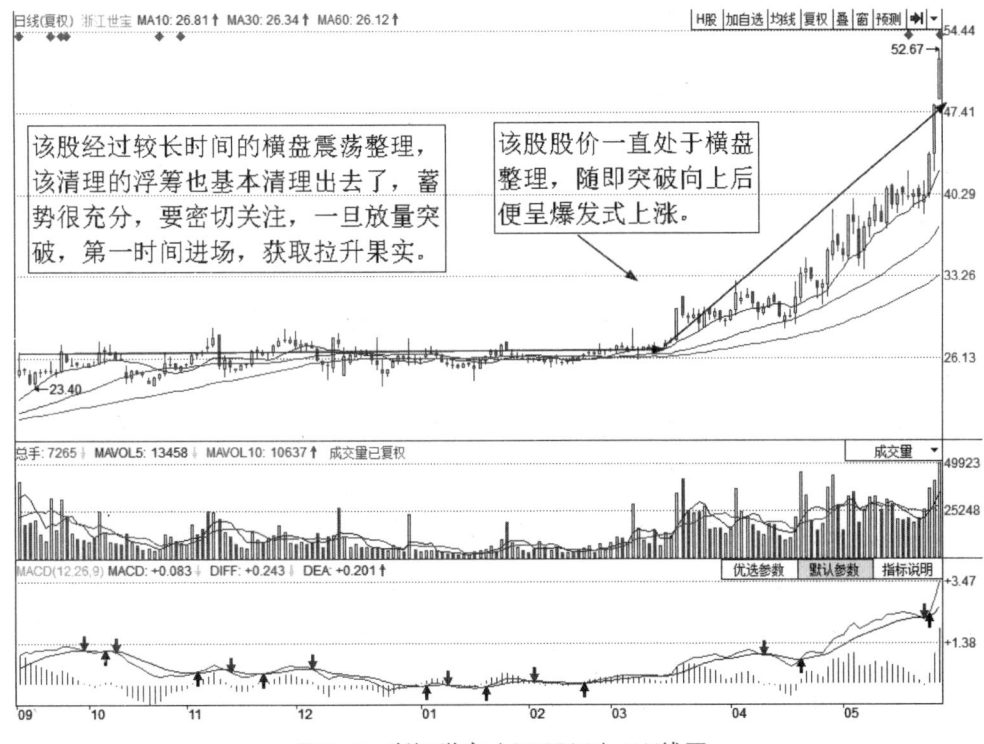

图6-8 浙江世宝（002703）日K线图

从图6-8中，我们可以看出，该股在长达半年多的时间里，无论大盘表现如何，股价每天的波动幅度很窄。除非是长线投资者，否则短线客盯着这种盘，很容易看得打瞌睡。稍微缺乏耐心的人，早就换股操作了。可就是这种特别磨人的走势，股价一旦启动，主力通常要翻倍才会罢手。

图6-9是紫江企业（600210）的走势图，该股长时间不涨，一直处于横盘震荡状态，这对于买入该股的投资者而言，是一种煎熬，卖也不是不卖也不是。如果卖了股价涨了岂不是后悔，不卖吧，股价一直长时间盘整对资金来说是一种极大的浪费，且股价盘整后是涨是跌还不确定，白白苦等这么长时间，浪费了时间和精力。

而待其突破，顺势跟进，享受股价拉升的乐趣，这样既可以避开股价长时间的震荡盘整，也规避掉一些不确定的风险。这种股票横盘时间较长，所以爆发起来，涨幅也比较惊人，我们要做的就是把股票拿稳，切勿途中下车。

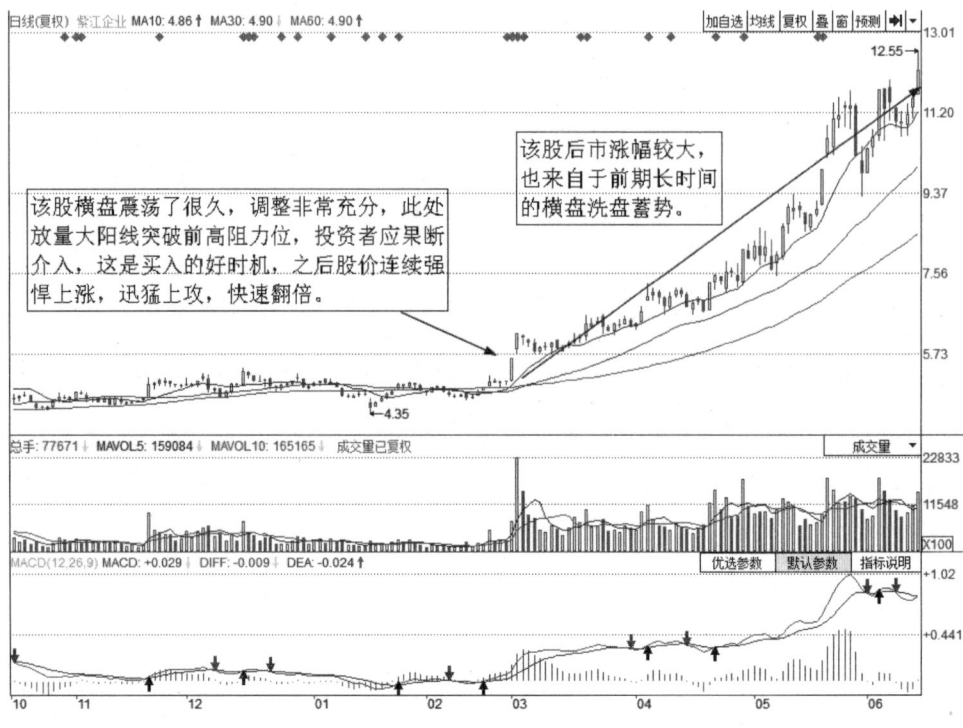

图6-9 紫江企业（600210）日K线图

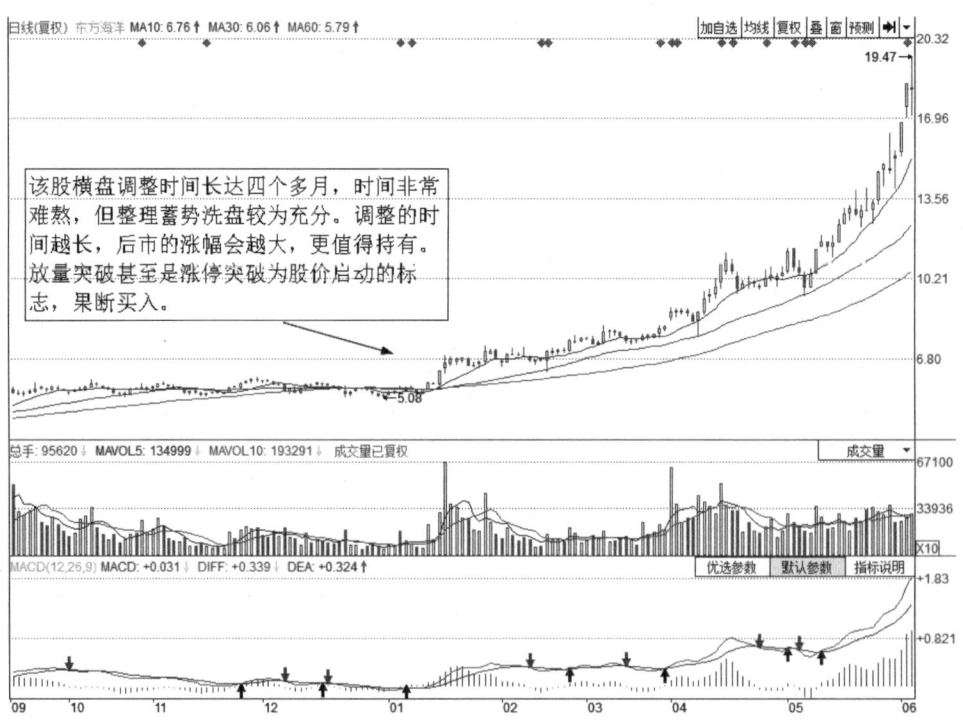

图6-10 东方海洋（002086）日K线图

图6-10是东方海洋（002086）的日K线走势图，该股长期横盘震荡整理，可见主力是多么有耐心。图中箭头处该股突破创新高，说明主力蓄势攻关，有备而来。放量突破前高，这说明前面的套牢盘已经完全解套，上升空间彻底打开，后市应该还有更大涨幅，此时投资者可以积极跟进，等待收获赚钱行情。本例该股的突破之所以值得积极追进，还在于前期的洗盘较为充分。该股横盘时间较长，让没耐心又胆小的投资者自动出局，放量突破前高是一个较为合适的介入机会。

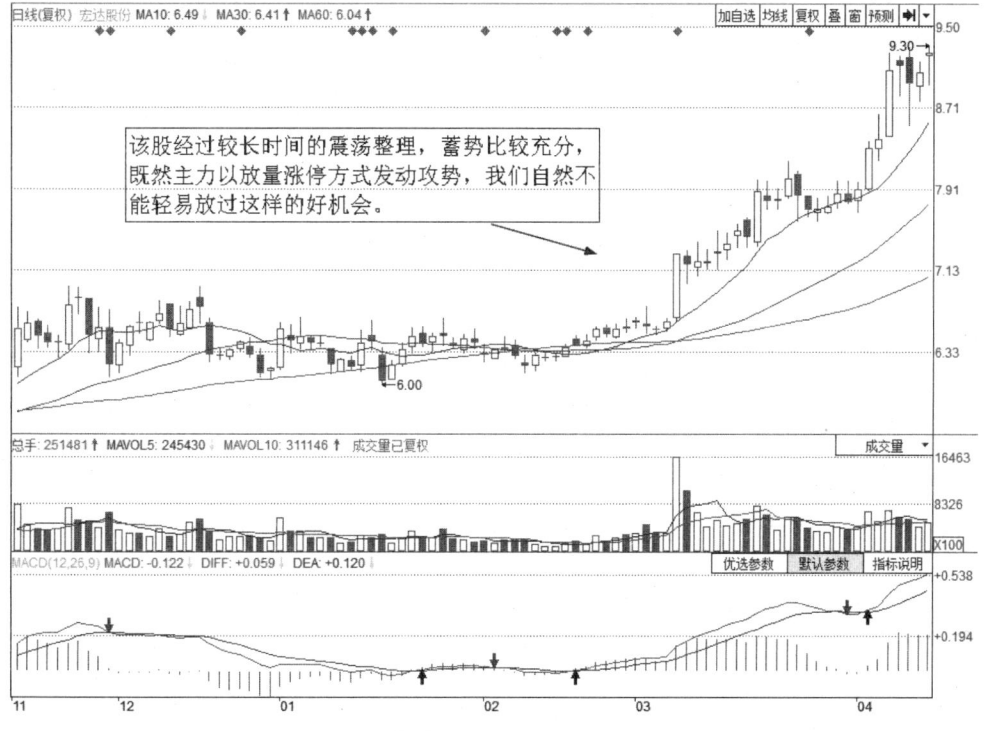

图6-11　宏达股份（600331）日K线图

图6-11是宏达股份（600331）的日K线走势图，该股进行了多个交易日的横盘震荡整固蓄势，此时投资者应该重点关注其突破时机，图中箭头处，该股在蛰伏多个交易日后，终于开始发威，强势封于涨停，股价放量突破前高，这说明主力已经完成洗盘，涨停突破就是拉升信号。这么长时间的震荡也让主力蓄势充分，一旦突破，必然势如破竹。此后该股果然快速上涨，涨幅不小，让突破抢进的投资者获利颇丰。

投资者在个股长期横盘震荡过程中，常常因过早入市，受不了股价涨涨跌跌的折磨，或因盘整期的利润回报太少，在股价发动上攻行情前离场而去，错过了一整个主升浪，这是十分可惜的投资决策失误。为了避免类似的失误，投资者在实战操作中应做到以下几点：

（1）手中所持个股的基本面未发生影响业绩等重大变化的，在底部震荡盘整时应坚定持有，等待主力洗盘后拉升。

（2）某只股票的价格处于一个相对低的振荡区域时，是投资者重点关注的阶段，可以等待股价突破时买入。

（3）个股股价突破长期盘整的区域，有可能出现大行情，投资者应果断跟进。

（4）股价突破后回调支撑位并得到有效支撑时，投资者应大胆买入，这是个相对比较安全的阶段。

（5）股票不断振荡向上，如果均线系统保持上涨状态，投资者不必为几天的涨跌而烦恼，持有就是最好的选择。

（6）对于加速上涨的股票，最好的策略就是持有不动，不要因为价格上涨了就害怕，这是最赚钱的阶段，持有时间越长收益越大。

（7）若个股横盘期的股价保持相对的独立性，不受大盘涨跌的影响，这类与大盘走势不同步的个股往往是值得关注的大牛股。

五、小盘股及其高送转易出牛股

1. 小盘股高送转易出牛股

中小板和创业板自推出之后，由于成长性高、题材多，一直受到市场中的游资及部分资金的重点关注，其市场波动又较大，产生了较多的投资机会，从而吸引了众多投资者的涌入。

从高送转预期的角度来说，中小板和创业板的小盘股具有天生的送转股优势。因为这些公司股本较小，高价发行后，公司公积金大幅度增加，具备很强的扩张能力，而通过高送转可降低股价，增强其市场的关注度和对中小投资者的吸引力。

由于小盘股的高送转预期最为强烈，所以投资者在具体的操作上应重点挖掘，可按照以下三个步骤挖掘具有高送转预期的小盘股上市公司。

（1）所选择的上市公司总股本要比较小，这样的上市公司就有了持续高送转的基础。

（2）所选择的小盘股上市公司最好是处于高速成长阶段的新兴产业。对于中小板或创业板中的小盘股企业，一般只有在国家政策扶持的行业中才能得到较为快速的发展。而在一个成熟的行业，中小企业上市公司想要追赶至行业前列，其面临的困难和阻力可想而知。因此，在选择小盘股上市公司时，应重点跟踪信息科技、生物医药、新材料、新能源等新兴行业。

（3）寻找符合上述两个条件且上市1～2年的次新类小盘股公司。由于中小企业通过上市获得所需要的资金，这些小盘次新股的高比例送转的概率显著高于一般的上市公司。

历史上刚上市未满一年的次新股，在上市后的第一年进行高送转的概率明显大于上市多年的公司。这是由于新股上市的最初几年里，其获利能力强、公积金较高、股本扩张的欲望强；而上市多年的股票大都经历过快速成长期，股本扩张的能力随时间推移而逐渐下降。

2. 小盘股易出牛股

股市是一个资金驱动市，个股的上涨是由资金的进出力量决定的。如果一只股票的总股本很大，推动它上涨的资金就要很多，即使股市整体回暖，这类个股的反弹上涨幅度也相对有限。而那些股本较小的个股，由于容纳的资金有限，一旦获得主力的青睐，出现飙升走势的概率较大。小盘股跑出大牛股的可能性相对较大一些，股价翻番是很容易的事。

小盘股有以下的优势：

（1）小盘股流通市值小，建仓投入的资金较小，对资金要求不高，拉升起来比较容易些，坐庄的时间相对较短，风险可控程度高，能充分满足主力的对个股的控制要求。

（2）易达到控盘。因流通盘小，资金介入后较容易出现控盘情况，这是小盘股最特别之处。控盘之后，股价走势将保持较大的独立性，因此，这类股票可能在大盘上涨时不涨，在大盘下跌时抗跌，股价的起动受大盘走势、市场整体的供求关系影响不太大。

（3）易于改造及重组。规模小的企业遗留问题往往也轻，即使产业转型或彻底改组，也不需太费力气。容易进行业绩包装，想象空间大是小盘股股价暴涨、跑赢大盘股的原因之一，因此小盘股容易受到主力资金的青睐。

（4）在股市中，一般认为个股的盘子越小，其成长速度和预期就越好，所以这类个股中十分容易诞生翻倍牛股。小公司有机会发生突飞猛进的改观，股本扩张能力强。

一般来说，盘子越小，所需的控盘资金量越少，有利于主力资金操作。主力资金的介入，会带动股价的上涨，同时刺激散户投资者跟风买进，进一步促进股价抬升。

下面我们来看具体的实例分析：

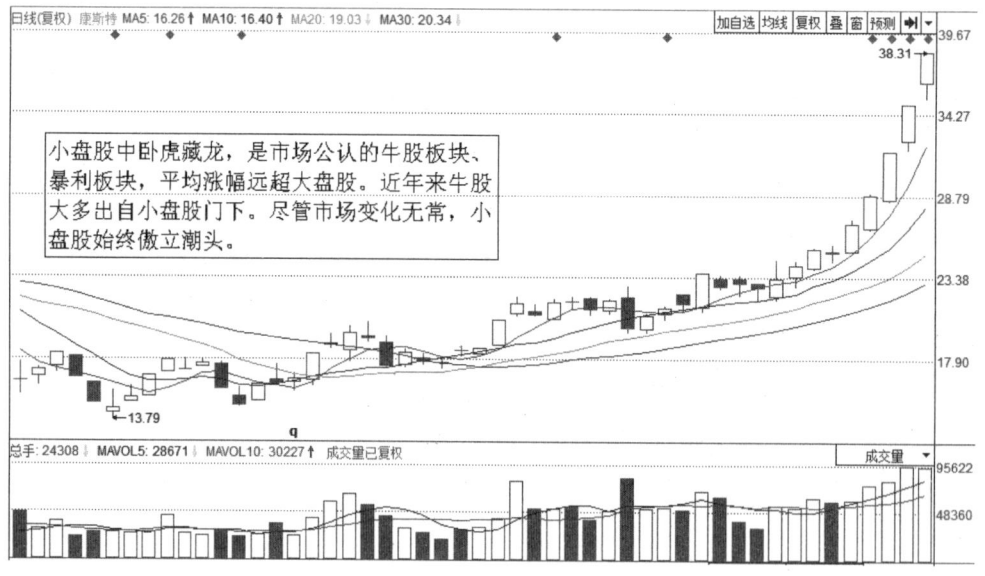

图6-12　康斯特（300445）日K线图

图6-12是康斯特（300445）的走势图，其总股本只有1.66亿股，流通盘只有0.41亿股，属于小盘股。该股从13.79元开始止跌企稳，以连续强势上升的方式，冲高至38.31元，整体涨幅将近300%，主力获利丰厚。小盘股历来是牛股的摇篮，由于股本小，流通筹码少，易于主力控盘，经常出现牛股的身影。

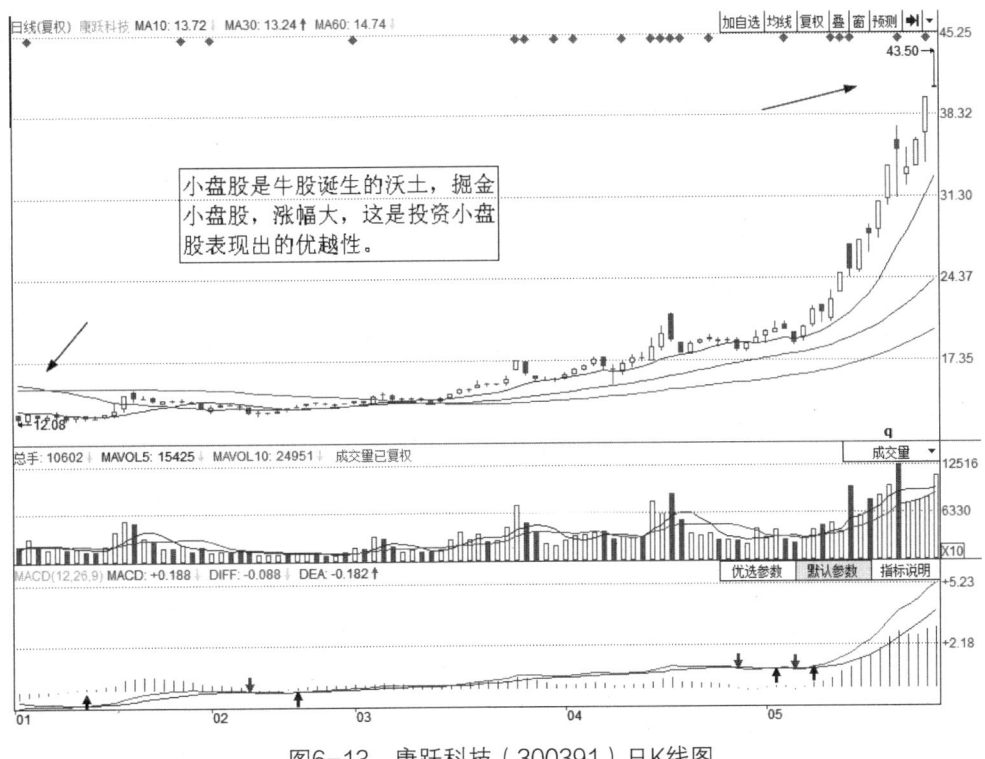

图6-13　康跃科技（300391）日K线图

图6-13是康跃科技（300391）的走势图，股价在五个月的时间内从低位的12元走到了高位的43.50元，升幅达3倍多，是令人羡慕的大牛股。

这只股票的股本是多少呢？总股本1.67亿股，流通股本才0.52亿股，我们以50%的控盘程度来估算，操控这样的一只股票所需要的资金是多少呢？以最高的43元计算，所需要的资金是13.65亿元。如果我们以12元的起始价来估算的话，所需的资金量仅仅是3.12亿元。现在市场上能够筹集到这些资金的主力很多，甚至一些资金量较大的私募基金就能做到，加上一些融资渠道，炒作这样一只小盘股是轻而易举的事。

对于这样一只对资金量要求不大，成长性较好，业绩优良，而且又能获利较大的的小盘股，市场里的资金自然趋之若鹜，投资者又有什么理由白白放过这种能获利较大的牛股呢？

这类股票的股价有业绩支撑，便于主力的长期操盘，投资者可长线关注，也可不停地从中做短线，获取短线利差。

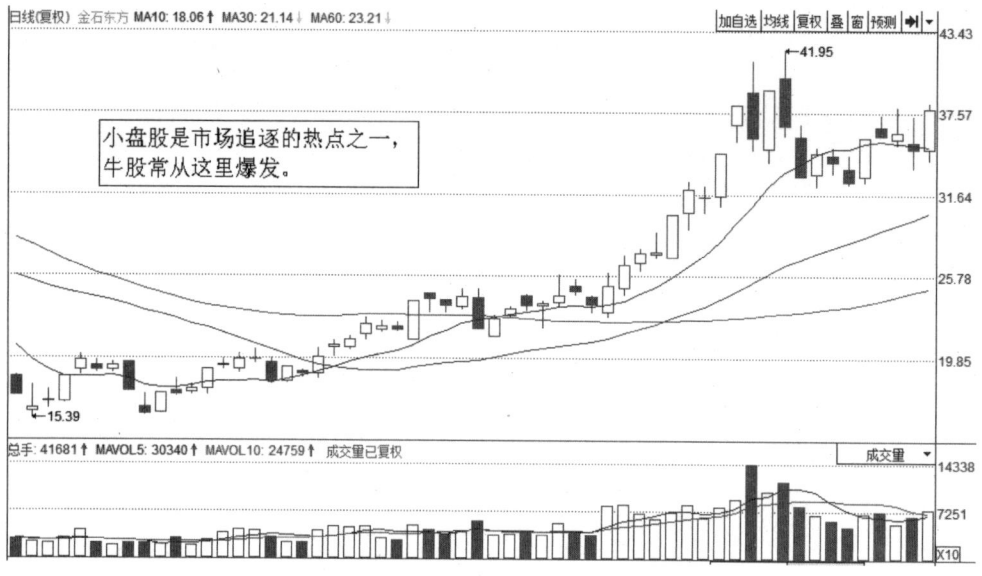

图6-14　金石东方（300434）日K线图

图6-14是金石东方（300434）的走势图，该股在短短的三个月的时间内连续放量上涨，股价走出翻倍行情，早期及时买进的投资者获利不菲。我们来看该股的F10资料：总股本0.68亿股，流通股本0.17亿股，是只十足的小盘股。这样主力机构只需动用不大的资金就可以控盘该股，轻松拉升股价。

这样一个赚钱良机摆在面前，何乐而不为？投资者自然要把握住机会，骑上牛股，获取收益。

图6-15是科隆精化（300405）的走势图，该股在5个月内从28.08元一路走高到61.61元，升幅达一倍多。我们来看该股的F10资料：总股本0.68亿股，流通股本0.33亿股。如果按50%的控盘程度来计算，入驻这样一只股票所用资金最低要4.63亿元，最高所需资金也只有10亿元。

第六章 探秘牛股运行规律

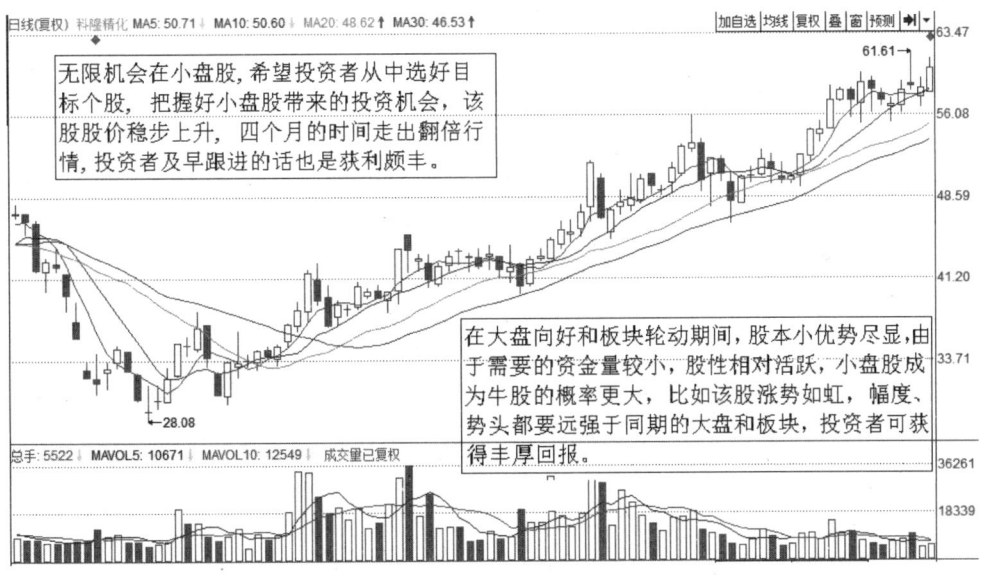

图6-15 科隆股份（300405）日K线图

这就是市场资金偏好小盘股的原因所在，投入资金小，可获大收益。在操盘一只股票所需资金不是太多的情况下，主力机构吸筹就提上了议事日程。这类股股本少，盘子小，打压洗盘、拉高几个回合下来，就可以完成筹码的收集，后市拉升也就相对轻松了。投资者可在股价拉升之际趁机"上车"，获取财富。

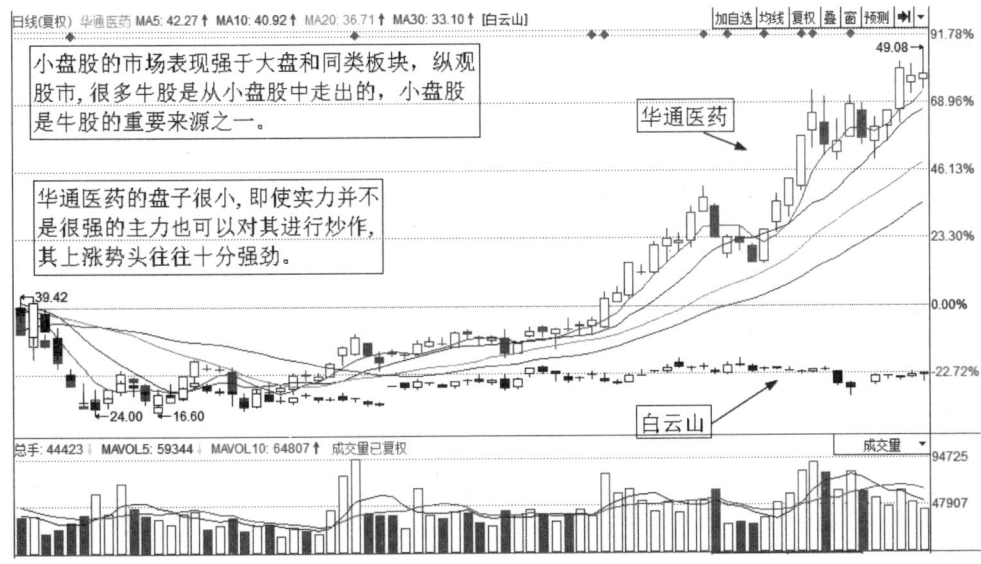

图6-16 华通药业（002758）日K线图

图6-16是华通医药（002758）和白云山（600332）2015年8月～12月的叠加走势图。在此期间，上证指数反弹上涨，而同属于医疗板块的这两只股走势却不一致，让我们从股本上一窥究竟。华通医药流通股股本为0.14亿股，因而获得主力资金的轻松炒作，股价从16.60元涨到49.08元，涨幅巨大，而同为医药板块的白云山，其盘子过大，流通股达10.36亿股，因而并没有获得主力的炒作，期间的涨幅远远逊于华通医药。

通过这个案例可以看到，同样板块的个股很可能会因其股本大小的不同，而有明显不同的表现。一般来说，小盘股的表现会比较强，是我们布局个股时应重点伏击的对象。

第六章　探秘牛股运行规律

第二节　牛股的内在涨升动力

一、拥有自主定价能力

自主定价能力的高低将直接关系到公司盈利能力的强弱，同时强硬的议价能力往往会带来确定的持续增长预期。因为拥有极强议价能力的上市公司具备转嫁成本压力的能力——可以通过提价来保持主营产品的毛利率，达到业绩增长的目的。同时，又由于缺乏竞争者和替代品，也不会丧失市场份额。

一般认为，真正意义上的自主定价权，是在行业内拥有独一无二的地位，不会因为价格在一定范围的变化而产生替代效应。说白了，就是即使提价了消费者仍然得买我的产品。

在A股的上市公司中，有以下三类企业具有较强的自主定价能力，备受市场的长期青睐。

1.酒类行业，尤其是高端酒类的上市公司

我国特有白酒业中的生产商，如贵州茅台、五粮液等，拥有对产品的自主定价权，这也使它们在酒类上市公司中保持大牛股的身份永不褪色。葡萄酒行业中，张裕A是国内葡萄酒行业第一品牌，已经有一百多年历史，可以说张裕是国内葡萄酒行业的教父。百年品牌和稳健的经营历史，将使张裕公司获得超过行业增长的收益。

图6-17是贵州茅台（600519）自上市以来的月K线走势图。国酒茅台是世界三大蒸馏名酒之一，作为中国酱香型白酒的典型代表和行业垄断者，贵州茅台的销售收入占细分酱香型白酒市场总收入的80%。同时，茅台酒也是中国白酒行业第一个原产地域保护产品，以及国内唯一获绿色食品及有机食品称号的白酒，是

世界名酒中唯一纯天然发酵产品,这些都构成了贵州茅台的核心竞争力。强大的核心竞争力使贵州茅台的股价从上市后一直处于上升趋势中,它也是中国白酒上市企业中分红最多的一家公司,向世人解释了大牛股的真正含义。

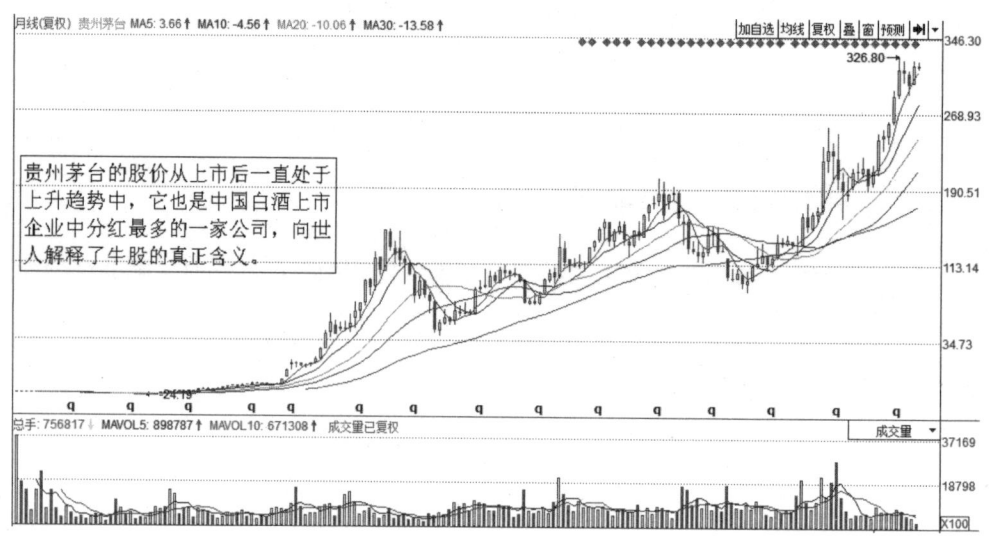

图6-17　贵州茅台(600519)月K线图

2.坐地生财的驰名景点企业

从拥有景点门票收费权和定价权的黄山旅游、峨眉山和华侨城三家上市公司近些年来的发展过程来看,每次调价保证了门票收入与物价升幅相匹配。因此,拥有景点经营权特别是景点门票收费权的上市公司将是身价倍增,长期来看,景区游客规模、门票价格、毛利率呈上升趋势,业绩增长具有持续性。

自然景点具备不可复制性,拥有特定的景点资源垄断优势,相关上市公司凭着垄断性,具有自主定价能力,可以通过提高门票价格的方式获得稳定的高额收益,还可以分享游客增长带来的经济效益。

图6-18是峨眉山A(000888)2006年~2016年的月K线走势图。峨眉山是集自然风光与佛教文化为一体的国家级山岳型风景名胜区,旅游品牌知名度较高。该风景区是世界自然与文化双重遗产,具有良好的区位优势和便利的交通条件。峨眉山景区迄今为止获得全国文明风景旅游区第一名、国家5A级风景区、全国优秀生态旅游区和"中国最美十大名山"等多项殊荣,这巩固了峨眉山在全国景区管

第六章 探秘牛股运行规律

理服务行业的龙头地位。公司股价从2006年最低价1.12元上涨至2015年6月的阶段性高点18.89元，涨幅达十几倍。

景点上市公司具有丰富的现金流与稳定的增长空间，经营管理模式相对比较简单，维护成本较低，也为公司持续稳定的增长提供了发展空间。

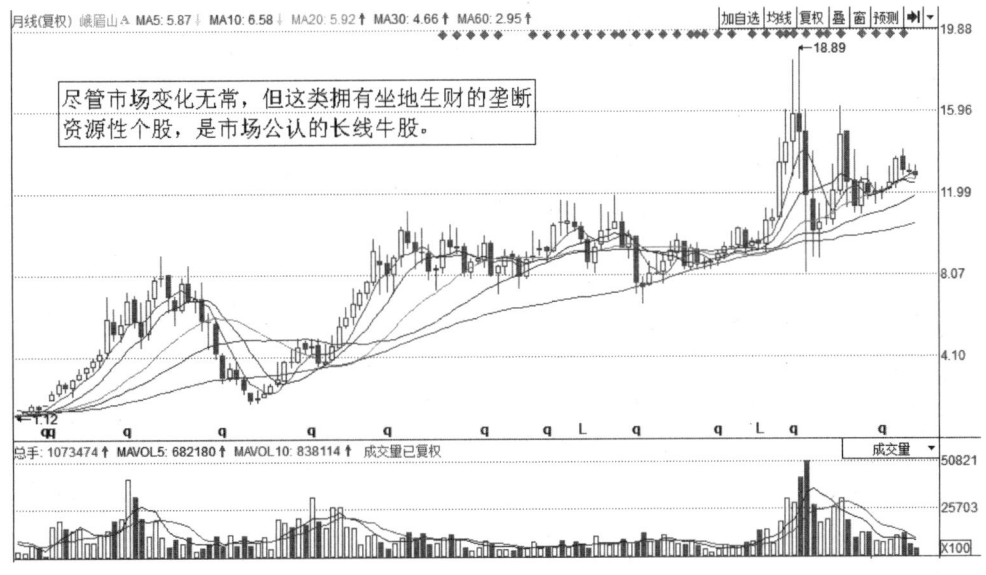

图6-18　峨眉山（000888）月K线图

图6-19　丽江旅游（002033）月K线图

图6-19是丽江旅游（002033）上市以来的月线走势图，该上市公司所处的

滇西北地区是云南省旅游资源最为集中的地方,"中国香格里拉生态旅游区"、"茶马古道"、"三江并流区域"均是世界知名的精品旅游区。拥有独立资源优势及政府基础建设支持的丽江旅游,凭借国内旅游消费的持续增长,其股价大幅上涨,自2004年上市以来的最低价1.40元一路攀升至升至2015年6月的最高价22.68元,涨幅巨大。

旅游业已成为中国第三产业中最具活力与潜力的新兴产业。国民经济的快速增长支撑了旅游业的发展,这也是旅游行业上市公司业绩的重要保障。选择旅游可以放松心情、陶冶情操,而选择旅游股则可以让投资者获得巨大回报。

3.医药类企业

医药类企业拥有独家的配方,类似于专利技术。比如云南白药、片仔癀就拥有两大国家绝密配方,使得其它企业难以模仿,缺乏竞争者。由于这些产品往往疗效明显,所以,需求一直稳定增长,使得上市公司具有极强的定价权。

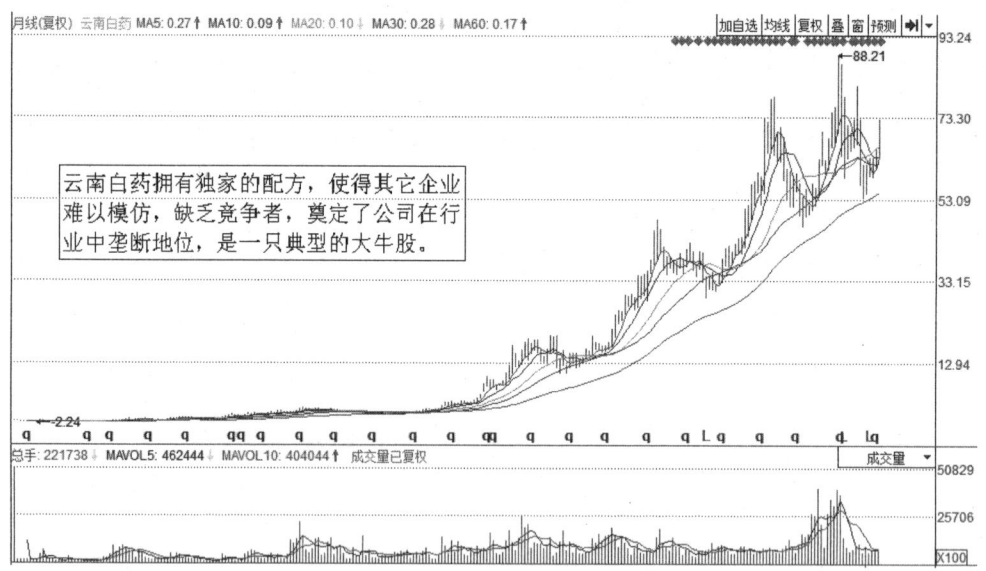

图6-20 云南白药(000538)月K线图

图6-20是云南白药(000538)的月K线走势图,该股在发展的过程中,屡屡提价的动力来源于公司白药产品的独特疗效与不可复制性。因为无论是工艺流程还是配方均属于国家绝密,云南白药秘方是国家一类中药保护品种之一,而且

"云南白药"被认定为驰名商标，受到国家对驰名商标的相关法律保护。公司旗下的产品云南白药急救包、创可贴、云南白药牙膏、云南白药气雾剂等均在市场上得到了充分的认可。这种在中药行业的不可替代性，使云南白药的股价一直处于攀升阶段，该股股价自1993年12月15日上市以来，一直处于涨势，屡创新高，即便是经历多年的大熊市，该股股价也只是稍作调整，随后继续拔高。

云南白药是我国仅有的两个享有自主定价权的中药绝密品种之一，独家经营，基本没有竞争对手，拥有极强定价能力，不受国家价格管制，公司具有很强的提价能力。随着国民收入的增长和健康意识大幅加强，在目前核心产品产量增长受限的情况下，产品数次提价后，消费者不但接受高价格，客户消费意愿反而更强。产品涨价获得高利润率，公司自然能够获得丰厚的利润。

自主定价权为上市公司保持持久盈利、稳固市场份额提供了保障，使上市公司在行业内拥有独一无二的地位，不会因为价格在一定范围的变化而产生替代效应。这样的上市公司不仅自身逐年提升盈利，而且也为投资该上市公司的投资者带来丰厚的回报，是不折不扣的大牛股。

二、未来预期看好的行业

买股票首先要选对行业，选择具有良好前景行业的上市公司会使自己的投资得心应手。

从前景光明的行业中寻找牛股，是在股海大浪中规避风险，获取高额利润的一条重要途径，这已经在中外几百年的股票交易中反复得到验证。为了适应股票投资的需要，通常把行业分为三类：一是进攻型行业，二是防守型行业，三是周期性行业。相对应的股票则称为进攻型股票、防御性股票和周期性股票。比如新能源、互联网股都是进攻型行业，有较大的风险，但也有较大的收益；而交通设施、药业、供水和供气等公用设施属于防御性行业；再如钢铁、煤炭行业属于周期性行业。

那么哪些行业中容易产生大牛股呢？自然是朝阳行业、支柱行业、国家扶持的行业、有发展空间的行业、景气度高的行业、竞争不太激烈且容易形成垄断市场的行业。

在国家的每一个发展阶段或经济周期中，国家出台的产业规划及战略要求（如"十三五"规划）、行业供需关系、社会消费的主线等都会促使相关行业进入景气期而涌现出一只只大牛股。

三、业绩原因

业绩体现了上市公司的经营能力，也是资本市场最为关注的。如果上市公司因为经营使业绩大幅增长，这无疑是利好消息，股票通常会出现明显的上涨；如果上市公司的业绩出现大幅度的下滑，甚至出现亏损，待发布业绩公告时，股价通常会下跌。

一般来说，业绩好的上市公司，其股票价格会高于业绩差的上市公司，业绩通常与股价成正比关系，上市公司业绩增长的幅度越大，股价未来的涨幅就可能会越大，所以投资者要选择那些业绩增长大的上市公司。

业绩是股票价值所在，是支撑股价的客观条件和物质基础，公司业绩的好坏影响着股票的价格。

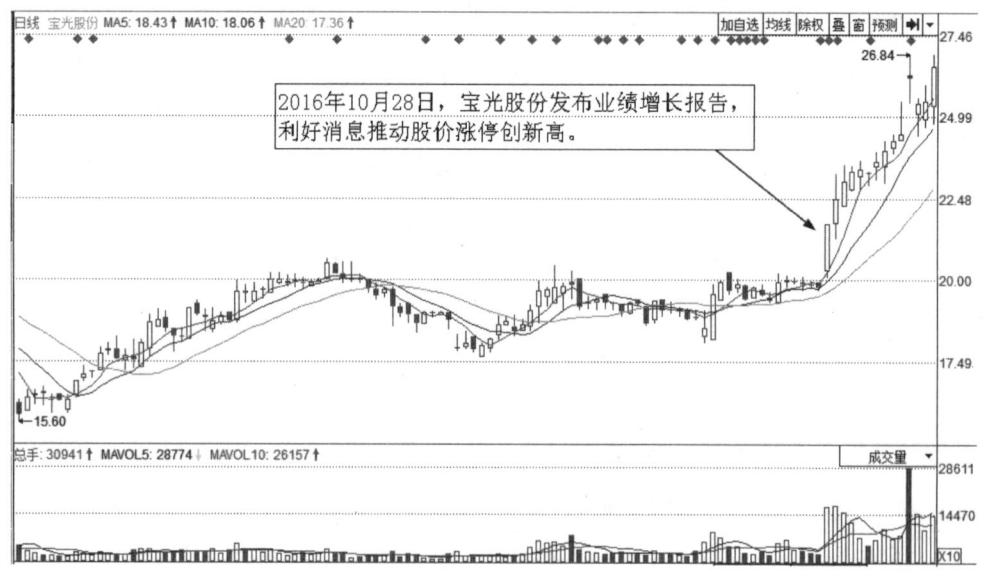

图6-21 宝光股份（600379）日K线图

图6-21是宝光股份（600379）的日K线走势图，图中箭头处涨停原因在于：宝光股份10月28日晚间发布2016年第三季度报告，公告称今年前三季度公司营业收入5.33亿元，同比增加24%；归属于上市公司股东的净利润4074万元，同比增加64%。

公司业绩向好，未来有望持续增长。受此利好消息的刺激，该股成交活跃，强势封涨停。

业绩是支撑股价的力量，不论是现实业绩还是预期业绩。

上市公司每次公布的业绩有大幅度提升时，自然对股价起到利好作用。

四、具备核心竞争力

在股票市场上，总有些个股能长时间跑赢大盘，特别是在大盘趋势向上时，更能保持很高的涨幅，成为投资者眼中不折不扣的牛股。

牛股涨势逼人的背后，是企业的核心竞争力。企业拥有了核心竞争力，才能在激烈的市场竞争中立于不败之地，其上市的股票才能在资本市场上一直受到追捧与关注。对于投资者来说，找到拥有核心竞争力的上市公司就有可能获得超额的回报。

牛股上涨背后的原因有很多，其中最重要的一点就是企业要具有持续竞争优势，这些竞争优势如同城堡一样保护着企业获得超额盈利的能力。上市公司可以凭借自己的核心竞争力，为自己寻找一个既有可观利润又有独特性的市场，从而避免陷入惨烈的市场竞争中。

一个企业是否有长期发展前途，要看企业有没有自己的核心专长，因为有了核心专长，这个企业才能创造需求，创造市场。

片仔癀（600436）可以算作这样一家公司，它具有足够抵御其他入侵者的强大优势，如图6-22所示。

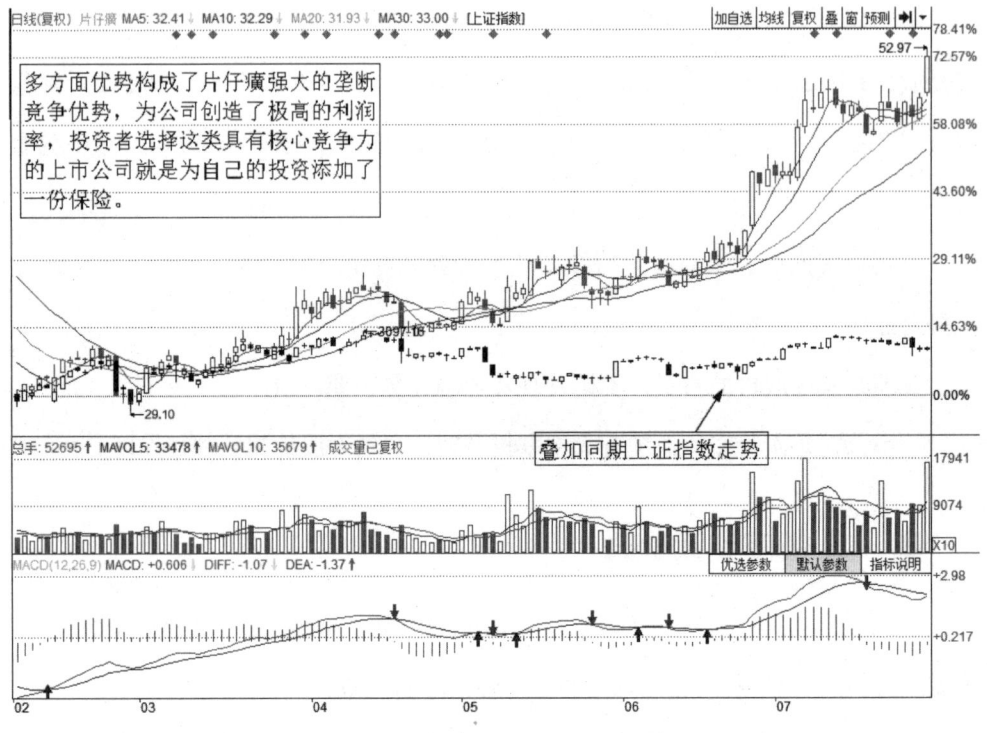

图6-22 片仔癀（600436）日K线图

图6-22是片仔癀（600436）2016年2月～7月的K线图，该股从29.10元上升至52.97元，涨幅较大，而同期大盘指数却在2900点附近震荡盘整，片仔癀远远跑赢同期大盘走势，获得超额利润。让我们来详细看看片仔癀的核心竞争力，主要有以下几个方面：

1. 片仔癀具有悠久强大的中医药历史文化优势

"中华老字号"片仔癀拥有"中药百年品牌文化传承企业"荣誉称号，它独家生产的传统名贵中成药片仔癀有着五百年厚重的中药历史，承载着悠久的历史文化底蕴，被称为"国宝秘药"，作为安家至宝"神丹妙药"享誉海内外，片仔癀传统制作工艺入选第三批国家级非物质文化遗产名录。

2. 片仔癀具有强大的品牌优势

片仔癀品牌号召力强大，目前已经结合悠久的中医药文化等多因素促成了"片仔癀"品牌的高端化、垄断化。片仔癀已经不仅仅是一种简简单单的中药品种，更是一个强大的高端商品品牌。

目前的"片仔癀"是公司无法估价的核心无形资产，品牌号召力强大，具有极高且垄断的品牌美誉度，高利润自然而来。

3.公司拥有国家绝密处方，相关药品世界独此一家

公司的核心产品片仔癀是具有独家垄断地位的中药，其处方、工艺均被国家中医药管理局和国家保密局列为国家绝密级配方，保密期为永久。受绝密配方的保护，市场上绝对看不到竞争者，片仔癀药品将永远处于独家垄断地位，这么好的独家垄断生意从全国范围看也没有几家，稀缺性非常强。

4.片仔癀方剂已经存在了几百年，未来配方也不会变，永不过时

产品配方永远不变好像不可思议，但是作为国家保密配方的片仔癀就是极少的例子之一。不变的配方，不变的产品，不变的客户需求，为公司永续经营创造了好条件，同时大大节省了巨额产品科研经费，也极大地提高了未来业绩预期的确定性，这也是价值投资者终生追求的特质。

5.公司拥有天然麝香等贵重中药材的寡头垄断地位

由于麝濒危，被国家列为一级保护动物，天然麝香这味原料稀缺。国家林业局、国家食品药品监管局、国家行政管理总局等五部委已联合发布公告，除片仔癀等仅有的几种中成药可继续使用天然麝香外，未列入公告的其它中成药不得使用天然麝香，这使得片仔癀更显珍贵。

目前国家批准使用天然麝香的制药公司只有片仔癀、同仁堂等五六家，这有限的几家也形成了对天然麝香资源的寡头垄断局面。至于其他几百家制药厂有钱也买不来天然麝香。由于市场需求日益扩大，片仔癀是垄断独家生产，这就更加导致含天然麝香药品的短缺。供给短缺也确保了片仔癀在价格不断调高的情况下，市场仍保持供不应求状态，公司因此可获得持久长期的高收益。

片仔癀已经具备了多方面的垄断竞争优势，这些优势使公司筑起了高厚的城墙，开掘了宽阔的护城河，完全可以抵御其它对其有非分之想的竞争者，相信片仔癀公司未来的业务成长空间会是巨大的。

企业核心竞争力是长时期形成的、蕴涵于企业内质中的，是企业独具的、能够经得起时间考验的能力，是支撑上市公司股价涨升的原动力。

五、牛股聚居地——政策支持的新兴产业

新兴产业代表着国民经济产业发展的未来方向，在国家的产业结构调整中承担着重要作用。纵观世界各国各地区的经济发展历程，及时选择和培育新的经济增长点，促进进行新旧产业之间的更新换代是所有国家和经济地区的必然选择。对我国而言，发展新兴产业具有重大的战略性意义。它们不仅拉动内需，保证国民经济持续增长，同时也符合增强综合国力、提高社会效率的需要。对于相关上市公司而言，一旦入选"战略性新兴产业"，不仅意味着能获得国家和地方财政上的支持，还能在资本市场上得到主力资金的追捧，未来发展的潜力巨大。

"十三五"时期我国把战略性新兴产业作为重要任务和大事来抓，这些新兴战略性产业包括节能环保产业、新一代信息技术产业、生物产业、新能源产业、新能源汽车、新材料产业和高端装备制造业等。A股市场受国家政策影响比较大，所以投资者顺应政策的变化去调整对相关行业上市企业的选择，便能顺势而为，轻松获得回报。

国家政策是行业发展的风向标，下面是对受到国家政策扶持的七大新兴产业的分析，投资者可从中找出具有牛股潜质的上市公司。

1. 节能环保产业

节能环保产业是指为节约能源资源、发展循环经济、保护环境提供技术基础和装备保障的产业，主要包括节能产业、资源循环利用产业和环保装备产业，涉及节能环保技术与装备、节能产品和服务等。其六大领域包括：节能技术和装备、高效节能产品、节能服务产业、先进环保技术和装备、环保产品与环保服务。

2. 新一代信息技术产业

新一代信息技术产业主要指以互联网、云计算为技术基础的一些新兴平台。"新一代信息产业"将聚焦在下一代通信网络、三网融合、物联网、新型平板显

示、高性能集成电路和高端软件等范畴。物联网、三网融合等都并非单一产业，而是包含多个产业及核心技术在内的产业集群，这意味着其中任何一项核心技术一旦取得突破，都将牵一发而动全身。

3. 生物产业

生物产业包括生物医药和生物农业等。A股生物行业上市公司主要以血液制品、疫苗、生物制剂为主，投资者可以结合行业特点，寻找不断有技术革新的上市生物医药公司作为投资标的。

4. 新能源产业

新能源产业主要指太阳能、地热能、风能、海洋能、生物质能和核聚变能等的发现和应用，新能源规划将重燃市场对绿色能源的激情。

5. 新能源汽车

新能源汽车包括燃料电池汽车、混合动力汽车、氢能源动力汽车和太阳能汽车等。发展新能源汽车已经上升到国家战略层次，从产业链角度看，新能源汽车涉及整装、锂电池、充电站等多个相关产业，而锂电池产业无疑是新能源汽车产业板块中最受看好的板块之一。

6. 新材料产业

新材料产业包括以纳米材料为代表的新材料的应用。作为新材料之一的碳纤维属于国际高端新材料产业，在世界各个国家都备受重视。除了传统的航空航天领域外，汽车、风力涡轮叶片及压力容器等市场对碳纤维的需求也在逐渐增加。

7. 高端装备制造产业

这一产业横跨了传统产业和新兴产业这两大领域，表现为知识、技术密集，体现多学科和多领域高、精、尖技术的交叉与集成。投资者不妨重点关注具有规模优势和实力股东背景，且具有较大市场份额的上市公司。

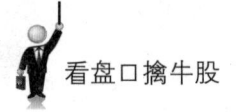

第三节 滋生牛股的土壤

一、看大势，赚大钱

谋时而动，顺势而为，是临盘实战中极为重要的原则之一。进行股票投资要讲究"势"，即对大盘的背景环境、大致走向先要有一个基本的、清醒的判断，然后再顺着大势做个股。任何类型、任何级别的操作，先判断市场的大趋势是第一位的技术，这一点必须要深深地刻进你的脑袋，并切实贯彻到平日的实战活动中去。

简单来讲，大势向好或基本平稳的背景下，各种交易技巧可有条不紊地从容展开，获利度也应适当放宽；大势向下或处于弱势整理的背景下，各种交易技巧则应小心翼翼地展开或干脆停止操作，所有操作以资金安全为第一准则，获利度应适可而止。

学会尊重市场大趋势，倾听市场的声音，读懂其语言，然后根据大势的方向做出跟随性的操作，这样市场才会尊重我们，我们的投资之路才会顺利。在投资市场上，顺着大趋势操作才是我们持久盈利的保障。

大盘就是大势，它代表着全部股票涨跌的一个平均值，反映了整个股市的强弱走势，在实际应用中我们所说的大盘一般指的就是上证指数。我们在操作之前，先需要对大盘走势格外关注，对大盘进行判断。大盘和个股是相关的，呈现出互为因果的关系。当股票集体启动上涨时，大盘也会上涨；当大盘大跌时，多数个股也会下跌。

投资者需明白，若要炒好股票，分析大盘是极其重要的，买股票前一定要研判大势。同时，不要和大盘背道而驰，而要顺应其走势。大盘行情好的时候要大胆买进，不好的时候要学会休息。

只有把大盘分析好了，你才便于采取相应的策略。大盘分析有误，一招不慎，你就可能在股海中踏错或踏空，陷入被动之地。

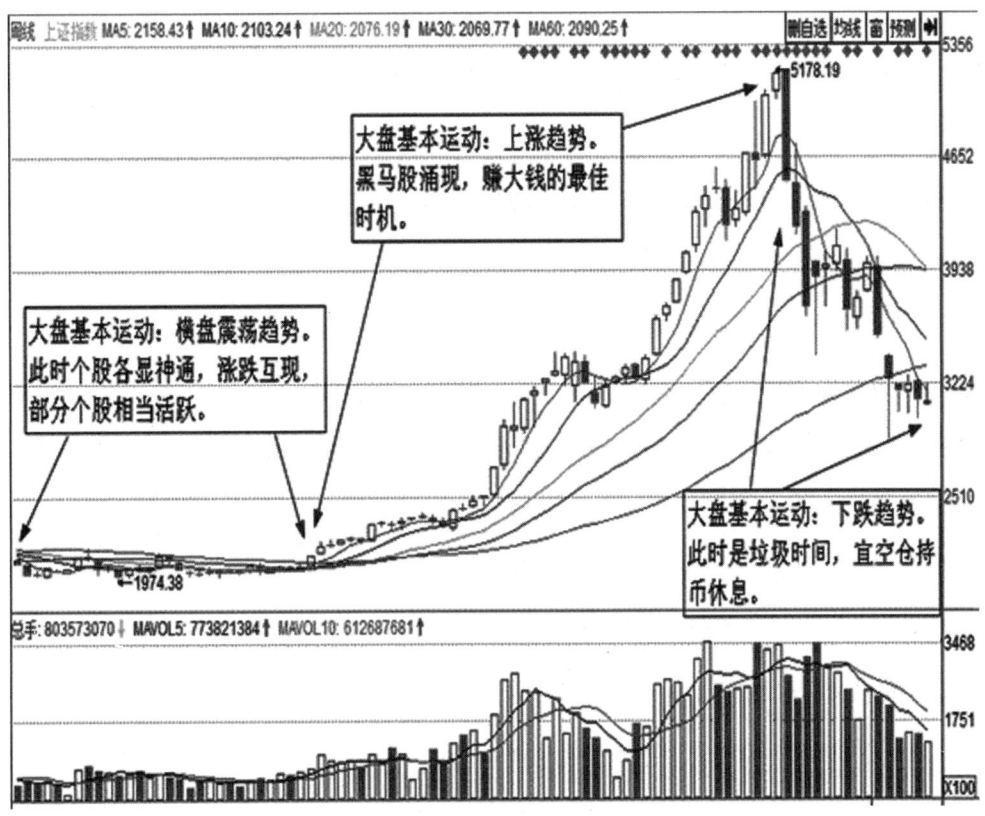

图6-23 上证指数周K线图

图6-23是上证指数2014年1月～2015年9月的周K线图。看大势才能赚大钱。很多投资者每天风雨无阻，长期盯着动态报价，不研究大盘的走势状况，喜好琢磨一些小技巧，在下跌趋势中不懂得空仓休息，不把握住逃命机会，还经常操作，结果被套，不赚钱或者亏钱就再正常不过了。做股票要看大势，多从大处着眼，否则很容易一叶障目，不见泰山。

大盘是个股股价波动运行的外在环境，反映了上千只股票的总体走势，代表了市场运行的总体方向，也制约着大部分个股的表现。市场大背景健康、良好，这一前提是大、中、小资金安全进出股市的保证。对此投资者必须要有清醒的认

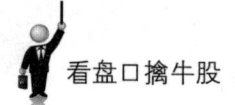

识。带着抛开大势做个股的浮躁心态,终将无法在股市里获得成功。

大盘处于强势时,才能为板块、个股活跃提供良好的背景,投资者参与其中获利的概率才大。

二、滋生牛股的土壤——大盘走势

大盘良好的背景支持是牛股的摇篮,要想更好地捕捉牛股,大盘最好处在牛市环境中。在牛市中,捕捉牛股的风险最小,收益最高,因为大环境好,股票有上涨的要求和动力,市场热情高涨。

当大盘处于上涨趋势时,每天都有几十只股票涨停,这对捕捉牛股来说,是个大好时机,抓住牛股的可能性更大。大盘是市场风向标,抛开大盘做个股,如果在下跌趋势阶段,结局通常会亏损。覆巢之下,焉有完卵,当大环境不好时,股票的逆势上涨也不会长久,主力资金一般都不会逆大势拉升,因为逆市上涨通常会遭遇较强的恐慌性抛盘,上涨成本高。在大盘上涨时,股民交易热情高,抬轿的人多,主力资金借力使力,既容易拉高股价,又容易高位出货,可以很轻松就达到事半功倍的效果。

主力资金在做股票时大多也会利用大盘的走势,绝大多数的主力都会选择顺势而为。只有极少数的游资会选择逆势拉升,这样的拉升一般不会长久,风险很大。因为顺应大的趋势,主力资金可以很轻松地减少操盘成本,而逆势而为则会消耗主力更多的资金。所以当大盘趋势向下时,市场中的绝大多数股票都是下跌的;而大盘趋势向上时,绝大多数股票也是上涨的。

我们可以利用市场中大盘的这一重要特性顺势而为,这是降低投资风险的重要方法。

顺势而为,在大盘相对安全的状态下做个股,才能更轻松地在股市赚钱。资金量大的主力,很难做到抛开大盘做个股。捕捉牛股,最好要有大盘的配合,至少大盘条件要相对有利。

三、先看大势再做个股，善观大盘脸色

大盘的良好走势是我们交易的前提条件，因为大盘的好坏直接影响着操作的成功率。简而言之，大盘走势无外乎三种，即朝上、朝下、横向整理。下面通过分析不同的大盘走势对操作的影响，来帮助读者在操作中更加如鱼得水，学会判断大盘能为我们提供多大的市场机会。大盘能提供多大的机会，我们就做多大的行情，不可盲目主观，企图比市场更聪明。

1. 处于上涨走势的大盘是滋生牛股的沃土

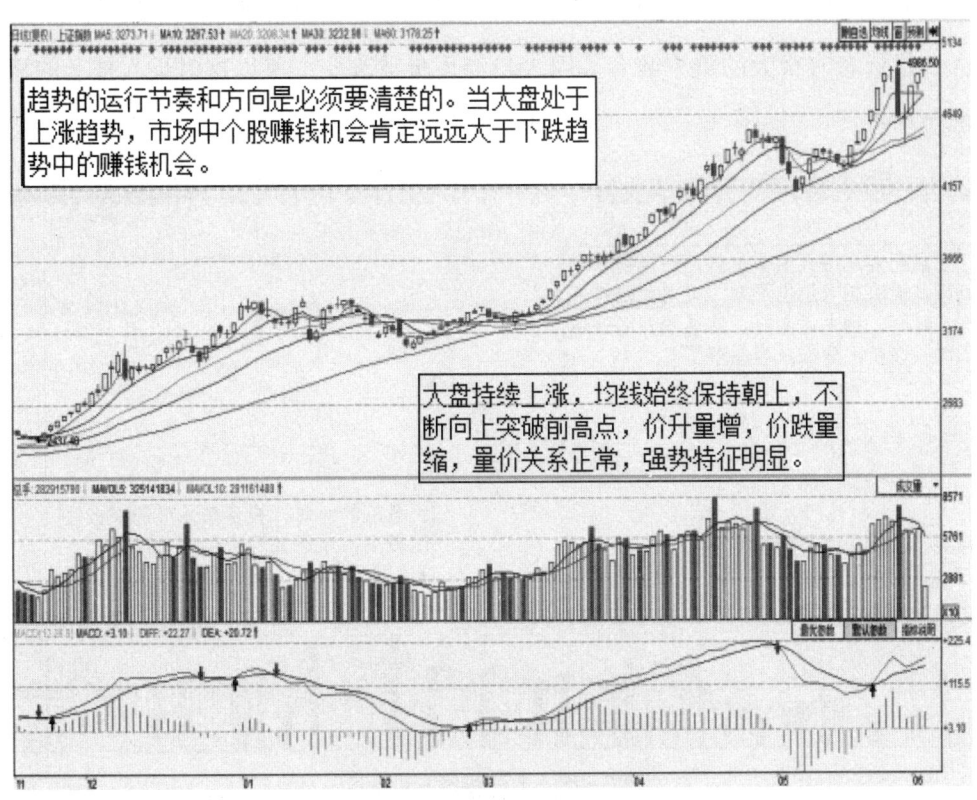

图6-24 上证指数日K线图

图3-2是上证指数的一段日K线走势图，从图中可以看出，低点不断上移，高点也逐步抬高，K线和均线处于朝上的趋势，可坚决买进。大盘站在60日均线上且均线向上，说明整个市场处于乐观阶段，走势向好，个股普遍活跃，出现普涨向上攻击状态。此时价涨量增，阳线多，阴线小，在大盘如此强劲的背景下，热

点板块肯定层出不穷，个股也必定非常火爆。投资者趁势而为，可达事半功倍的效果。

当大盘指数上涨时，个股也跟着涨，形成普涨的局面。有赚钱效应，人气急升，场外大量资金都想趁机入场，这时主力机构只用很少的资金，就可以把股价抬高。所以对于普通投资者来说，大势背景的判断是非常重要的。

大盘指数处在上升趋势中，资金不断流入，重心越抬越高，股价上涨途中回调，是再次入场的机会。此时投资者操作要积极一些，虽然有些投资者可能因为短期追涨而被套，但股价经过一段时间的整理之后，随着后续资金不断流入，投资者有很大的概率解套。因为趋势很难被改变，所以这时买入被套的概率较小。

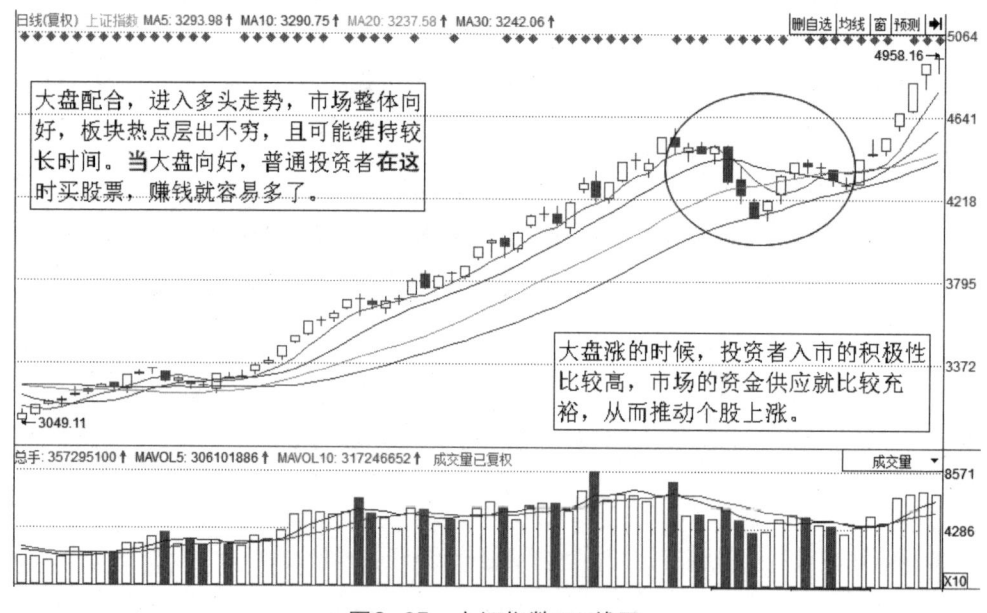

图6-25 上证指数日K线图

图6-25是上证指数的一段日线级别的K线走势图，这是一个上涨趋势得到确认成功的例子。股价和均线方向朝上，呈多头排列。图中圆圈处的回调并未破坏多空双方的长期力量变化，后市再度调头上涨，长期上涨趋势确认成功。此时大盘上涨，多数股票上涨，只有少数股票下跌，这时选股，最好集中精力选择热门

题材股、强势活跃股和龙头股。

大盘走势一旦向好，市场人气活跃，个股才有表现的机会，主力机构则会趁机拉抬股价，一大批牛股也会涌现，这也是投资者最好的买入机会。大盘走势向上，投资者买入股票后股价上涨的概率就大，持股就相对安全，盈利的概率也会相应提高，所以投资者应该选择在大势背景良好的情况下，进行投资活动。

2.大盘横盘盘整时期也是捕获牛股的黄金阶段

这个阶段个股涨跌互现，散户心理忐忑，是主力趁机洗盘与拉升的有效时机，各路资金也常常各显神通，部分个股逆市大涨。

图6-26　上证指数日K线图

图6-26是上证指数2016年1月中旬至10月的走势图，当大盘处在震荡市场中时，每次发生在底部的震荡点，就相当于一次短暂的底部，在这种市场环境中，投资者可选择活跃的强势股和题材股操作。

3.大盘呈空头排列时，最好空仓，持币以待

多条均线向下，表明整个趋势是向下的，目前市场中大多数人都是亏损的。此时个股行情持续性差，操作意义不大，任何反弹都是出货的机会而不是入场的时机，不能看着跌了这么多，便以为调整已经足够。当大盘出现向下趋势时，

应持币回避，不要冒着大概率亏钱的风险操作，此时选股难度也大，如图6-27所示。

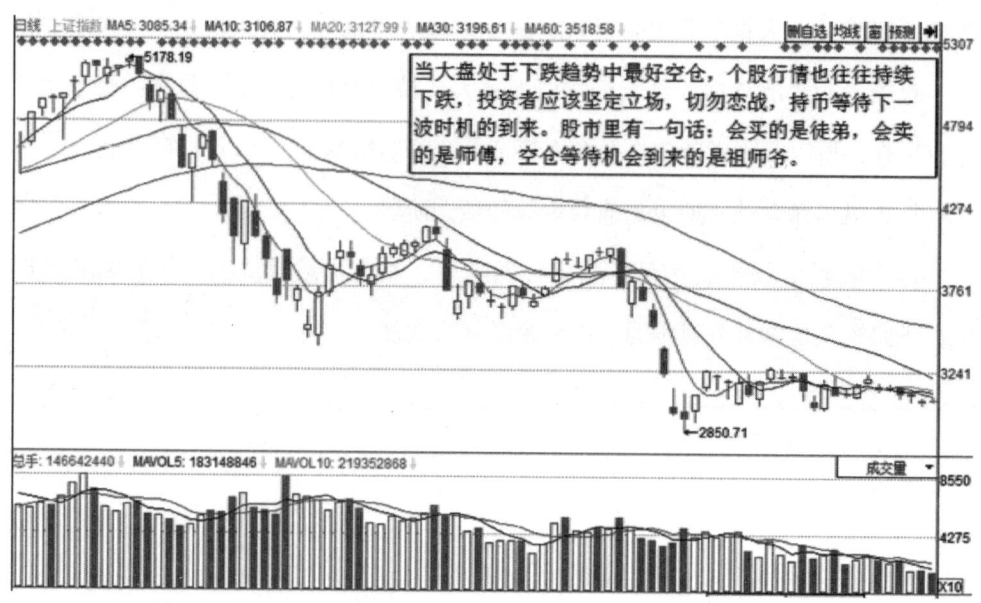

图6-27　上证指数日K线图

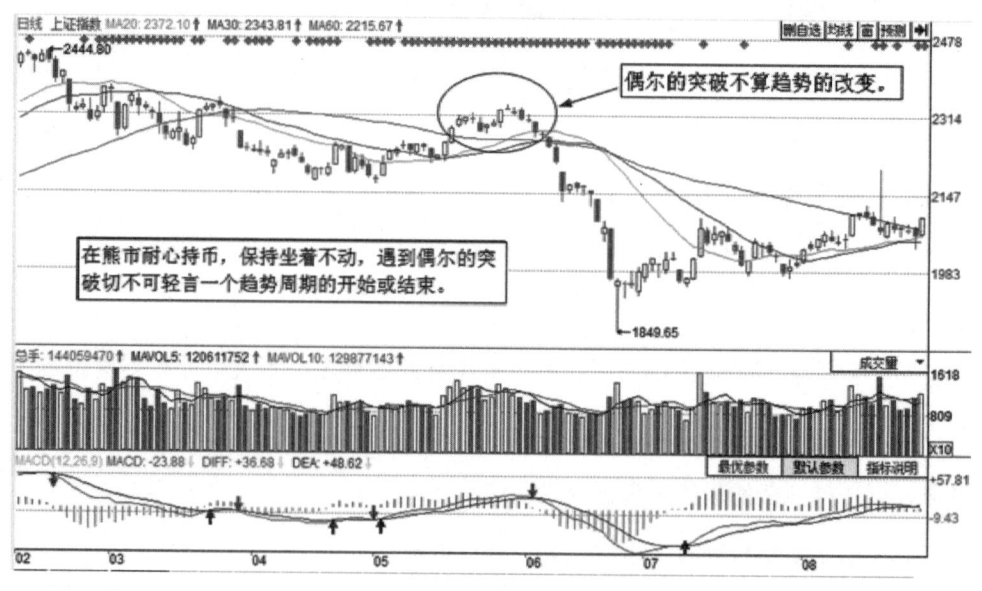

图6-28　上证指数日K线图

大盘处在下跌趋势是异常残酷的，几乎所有的股票都处于跟随下跌中，即便是一些看上去走强的个股。在这个阶段，只要投资者还持有股票，都会感觉很

难受,幻想的上涨不会发生,每天面对的是不断的新低,幻想一天天破灭,一些投资者甚至开始麻木和绝望。在这个阶段,投资者应该坚决持币,不介入任何股票,牛市持股不动是功夫,熊市持币不动是老手,如图6-28所示。

在大盘欠好的情况下,绝大部分股票会受到大盘拖累,也是跟着下跌的。逆市做多,风险大,易亏损,成功的概率会很小。虽然个别股票会暴涨,但这种机会是难以把握住的。成功的投资者,从来不做小概率的事。所以说,要先看大盘,再决策个股,那种不管大盘做个股的做法是投资活动的大忌。此时最好是持币以待,耐心等候时机的再度出现。

大势看好的情况下才去做股票,这样我们就会减少很多不必要的损失。弱市中不宜入市,清仓给自己放假,观望为上策。

此时空头占绝对优势,我们就应该回避风险,减少参与甚至不参与,不参与就不会亏损。

四、把握好大势,赚钱机会和幅度才会显著提高

大盘的走势决定了大多数股票的走势,大盘涨大部分股票跟着涨,大盘跌大部分股票跟着跌。在大趋势向下跌的时候,不管你选了多么好的股票,下跌的概率大过上涨的概率,也许股价会有短时间的反弹,但反弹过后是更猛烈的下跌。在股票下跌的过程中,市场会出现争先恐后抛售股票逃命的现象,此时人们也不管股票有没有投资价值了,在市场失去理性恐慌性抛售的情况下,股价往往会越跌越低。

何时买卖股票比买卖何种股票更为重要,永远不要逆势而为。大盘处于上涨阶段,我们要去操作个股;大盘处于下跌阶段,就要空仓去休息。暂离股市,就不会为盘中波动而控制不住自己的双手。

炒股要特别注意回避系统性风险,即大盘下跌的风险。投资者一定要明白在什么样的市场环境中,才适合操作。虽然在大盘恶化的情况下,也会有极小的个股强势上涨,但在大盘单边下跌的环境中,个股上涨的概率远小于下跌的概率。

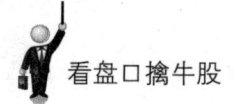

　　如果大盘走势处于下跌趋势，某一只股票却独来独往，不顾大盘的走势不断上涨，投资者千万不要被表象所迷惑，轻易介入。在大盘走势不好的情况下，个股随时有下跌的风险，不要看它一直涨得很好，说不准什么时候它就有可能暴跌。投资者如果轻大盘重个股而买入的话，很容易会被套牢。

第七章

如何提高盘口感觉

 看盘口擒牛股

第一节 什么是盘口感觉

跳舞跳多了就有了舞感，外语念多了就有了语感，篮球打多了就有了手感，而真正的炒股高手也应该具有盘感。有了良好的盘感，在进行股票买卖时才能游刃有余，获取较好的收益；有了良好的盘感，我们才可以把握住瞬间即逝的交易时机。

在实际操作中，高手经常会说出这样的话："我觉得行情会上涨"，"感觉行情会下跌"等。事实上，这种感觉在事后往往被验证是正确的，且这种感觉是一种说不清楚道不明的东西，是一种朦胧的预感，这就是所谓的盘口感觉，简称盘感。对于盘感有人称之为"第六感"，有人称之为直觉，名称虽不同，但本质含义都是相同的。

盘感，简单地说就是投资者在接触各种盘面信息后，对股价未来走势的直觉判断，它是在心理上所作出的第一反应。

"盘感"与"凭空臆想"是两回事，它是建立在扎实的实盘操作水平之上而形成的盘面感觉。盘感很难单用语言来明确表达，更无法从别人那里生搬硬套地学来，它是建立在投资者的自身交易经验和交易理念基础之上的，是亲身感受到的市场综合信息的沉淀，是经过时间积累的成果。

当人们在某一领域内介入较深时，对这一领域内事物的直觉能力就要显著高于外行人，可以说，这种直觉并不是什么神秘的事物，它是建立在人们对某一专业知识的精通掌握之上的。

盘感是投资者在日积月累的看盘、交易过程中形成的一种直观感觉，投资者根据他所接触到的相关盘面信息（如K线图走势、成交量情况、分时图走势、成交单细节情况等），在不经过综合分析的情况下，就可以快速产生一种较为准确

的直觉，盘感能力的强弱也直接关系到投资者交易能力的强弱。

操作中盘感极为重要，它既是经验的积累，也是技术的升华，但盘感并不神秘，只要投资者善于将盘面语言翻译成可以理解的信息，并在随后的时间里持续跟踪个股走势，完善自己的分析能力，良好的盘感就会逐步形成。

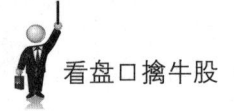

第二节 盘口语言和盘感

主力动用大资金操盘的最终目的是获取利润,为达到此目的展开的吸筹、拉升、洗盘、出货等所有的动作,往往会在K线与分时走势图上表现出来。只要个股没有被停牌,通常都会说出其盘口语言,通过个股盘口语言可以了解到主力操盘的思路,从而洞察股价的未来动向。

盘口语言中有真话也有谎言,例如主力常常对倒放量制造假象,这就是盘口谎言,需要投资者辩证对待。如果投资者深刻认识各种K线图形与分时走势,那么,某一天在实盘中看到类似的形态时,便会立即条件反射预感到该股最可能产生的一种走势。就如你熟识的朋友,你对他的性格了如指掌,在特定事物面前,你无须问他,就知道他最可能采取什么样的行动。

盘感取决于你对盘口语言的熟悉程度。当你做某一件事异常娴熟之时,无需详细分析和研究,就能得出正确的结论,这是一种感觉,这种感觉能体现在实战操作中。

第三节　提高盘感四大诀窍

提高盘感是股市投资的必修课，它并不是一朝一夕的事，但是掌握方法则有助于我们尽量快速地提高盘感。根据笔者多年的经验，提高盘感可以从以下四个方面进行：

一、经常进行实战操作

要想具有良好的盘感必须经常地进行实战操作，经常的实战操作可以使你把握到许多板块及个股的股性。只有经过不断的实战操作，投资者才能将所学到的知识灵活运用，才可以积累丰富的实战经验。

盘感源于经验，人必须通过正确的方法和努力才能获得盘感，它来自多年日复一日地与市场打交道的经验，来自对大量市场形势的深刻理解。为获取盘感，你必须付出数月乃至数年的勤奋努力。

盘感来源于投资者在实际运用技术分析方法的过程中自己产生的感受，这些感受是无法从别人那里学来的，它是一种感觉。很多用心的投资者在实战炒股多年以后，常常就能从基本面、技术面的蛛丝马迹、风吹草动中，判断哪些股票应该被卖掉，哪些股票可以买进，这些感觉有时很难用语言来表达，主要来自投资者多年锻炼出来的感觉，它有深厚的实战经验作为基础。

二、持续跟踪目标股

如果说复盘是一种静态的训练方法，那么实时跟踪目标股的走势则是一种动态的训练方法。复盘会屏蔽很多只有实时动态条件下才能得到的盘面信息，比如委托盘的申报挂单情况。投资者在长期跟踪目标个股积累经验后，才能从容应付

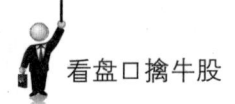

以后在实盘操作中碰到的各种情况。

要想实时跟踪大量的目标个股是不切实际的，而且如果跟踪的个股太多，也势必会造成目标群体过大，难以深入分析的局面。通常来说，可以动态跟踪的个股不要超过20只。

三、坚持每日复盘

坚持每天复盘，并按自己的选股方法选出目标个股。复盘的重点在于浏览个股走势，挑选出目标个股。与市场热点具有共性，有板块、行业的联动的个股，后市走强的概率才高。

所谓复盘，简单说，就是对当天的走势进行一次回顾和总结，并计划好自己在第二天或者是一段时间内的操作。每天下午3点收盘后，利用静态盘面信息再看一遍市场全貌，以期从中获得更多的盘面信息。毕竟白天时间有限，不可能都实时地动态盯盘，而且一般在白天动态盯盘的时候也没有充足的时间进行总结，通过复盘你可以更了解市场的变化。下面我们来总结一下复盘的步骤有哪些：

1.看大盘走势，了解大盘强弱

大盘是个股运行的大背景，是个股股价波动运行的外在环境，制约着大部分个股的表现。市场大背景健康、良好，这一前提是大、中、小资金安全进出股市的保证，对此投资者必须要有清醒的认识。带着抛开大势做个股的浮躁心态，终将无法在股市里获得成功。大盘处于强势市场时，才能为板块、个股活跃提供良好的背景，投资者参与其中获利的概率才大，不容易失败；而在大盘暴跌的时候，想要寻找那些极个别逆势拉升的个股则是难上加难。

2.在复盘时要看两市涨跌幅排名榜

既要看个股的涨跌幅排名榜，也要看板块指数的涨跌幅排名榜，通过板块的涨跌幅排名榜，了解主力资金是否参与板块的炒作。当板块内上涨家数明显多于下跌家数，且有龙头股示范效应的时候，我们一般可以判断此板块有主力资金活跃其中，并且主力有可能处于吸筹或拉升阶段。

第七章 如何提高盘口感觉

查看个股涨跌幅排名榜也就是查看哪些个股中的主力近期较为活跃，而近期较为活跃的个股势必会为我们带来很好的短线机会。另外，看涨幅排在前面的个股，通过分析它们中有哪些个股存在板块、行业等联系，就可以了解资金在流进哪些行业和板块。还需看跌幅前列的股票，分析哪些个股资金在流出，是否具有板块和行业的联系。

有一些个股较为活跃，经常出现在涨跌幅排名榜的前20名之内，则代表主力资金的持续活跃。图7-1是沪深A股2016年10月26日涨幅排名榜，从图中可以看到很多酒类个股排在涨幅榜的前面，当日上证指数下跌0.5%，而酒类板块却上涨5%。通过判断我们发现，资金在大举介入酒类板块。

排名	代码	名称	涨幅%	现价	涨跌	涨速%	主力净量	总手	换手%	金叉个数	利好	利空	所属行业
13	000799	酒鬼酒	+10.00	22.44	+2.04	+0.00	3.06	25.48万	11.36	2	无	无	饮料制造
14	600716	凤凰股份	+10.00	8.69	+0.79	+0.00	0.44	26.94万	3.64	5	无	无	房地产开发
15	300549	优德精密	+10.00	74.70	+6.79	+0.00	0.03	375	0.225	1	无	无	专用设备
16	300548	博创科技	+10.00	43.90	+3.99	+0.00	0.00	132	0.064	0	无	无	通信设备
17	300545	联得装备	+10.00	81.20	+7.38	+0.00	4.02	24863	13.94	0	无	无	专用设备
18	300488	恒锋工具	+10.00	95.96	+8.72	+0.00	0.74	17889	14.30	0	无	无	通用设备
19	300555	路通视信	+9.99	39.29	+3.57	+0.00	0.00	19	0.010	3	无	无	通信服务
20	603160	汇顶科技	+9.99	54.48	+4.95	+0.00	0.00	225	0.050	3	无	无	半导体及元件
21	603777	来伊份	+9.99	43.59	+3.96	+0.00	1.54	23.93万	39.88	0	无	无	零售
22	300550	和仁科技	+9.99	31.94	+2.90	+0.00	0.00	35	0.018	3	无	无	计算机应用
23	300465	高伟达	+9.98	25.23	+2.29	+0.00	0.43	39.04万	15.27	0	无	无	计算机应用
24	600862	中航高科	+9.98	14.11	+1.28	+0.00	1.32	33.20万	5.20	2	有	无	国防军工
25	300206	理邦仪器	+9.96	11.26	+1.02	+0.00	1.66	16.21万	4.76	3	无	无	医疗器械服务
26	600868	梅雁吉祥	+9.95	6.74	+0.61	+0.00	1.01	31.03万	1.63	0	无	无	电力
27	603919	金徽酒	+9.49	36.00	+3.03	-0.44	2.00	96210	13.74	2	无	无	饮料制造
28	600809	山西汾酒	+8.79	24.14	+1.95	+0.46	0.50	22.05万	2.55	0	无	无	饮料制造
29	600559	老白干酒	+7.71	25.72	+1.84	-0.31	0.29	10.50万	3.00	0	无	无	饮料制造
30	600275	武昌鱼	+7.54	18.10	+1.25	-0.55	-0.27	76.04万	15.34	0	无	无	综合
31	000568	泸州老窖	+7.12	35.66	+2.37	-0.42	0.02	16.30万	1.16	0	无	无	饮料制造
32	300018	中元股份	+7.08	15.12	+1.00	+0.00	0.89	22.54万	7.52	0	无	无	电气设备
33	002016	世荣兆业	+6.91	11.43	+0.72	-0.35	0.07	16.41万	2.54	7	无	无	房地产开发
34	300382	斯莱克	+6.84	49.23	+3.15	+0.00	0.82	20064	5.06	6	无	无	专用设备
35	600779	水井坊	+6.83	18.15	+1.16	+0.55	0.30	11.62万	2.38	5	无	无	饮料制造
36	002538	司尔特	+6.73	12.37	+0.78	+0.98	0.53	111.0万	15.87	0	无	无	化学制品
37	600199	金种子酒	+6.18	10.48	+0.61	-0.66	-0.26	37.37万	6.72	1	无	无	饮料制造

图7-1 沪深A股涨幅排名榜

3.复盘时还要查看有异动现象的个股

有很多个股，在涨跌幅度不大的时候却出现突然的放量，这是主力活动的信号，选出那些自己较为熟悉的技术形态，加入自选股，作为长期跟踪的目标之一，可以为日后积累经验打下基础。

4.复盘时重点看自选股

由于自选股的数量相对少一些，投资者可以在相当长的一段时间内进行跟踪。在查看自选股时，观察其是不是按照自己预想的方向在走。如果是，那么证明自己前期对于此股的分析推理是行得通的，就可以考虑将其应用于其他个股身上是否同样行得通；如果个股并没有按自己所预想的方向去走，那就要检查自己的选股方法，有哪些错误，为什么出错。找出原因，并进行改进。

复盘时对当天涨幅、跌幅在前的个股再一次认真浏览，发现买入信号，符合买入条件的个股，可放到你的自选股中并予以跟踪。

四、增强知识储备

好的盘感是操作的条件之一，盘感需要训练，通过训练，大多数人会进步。训练盘感的重要步骤就是要提高知识储备，没有充足的知识储备是难以成功的。

除了知道必要的交易规则外，投资者要理解技术分析理论，如果说技术分析理论过于抽象的话，那么反映技术分析理论的经典技术形态则是一种形象化的表现。我们常常会在底部或顶部看到一些经典的形态，熟悉这些形态，既可以帮助我们透彻理解技术分析理论，又有助于我们实盘出击。所以我们可以把增强知识储备这方面分成两个要点：一是理解技术分析理论，二是熟悉各种经典技术形态。

1.理解技术分析理论

技术分析是通过股市历史走势所留下的盘面信息去推断股市未来走势。也可以说，技术分析是通过分析投资者的目前活动踪迹去预测其未来活动踪迹的一种方法。要想迅速准确地了解盘面变化带来的影响，就必须牢记技术分析理论。技术分析理论认为，能够影响股票价格的因素，实际上都反映在其股价走势之中。

不同的技术分析理论有不同的侧重点，比如道氏理论侧重于对股价趋势的研究；艾略特波浪理论侧重于对股价波动的研究；量价理论专门研究成交量与价格涨跌的关系；江恩理论则从量、价、时、空综合论述股价运行规律等等。除此之外还有很多经典理论值得投资者去学习，这些技术分析理论既然经历了时间的考验，必有其过人之处，做好技术分析理论的知识储备是投资者提高盘感的第一步。此外，还有很多技术指标是根据这些经典技术理论改编的，可以说是技术理论的数字化表现形式，技术指标的最大好处就是清晰、直观。对于常用的技术指标，如MACD、KDJ、RSI、BOLL等，都应该知道其原理和应用，投资者应至少掌握和精通其中一项。

2.熟悉各种经典技术形态

形态分析就是根据K线图表中过去一段时间的轨迹形态，来预测股价未来走势的方法，是一种利用形态学来解读技术分析理论的方法。主要的技术形态有双重底、M头、头肩顶、头肩底、圆弧底、圆弧顶等十几种经典形态，熟悉这些形态，有助于我们实战出击。

下面我们仅对双重底这一形态进行介绍，以求起到抛砖引玉的作用。

双重底是股价在某时段内连续两次下跌所形成的位置低点大致相同的走势图形，它是最为常见的底部形态之一，属于底部反转形态之一。

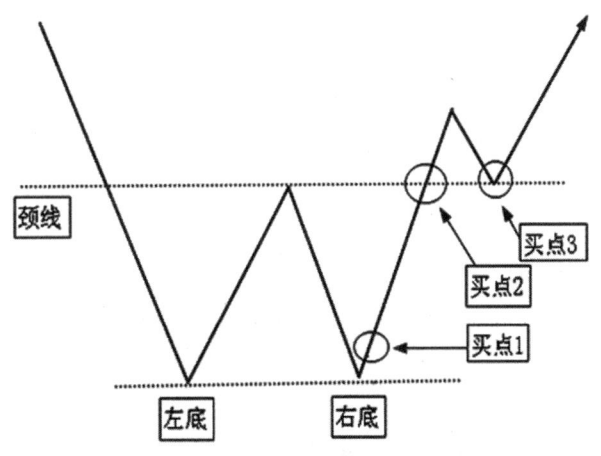

图7-2 双重底形态

图7-2是典型的双重底形态，是一种看涨形态，双重底形态有三个买入点，第一个买入点是右底获得支撑，向上拐头处；第二个买入点适合进取型的投资者，就是颈线被突破时，但为了防止出现上冲失败，导致在这个点位介入的投资者被套牢，在此处买进的投资者要做好随时止损离场的准备；第三个买入点适合稳健

的投资者，股价突破颈线回调受到支撑，拐头向上再度放量上攻，是个相对安全的买入信号。

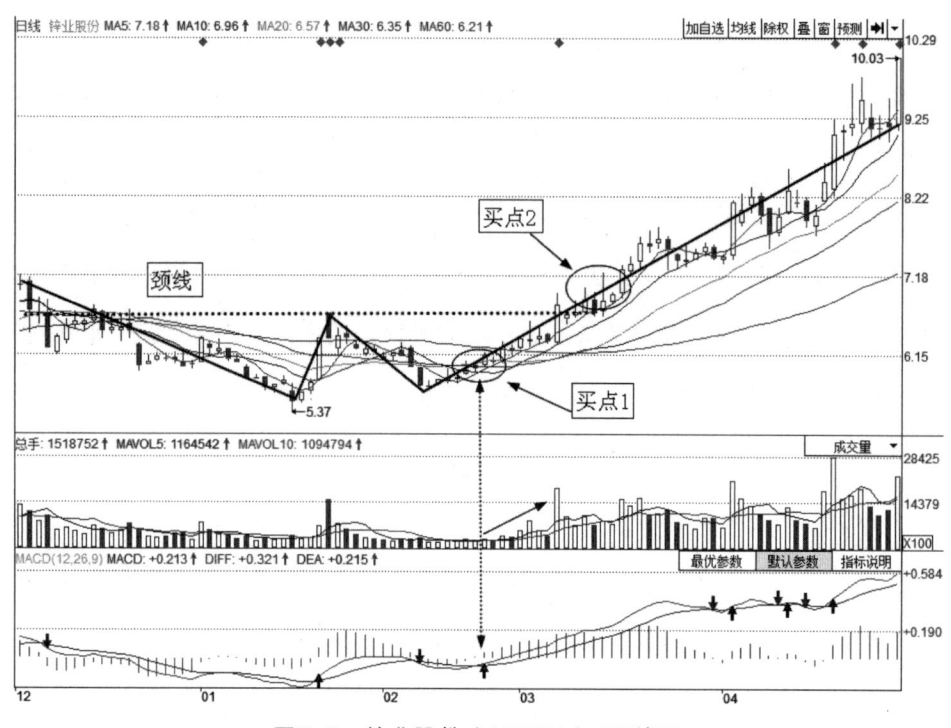

图7-3　锌业股份（000751）日K线图

图7-3是锌业股份（000751）的日K线走势图，该股在运行中出现双重底走势，其中股价在第二个低点处止跌回升，同时MACD指标低位形成金叉，预示着股价将要走强，买点1出现，买进是明智的决策。随后股价不断上扬且成交量放大，并一举突破根据反弹画出的颈线，表明双重底形态成立，股价将要进入上涨走势，买点2出现。

本例该股有个风险控制的方法，以防万一走势不在预期之内。在右底买点1介入的投资者，可以将左底的最低点5.37元设为止损点；在突破颈线时买入的投资者，可以将突破颈线的阳线的最低点设为止损点。

如图7-4所示，该股的股价从前期高点回落，在走势图中形成双重底的反转形态，其中两个低点出现在13元多附近，股价突破颈线时成交量明显放大，双重底已经可以确定，显示了转势信号，投资者可以在股价突破颈线时买入。随后，股

第七章 如何提高盘口感觉

价在突破颈线后，出现了一个回调的动作，回调时成交量明显萎缩，在颈线处明显受到了支撑，随即再度放量回升，投资者也可以在股价回升时买入或加仓持股待涨。本例该股突破颈线后，回调至颈线位置附近，获得支撑后再度上涨，短期内实现了不小的涨幅，利润可观。

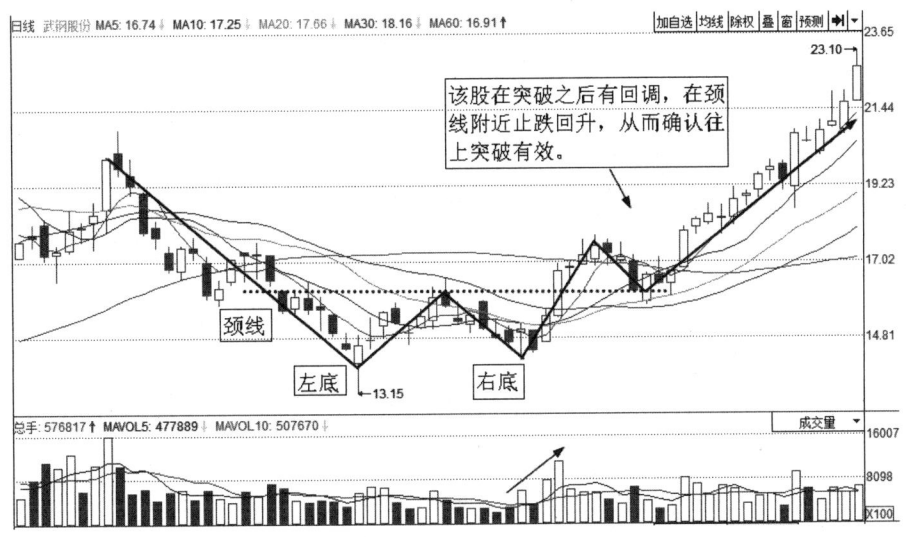

图7-4　武钢股份（600005）日K线图

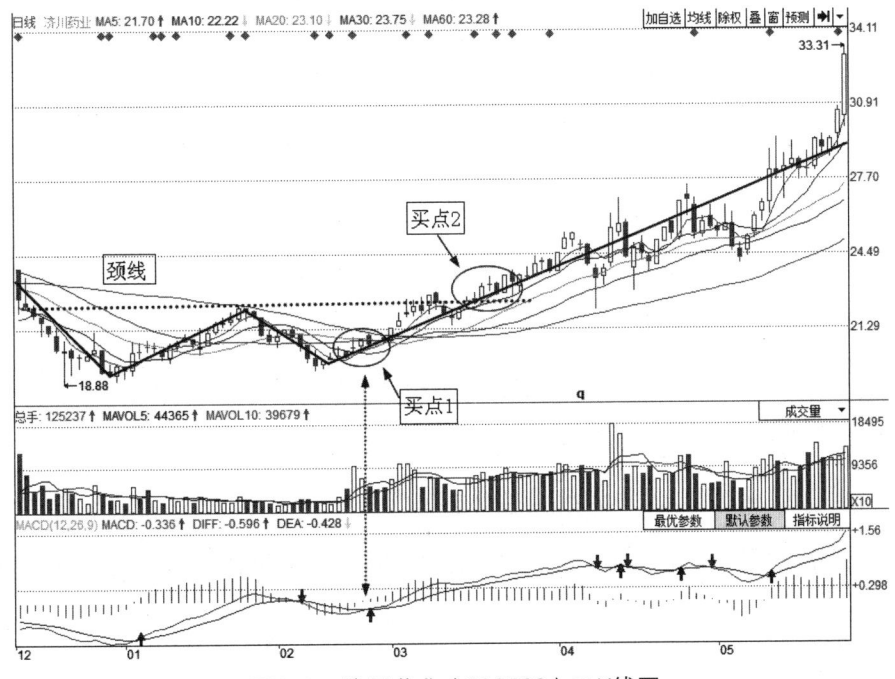

图7-5　济川药业（600566）日K线图

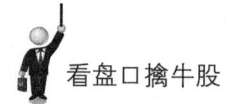

图7-5是济川药业（600566）的日K线走势图，该股出现下跌走势并形成双重底结构。图中虚线箭头处，股价止跌回升。同时MACD指标出现金叉，成交量跟随放大，表明股价将要走强，买点1出现。随后经过几天的上涨，该股股价顺利突破颈线，表明双底形态成立，股价将要进入上涨走势，买点2出现。

本例该股的风险控制：在买点1介入的投资者，当股价跌破右底的最低点时，果断卖出；在突破颈线位买点2处买进的投资者，当股价跌破颈线位，果断卖出止损。

3.掌握证券知识，增加投资者的股票知识储备

有些股民不具有基本的证券知识，基本分析、技术分析也不知如何进行，整天在股市里盲目地买进卖出，这样想赚钱真是太难了。还有些股民因为迷信，专门买入一些带"8"的股票，如000888的峨眉山A、600888的新疆众和、601888的中国国旅等，最后赚了钱，但他们的获利带有太大的偶然性，想要长久持续获得较大收益是不可能的。

真正的盘感是建立在丰富的证券知识和实战经验基础之上的，离开了这些，盘感就无从产生。要多掌握些证券知识，从相关的技术理论、技术指标、各种盘面信息入手。本书也详细讲解了多种盘面信息，熟悉这些信息有助于我们快速进入盈利之门。

小结：

要想有良好的盘感首先就一定要多看，必要的看盘时间是培养盘感的第一步。看得多了，自然其中具有规律性的东西就刻录在你的脑海里，从而形成一种条件反射，达到一遇到特定盘口就快速反应的效果，所谓"熟读唐诗三百首，不会作诗也会吟"就是这个道理。

其次要刻苦训练，虽然训练盘感并非一朝一夕的事情，有一定的难度，但投资者千万别因难而排斥盘感，也不要把盘感与非理性猜测画等号，因为所有投资者在实际交易中或多或少都会依据各自的"直觉"。

当投资者掌握了知识并能熟练复盘之后，盘面感觉肯定会慢慢提高的。在反

复训练后,可加快速度,翻阅个股也不必看全部,看涨跌幅前后十几个和自选股等就可以了。复盘是辛苦的,但只有苦尽才能甘来。

最后介绍一种高效率练习盘感的方法,叫作一分钟K线预测涨跌法。图7-6是名家汇(300506)的1分钟K线图,具体做法是:在交易时间将个股的K线周期切换到一分钟,然后观察K线形态,判断下一分钟K线最可能出现的走势,并记在心里,然后在下一分钟验证自己正确与否。这样你就能在有限的交易时间内最大程度地训练和提高盘感,这种高强度的训练必定会换来你超强的盘感。

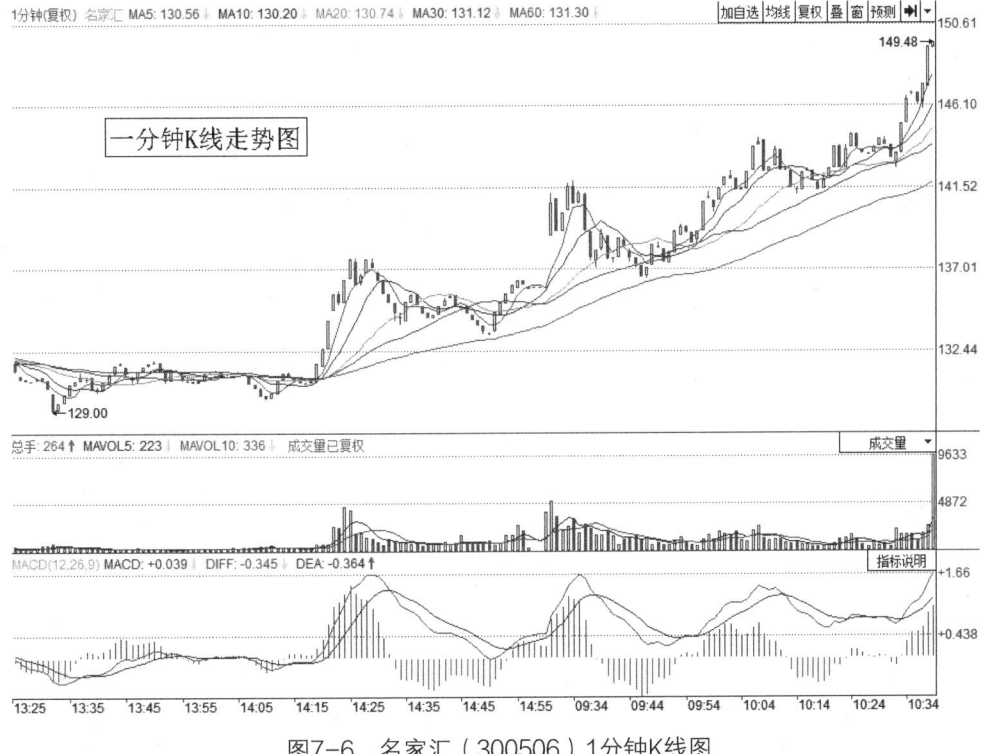

图7-6 名家汇(300506)1分钟K线图

此外,在交易时间外,投资者也可以利用有些软件有回放历史行情的功能,精确地重现过去的交易环境。还有行情加速功能,一个月的走势图可以在几分钟内完成,为你节省时间,可以让你用最小的代价,最短的时间,获取最多的交易经验。通过回放历史行情这种高强度的训练,你在短时间内可以获取相当于十年的交易功力。

附录：已经出版上市的"擒住大牛"系列书目

1. 一本书看透股市庄家
2. 一根K线决定成败
3. 一本书搞懂龙头股战法
4. 一本书看透买点与卖点
5. 一本书读懂涨停板战法
6. 一本书读懂T+0短线战法
7. 一本书看透财报中的买点与卖点
8. 一本书搞懂分时图战法：狙杀黑马
9. 一本书搞懂波段中线战法：翻倍牛股擒杀术
10. 炒股指标三剑客KDJ、RSI、WR入门与技巧
11. 波浪理论与波段炒股入门技巧
12. MACD震荡指标入门与技巧
13. 筹码分布图入门与技巧
14. 趋势交易入门与技巧
15. 均线战法入门与技巧
16. K线图入门与技巧
17. 读懂涨停炒短线
18. 新编股票操作学
19. 新股民炒股指南
20. T+0战法从入门到精通

21. 90个交易公式让你轻松成为聪明投资人

22. 88条股市老经验让你快速从股盲到股精

23. 82个K线战法让你轻松成为股市高手

24. 81句炒股口诀让你轻松学会股票实战技巧

25. 28个技术指标速查速用炒股不求人

26. 12套交易理论让你在家学完大师投资课

27. 股票交易者的100堂心理训练课

28. 看不懂财报，就炒不好股票

29. 炒股的纪律

30. 看盘宝典

31. 选股大法

32. 量价真经

33. 短线掘金